徐迅散文年编

《雪原无边》《皖河散记》《鲜亮的雨》《秋山响水》

时代出版传媒股份有限公司
安徽文艺出版社

徐卫，中国作家协会会员，中国散文学会副会长，中国煤矿文化艺术联合会、中国煤矿作家协会副主席。

散文、随笔作品曾在《人民文学》《十月》《中国作家》《青年文学》《北京文学》《中华散文》《散文》《美文》等报刊发表，并被《新华文摘》《散文·海外版》《散文选刊》《读者》《青年文摘》等选载和入选《中国年度最佳散文选》《中国现当代散文 300 篇》《新世纪优秀散文选》《新时期散文经典（1978—2002）》《新中国文学精品文库》等 200 多种文集。获各种文学奖项若干。

著有小说集《某月某日寻访不遇》，散文集《半堵墙》《响水在溪——名家散文自选集》《在水底思想》，长篇传记《张恨水传》等作品 18 种。

徐迅散文年编

皖河散记

WAN HE SANJI

徐迅◎著

时代出版传媒股份有限公司
安徽文艺出版社

图书在版编目（CIP）数据

皖河散记/徐迅著.—合肥：安徽文艺出版社，2019.1
（徐迅散文年编）
ISBN 978-7-5396-6352-4

Ⅰ. ①皖… Ⅱ. ①徐… Ⅲ. ①散文集－中国－当代
Ⅳ. ①I267

中国版本图书馆CIP数据核字(2018)第095454号

出 版 人：朱寒冬
策　　划：朱寒冬　　统　　筹：张妍妍
责任编辑：张妍妍　　装帧设计：褚　琦

出版发行：时代出版传媒股份有限公司　www.press-mart.com
　　　　　安徽文艺出版社　www.awpub.com
地　　址：合肥市翡翠路1118号　邮政编码：230071
营 销 部：(0551)63533889
印　　制：安徽新华印刷股份有限公司　(0551)65859551

开本：880×1230　1/32　印张：14.125　字数：300千字
版次：2019年1月第1版　2019年1月第1次印刷
定价：56.00元(精装)

自　序

一直认为,将自己的文字按写作时间编辑成册是件冒险而愚蠢的事,所以在编辑时断断续续,时动时停,思想上总在不停反复。但转念一想,既然是完整的人生,谁又能抹掉自己最初那几行歪歪斜斜的脚印呢?至今我还清晰地记得,当年那个因为在县报上发表了第一篇文章,而兴奋得在田野上奔跑的少年的身影……在随笔《恍惚中的明白》里,我几乎动情地叙述了这件事。

重读自己这些叫作散文、随笔的文字,我还是微微有些吃惊:一是感叹自己写得如此斑斓而驳杂;二是诧异我的灵魂最初只有在一个想象的世界里才能得以安妥与舒坦,而这无疑只有靠小说创作才能实现——事情在我成长的过程中显然发生了变化。有一段时间我与现实保持的紧张关系,让我患得患失,结结巴巴。我的散文或许就是这样的产物。

我认为,散文文体只是人们基于对散文事实的一种认识,这种事实并不是散文的本来面目。什么样的形式符合我们真诚而有意味的思想表达,实际上是没有人为的界定和规矩的。后来许多的散文观念都是一些有趣命题。任何时候散文都在场,也没有完全的原生态。作品形成的本身就是一种过滤。人们喜欢树立标杆,所以大家就把那当成了标杆。我读散文,全然在于喜欢,当然那里面也有着我的眼光和审美。

但散文终是有一种精神的。这种精神是人们在文字中能感受到和触及的,是作者艺术灵魂与生命精神和谐完美的统一。它是艺术,更是个性,是良知和立场。它所昭示的一种直击心灵的东西,能打动人、震撼人、感染人,给人以人生的抚慰、疼痛与喜悦。散文是作者的心灵史,它是作者心灵的坦露。这种坦露应有的尺度即是艺术和人生的尺度,它的生长性应该是伴随作者一生的。它追求的自由也应该有一种高贵的自由。

好的散文一定有好的语言。这种语言应该有一种节奏感,有缓慢与迅疾的节奏之分。我比较倾向于缓慢的语言。像电影过胶片一样,语言缓慢的节奏有力地呈现生命的时间和空间,定格或者拉长。它会形成一定的、有足够分量的艺术氛围,使人感觉到扑面而来的艺术芬芳,还有一种艺术的满足感。我这样想着,实际上却没有完全做到——但在语言迷宫里,我发觉我充分地感知自己的存在,从而越来越熟悉了自己。

"我手写我心。"无论是站在故乡的屋檐下,用青涩的眼光打量故乡和故乡之外的山水草木,感受人间冷暖、世态炎凉,还是突然拉开我肉身与故乡的距离,转身与回望、沉淀与奔涌、祭奠与膜拜,每一次对故乡的习惯性的凝望,都让我感到我与故乡,与故乡父老乡亲、兄弟姐妹的亲情里深深浸透的那种人性的疼痛、隐忍和希冀,早已深刻地烙印在我逐渐成长的心灵上,成了我摆脱不了的生命胎记。

故乡是我散文创作的永恒母题。流转于京城、故乡与异地，我感受到自然的一切物象、人生与艺术，浅薄地书写华丽与沧桑、悲痛与欣喜……或读万卷书，行万里路，一册在手，处处河山，或简简单单着眼于生活中的点点滴滴，写物状物，论人及人，我都率性而为。尽管这能让人看出我散文写作的坚守与流变，但一下笔，我的性格还是驱使我"迅速"了起来，这是我无法改变的。

写作有时就这样充满宿命。

曹丕说："文以气为主……不可力强而致。"跟我打过麻将的人都知道，我打麻将凭的是手气。手的气息。那浑然天成的手的气息顺畅了、圆融了，我就会护住那一团气，快乐地打下去。我实在不会什么章法。但我知道那一团气是什么。

好的散文应该也有一团气。

是为序。

2018年6月26日，北京寓所

目录
Contents

看　张

张爱玲写了篇《张看》。后来有人写了篇《看张》，看张爱玲。我在这里看“张”，看的却是张恨水——关于张恨水，张爱玲也看过，她说：“我喜欢看张恨水的书，因为不高不低。”她自己说她的写作受张恨水的影响就不少。恨水先生是我前辈老乡。书读同乡，又枉自担着张恨水研究会的一份工作，到了这个份上，总觉得我该说点什么。

我的老家距离张恨水先生老家也就二三里路。小时候灌进耳朵里有关他的故事，总不外乎是“大书箱”“书呆子”之类的，因而脑海里幻想出先生的形象，总是蓄着长胡子、身着青布衣衫的老学究模样。及至后来看到民国年间一张报纸上他的西装革履的照片，竟是十分地诧异。岁月流逝，我不觉恍惚中年，自己的额头也添了些许的皱纹。但不知怎的，先生那身着长长青布衫、踽踽独行的身影却固执地盘踞在我的脑海，并越发地凸现出来。细想，评论家们说，他是中国二十世纪漫长的文学清寂道上一位承前启后的作家并不过分。说他承前，他的确不像鲁迅、朱自清、郁达夫等作家那样，一开始写作就毅然决然地走上了新文学的创作道路。在新文化运动中，他对传统章回体小说形式仍表现出了极大的兴趣；说他启后，是因为他的文学改良，他使传统小说这种形式真的得以流传和发扬光大了。

有人说，他是中国传统的文人黄昏里的一位独行客。

抖搂面前经常闪现的张恨水先生长长的、飘忽的青布衫，我越发看清和认识到了张恨水先生的平民意识，看到了他那一份为平民文学做代言人的真情和执着。

“流自己的汗，吃自己的饭！”这是他说的话。这种朴素的平民的生存哲学，使张恨水先生像“一个推磨的驴子”，孜孜不倦，日积月累，用毕生的心力洋洋洒洒写出了《啼笑因缘》《金粉世家》《春明外史》等三千多万言的皇皇巨著。他的一百多部中、长篇小说和大量的诗词、散文、杂文作品，就像是他自己播种，然后又自己收获了的庄稼。他既丰收了自己，又不经意间为中国现代文学留下了一笔宝贵的财富。

“我觉得章回小说，不尽是可遗弃的东西……我非大言不惭，能负这个责任，可是不妨抛砖引玉，让我要试试，而旧章回小说，可以改良的办法，也不妨试一试。”他的改良章回小说的主张，一方面固然是他深受中国古典文学以及儒释道文化全方位影响的结果；另一方面却是当时的时代背景使然，因此那时他就有要为“习惯读中国书、说中国话的普通民众”创作的想法。他就犹如他家乡土地里生长的荞麦花，根植于民族传统文学的沃土，在五四新文学生长的缤纷摇曳的鲜花中悄然开放，并不断地在民间眼光的滋养下，焕发出另一种生命的姿态，成为后人不得不重新面对的花朵……

他倾其一生，坚守正义，不断追求进步和光明。他就像他的乡亲一样，他的眼睛里也容不得半星点沙子。他厌恶腐败、黑暗、残暴和丑陋。由此他创作《金粉世家》抨击黑暗的北洋军阀，创作《八十一梦》唾骂反动的国民党政府，创作《春明外史》矛头直指腐朽的封建社会，创作《大江东去》反抗日本侵略者……

抗日无惭君且死？
同情有泪我何言！

这一声欲哭无泪，热爱民族和正义的呐喊，至今让人荡气回肠！

综观他的一生，我们还会细心地看到，犹如他也有过身穿西装时的惬意一样，对于日渐东进的西方文明、西方文学的表现手法，他也有过片刻的欣喜。他并不故步自封，甚至还有着跃跃欲试的想法和实践。他说："关于改良方面，我自始就增加一部分风景的描写和心理的描写。有时，也特地写些小动作，实不相瞒，这是得自西洋小说。"因此，他小说《啼笑因缘》里就有这样的句子："白雪中那两扇小红门，格外触目，只是墙里两棵槐树，只剩杈杈丫丫的白干，不似以前绿叶阴森了，那门半掩着，家树只一推，就像身子触了电一样，深深麻木起来……"这小说里全然不见章回小说的笔法。他的散文作品，文字更是优美、清灵、老到，透泻着满纸的才情……

他没有陶渊明"采菊东篱下，悠然见南山"时的闲适，也没有吴敬梓写《儒林外史》时的落魄，但他却有着曹雪芹“披阅十载”写《红楼》那样的“荒唐言”和“辛酸泪”。在中国现代文学的星空里，他就像一颗奇特的彗星倏然流逝，留下的是一个长长的问号和一个深深的遗憾。有人说，如果不是父亲早逝，使他不得不做一个孝子，过早挑起一家老小经济生活的重担；如果他不是生于忧患，遭遇那个颠沛流离的年代；如果他更讲究语言艺术……他的创作环境或许就不一样，他的文字或可更加精致，他的才华或可得到更大程度的喷泻和发挥——但我们只得说，这一切一切的“如果”，都是一种虚妄，一个作家的局限也许就是一个时代的局限。

“有理不要说，无理说不真。”这是年迈时的张恨水先生，对他的儿子张伍说的一句家常话。从这一句话中，我体会到了我的这位大老乡在受到委屈时的那一份平和、那一份淡泊和与世无争的心态，也看到了一个超然而又勤奋的才子孤独而痛苦着的灵魂……从此，我在读他的一些著作时，我在故乡站在他曾伫立的那一口桂花树下的池塘前，我的眼前总会浮现出他那硕大的头颅，那呵呵一笑的形象——那让人抹不去的飘忽的青布衫的影子。

《张恨水研究论文集》代跋

1999 年 1 月 15 日，北京东城区和平里

邮票大的乡村

——周庄散记

一

福克纳说他美国南方的故乡是邮票大的乡村。仿佛,这话是对周庄说的。

四周是喷香的金黄色的油菜花。在春天温暖的阳光照耀下,那油菜花像是给周庄镶上了一层美丽的金边。澄湖、白蚬湖、淀山湖、南湖……那沟沟汊汊纵横交错的碧绿的湖水,把黑瓦白墙的周庄切割得真的宛如一枚精致的四方联邮票。

据说,最早与周庄结下情缘的就是曾以设计和创作西湖邮票小型张,而受到海内外艺术界和无数集邮爱好者喜爱的苏州画家杨明义。他绘制的《月夜古桥》让一代美国观众倾倒,并被美国前总统布什珍藏。是杨明义,将艺术的眼光率先投向周庄,用他的水墨画使周庄走进了艺术的殿堂。

让周庄与邮票结缘的另一位画家是陈逸飞。他以双桥为素材，1984年创作出《故乡的回忆》油画。这幅画在美国西方石油公司董事长阿曼德·哈默画廊展出后，即被主人高价买下，并于当年作为礼物送给了邓小平同志。次年，这幅油画经过陈逸飞加工，被世界联合国协会选为首日封……

花和水团团簇拥着。周庄在花中央、水中央，氤氲着淡淡的水汽，散发着浓浓的乡思，闪烁着东方艺术的光辉，就这样被艺术无国界地付邮了。

二

周庄像一枚精致的邮票，更是一个古老而年轻的梦，水灵灵地汪在那里：古老的明清建筑、秀丽的湖光山色、小巷风情、枕河人家、舟船欸乃……打捞起来，那湿漉漉的梦，大块大块洇润在杨明义、吴冠中、陈逸飞那洁白的宣纸和亚麻上，使人感觉周庄人的几分恬淡和几分宁静……

周庄简约如画，在铺满石板的小街巷弄里随便走走，看到的便都是画店，都是画家。或水彩、水墨、油画，画的也全都是周庄……靠山吃山，靠水吃水，靠美而餐。这些画家或扶老携幼，或抛家弃舍，在这里随意租上一个门脸，便在这儿吃喝，在这儿画画。门脸敞开着，画当街摆着；进来你可以随便看，随便买。主人一边跟你讨价还价、聊天，一边埋头作他们的画。他们长年累月浸淫在周庄的美里，已弄不清楚画的是周庄，还是周庄是画。总之，周庄养活了他们，他们也用艺术滋润了周庄。那些画或许还嫌粗糙，甚至就是吴冠中、陈逸飞画的翻版，他们都全然不会在乎。他们相信总有一天会画出自己眼中的周庄。

三

在这邮票大的乡村，谁会想到竟出版过《日曜日报》《蚬声》《蚬锋报》等数几十种报刊和著作呢？还有因为“莼鲈之思”而蜚声儒林的张翰、被称为“江南第一富豪”的沈万三、国民党元老叶楚伧都出生于斯。刘禹锡、陆龟蒙以及一些让中国近代史也无法绕过的南社发起人，也曾在这里流连忘返……

史料记载，一九二〇年十二月，柳亚子邀请周庄南社社友陈去病、王大觉、费公直等聚集周庄。在这德记酒店的“迷楼”上，酣饮淋漓，且歌且吟，并效法前贤，赋以隐喻，直抨时局，抒发自己的爱国精神和忠贞气节。“元龙豪气有千秋，郁塞胸中结金丘。写恨迷楼题句在，旁人错道是风流。”……

斯人已逝，“小楼轰饮夜传怀”的情景如今不再。

现在，见到的只是茶楼……阿婆茶、讲吃茶、喜茶、春茶、满月茶。在小镇小巷里穿行，若感到口干舌燥，随便就可以找到茶楼坐坐。最为出名的就是与迷楼毗邻的“三毛茶楼”——这家主人叫张寄寒。名字好，茶楼也好。两层木楼，顺着木楼梯走上去，四周的板墙上琳琅满目挂的全是文章和照片。文章一看就是主人的手艺，那照片却是海峡对面的台湾作家三毛。三毛与主人有着一段笔墨缘……主人曾邀请三毛吃螃蟹，三毛感动地说：“周庄有你在，真好。”寄寒掏出名片，后面果然有三毛的手迹。寄寒原在镇文化站做事，也写书，写的全是周庄。茶楼与三毛有关，寄寒竟把与三毛有关的王洛宾、贾平凹、顾城都爱上了……

“有人来喝茶吗?”要了一杯龙井,我坐下来品茗。

“嗳,不得了!”主人说了句口头禅,顺手指指楼上木柱上挂的茶客留言簿。那厚厚的几大本,一行行被茶泡出来的秀丽的文字,使主人总是激动。读着情真意切的留言,主人开始写着“三毛茶楼日记”。“三毛在九泉之下知道我为开这个三毛茶楼付出的一片心血,知道我为了三毛茶楼,丢了工资承包,知道我用全部精力扑在三毛茶楼上,知道我有一颗爱心献给每一个三毛茶楼的茶客。”他浅浅说着,自信中流露了一分伤感。

“三毛茶楼”似乎成了“迷楼”的一个补充,一座现代的迷楼。

四

周庄浓酽酽的是化不开的碧绿的湖水,周庄漫街满巷挥斥不去的永远是艺术的性灵……

莫非一九八九年,冒着毛毛细雨,匆匆而来又匆匆而去的三毛,站在这烟雨的江南,朦朦胧胧中就看到了她梦中的天堂,而决定将她的灵魂托付给“三毛茶楼”,邮给这油菜花盛开的江南?

我仿佛感觉美丽的水乡——周庄那静静的日子真的恰如小猫柔软的舌头,正轻轻舔着三毛那安静的梦眠……

1999 年 3 月 24 日,北京东城区和平里

回忆赤脚医生

与“下放知青”一样,“赤脚医生”也是“文革”时代一个特定的词语。那时候有一部叫《春苗》的电影就专门歌颂过他们。乡下老人爱将医生喊作“郎中”。对赤脚医生这个新鲜事物一时还接受不了,于是就像对“赤脚大仙”一样,尊敬中有点犯疑。但有一点是明白的,那就是做了赤脚医生就好比知青返城,似乎就有了个光明的前程。因而当赤脚医生是那时大多农村青年的愿望,许多人因此而孜孜钻研医学,特别是学中医后来成气候的人还真的不少。

如果我记得不错的话,计划生育在二十世纪七十年代就开始实行了。因为那时计划生育是赤脚医生们一项附带而又重要的工作。下面这个笑话就与赤脚医生搞计划生育工作有关——

说是一个村子里年年搞计划生育,年年没有起色。乡妇联主任到年底带着赤脚医生到这里检查,发觉该村妇女怀孕,腆着大肚子的仍然不少。赤脚医生就问一位男人:“发给你们的避孕套呢?”那男人将避孕套套在大拇指上炫耀道:“你叫我套在大拇指上，我都套了，就是不管事。”赤脚医生哑然——原来这是他在宣传时使用过的伎俩，便说坏了，坏了。这下，一个妇女忙羞答答地跑到他的面前，说：“我可是将它煮了几大碗汤喝了，怎么也不管用？”赤脚医生和妇联主任更是面面相觑了。

这笑话的真实性虽然值得怀疑，但说明赤脚医生当时面临的处境——在乡村，赤脚医生面对的不是这样一群狡猾或愚昧的刁民，就是一群贫穷和智慧的人。乡村有的人一年都不愿意洗一次澡，更何况还缺医少药了。对于他们来说，赤脚医生们就是大慈大悲救苦救难的观音菩萨。赤脚医生们长年累月起早摸黑，栉风沐雨走在乡间的田埂小路上，穿行于村庄与村庄之间——农村当时实行的是工分制，记得一些地方赤脚医生出勤，每天给记满工，即十分工。但他们有时还得为乡亲们垫付医药费，因此生活也十分拮据。我见过一位赤脚医生，长年为一位无依无靠的孤寡老人看病送药，从未收过一分钱。可以说，赤脚医生像是乡村的一盏长明灯，耗尽了自己的心血，也温暖照亮了别人。在发黄的乡村历史上，“赤脚医生”这个词语想是散发着温馨的气息，深深地烙印在乡下人的心窝。

当然，赤脚医生中也有败类。我读书时参加过一个批斗赤脚医生的大会，这个医生自学成才，医术高明。但他老将医学与巫术联系在一起，一边看病，一边“跳大神”，还利用职业之便猥亵妇女。他被批斗时，尽管民兵们不停地将他的头往下按，但他还在台上若无其事地吹口哨。那样子就叫我十分地恶心，以至于后来很长的一段时间里，我总是将赤脚医生与巫婆联系在一起，感情上总是疙疙瘩瘩。

我小时候也看过两次赤脚医生。一次是住在外婆家时，后脑生了什么怪疮。外公和外婆就背着我到离家几十里的一位赤脚医生那里看病。那位医生很老了，但我的病在他的治疗下却很快痊愈了，一点疤痕也没有留下。还有一次，是我的左手一个手指害了脓肿，母亲带我找一个姓程的赤脚医生看。他二话没说，捏住我的手，没等我反应过来，划拉就是一刀。他对我母亲说：要是迟来几天，这孩子手指就保不住了。说得我们非常感动。事情过去多少年了，外公外婆已经谢世，我想那位老医生怕也已作古了吧？凑巧的是，今年春节，我竟然见到了那位姓程的医生——只是由于中风，或者他根本就认不出我了。我下意识地抬起手，终于什么话也没说。我发觉有些东西是无法言喻的，赤脚医生就是无法叙述的那一部分。现在"赤脚医生"这个词语基本上流失了。而时下的乡村医生也把医术当作一桩生意在做，十分地红火。像姓程的那位医生错过了赚钱的黄金时代，现在由于年老多病，也只好望洋兴叹了——他只属于那个时代。

巴金老人曾提议建立一座"文革"纪念馆，这个呼声喊了几年却没有人响应。我想要是编一部《"文革"辞典》怕是要容易得多。这样，类似于"下放知青"，类似于"赤脚医生"都算是一个条目吧？

1999 年 4 月 7 日，北京东城区和平里

谜一般的乡亲

有时候我静心闭目，就会看见丙老背着那白色的口袋，从田埂上一甩一晃地走来。砖刀样的脸泛着一块晶亮夺目的疤，头发梳得两绺熨帖，一动起来，像是两片不断掀动的黑瓦。他那条腿是在一次战争中致残的，村里曾有人猜他是自己枪子走火弄的，但他从没解释过。他在村里孤身寡亲的没有依靠，乡亲们就推举他当了看禁员。

看禁既护林又管庄稼，村里每年补他二百块钱，罚款还归他所得。那年月工分不值钱，钱也难挣。被罚款的人家也只能弄些鸡蛋、稻、米什么的做抵押。这样丙老就背了只白色口袋。口袋是抗美援朝他在前线时祖国亲人送去的纪念品，上面还绣有“赠给最可爱的人”的字样。他将口袋搭在肩膀上，远远望去，就像驮了个孝幡，乡亲们一望见他颠颠跛跛走来，像是死了亲人一般，脸色一挂，就远远地躲开了。

村长要他每月汇报一次工作，他也乐意。不厌其烦地颠着跛腿去。那天他朝村长家走，远远地就听见前面稻田里簌簌作响，他立即就知道是一群鸡在田里。甩起左腿，他一颠一拐地吆喝着赶，那群鸡就上了田埂。他跟着那群鸡走，就走进村长家，村长正从茅厕里拎着裤子出来，他一见，忙笑眯眯地问：“鸡是你家的？”

“是吧！”村长斜了他一眼，就朝屋里喊女人，又问他，“大清早的，你怎么来了？”

“坐坐。”

他嘿嘿笑两声，就坐下来说：“我来把几个情况讲讲。”村长系好裤带，忙着刷牙、洗脸，嘴里布满一嘴的白泡沫，朝他说：“你先坐坐，在这里吃早饭，不慌不慌呢！”就径自一个劲地擦自己的嘴。他也不吭声，独个儿吸烟，烟屁股甩了一地。村长家饭烧好了，菜端到桌上，他边吃边把自己的思想汇报着。村长咧着嘴表扬了他一顿，说是要到公社开会，催他吃完饭一起走。

“还没罚款呢！我数了数，拢共十只鸡，给十斤稻吧！”他忽然说。

村长一愣，脸红了红，尴尴尬尬转过身子，赌气似的狠铲了几铲子稻子倒进白口袋里。他也不嫌多，嘴里一个劲地说：“下次注意点，下次注意点啊！”口袋往肩膀上一甩，颠着步子紧追慢赶，撵上村长。村长一路上不吭气，他也不吱声。

秋天里庄稼收割起来进了仓库。丙老便开始看山林，那时候也常闹封山育林。可庄稼人手脚都捆在一起，烧锅么事的柴火短缺，姑娘嫂子们就在附近的小山上扒松毛柴。这柴当时也不准扒。有一天，丙老不知怎么就在一个叫作米山的地方，看见晃动着一群红红绿绿扒柴的人，心里一激灵，他就猛地甩腿飞起来跑。扒柴的人眼也尖，一阵惊叫，便作鸟兽散，剩下他站在那里像截树桩——他呆了呆，就扯下身上的白口袋裹在头上，走到一处厝基旁，捏着嗓子嘶声哑气地哭，哭得震天动地的。那些扒柴的女人最听不得这事，远远听着，就伤心地跑过来劝："大嫂大嫂，人都死了，还哭么个？莫哭伤着身子哟……"都牵他，他忽然张开双手，一手扯住一个，大声叫："叫你跑！"全让他逮住了。女人们望着他那身行头，忍不住都笑，都乖乖交出扒柴杆。他就拎着扒柴杆，像是押着一群战俘，挨家挨户地收稻，收得口袋鼓鼓囊囊地朝家赶。人们直冲他的背影恶毒地吐唾沫，他仿佛没看见。

后来——后来村里就分田分地了。庄稼人碰到他就说："现在是乌龟打水各顾各，你该歇歇了。"他也就歇歇。他悻悻地将那白色的口袋收起来，成天躲在家里喝闷酒、抽闷烟，不知怎么就一病不起，不久竟死去了。

死的那天，村里人正忙着分田分山，分集体的财产，连村里的大稻场也划了几片。分到他住的村屋时才发觉他死了。村里人看他床前的稻一箩一箩的都插着个小竹片，上面却画着他们的名字，好半天喘不过气来，只哭着扯白老布挂孝给他收尸。出丧时，村长就找那白色口袋，系根竹竿做孝幡，可怎么也找不到，村长重重叹口气——糊涂了。他搞不懂。

世上搞不懂的事太多了！

值得一提的还有一位——"老闷"。老闷这名字是我取的。他原来名字是叫"闷老"，我觉得这名字太拗口，就喊他老闷。喊着喊着就出了名。据村里人说，老闷的祖上是闹"长毛"那阵从江西迁移过来的，三代单传，到他头上就打了光棍。因此老闷也是孤单一人过日子，直过到老。

老闷一个人也过得挺快活。出门一把锁，进门锁一把。他家里长年没有柴火，也没有锅灶。幸好乡村里事情多，红白喜事的，还有正月里舞龙灯、狮子灯的都由他牵头操持。这些热闹事就有人管饭。因而他长年累月总是有饭吃。见他一年到头吃得油嘴溜溜的，村里就有人不服气。有一年夏天，村里有一户老人过世，那主人偏偏不请他，他也不好去。后来说怎么着？那死尸搁在屋里几天竟都没有人收拾。大热天的尸体便发胖发臭，吓得那家人骇兮兮只好又请他，他倒是既往不咎，袖管挽得高高的就干起来。

“咳咳，不睬我还行？”干完，他就吹牛皮。

老闷不缺胳膊不缺腿的，长相也还算过得去。村里年轻人只是不解，他为何一生不娶女人。但这话没人会当面问他。村里一位上了年纪的老大爷闲谈说，老闷年轻时是有过女人的。那女人是从凤阳那边要饭过来的，长得也还漂亮。可那女人只跟他过了一两个月就跑了。据传那女人曾对老闷说，红喜事他做个牵头的，她还能体谅，但那丧事他一个人阴森森地给死尸擦身子、裹绵子就很恶心。女人开始还劝他，劝他别干这营生了，他不听。女人说多了他就骂，恶声恶气地吼：“你就不死了?!”吓得女人从此再不敢吱声，后来趁一个月黑风高的夜晚逃之夭夭。

一天，天已经黑了，老闷从外面办完丧事回来，远远地，他见村里人家一溜窗户透出来的光亮，光怪陆离，刺得眼睛发胀。身边时而还有什么东西簌簌地响，吓得他浑身发凉。他心虚地揉揉眼睛，四周看看，又走。他发觉自家房子黑黝黝地夹在那群亮火之间，像是一个枯洞，似乎慢慢吞噬着他。他浑身颤抖，腿肚子就一阵哆嗦。他支撑着身子，步子却铅一般地重了起来。扑通一声，突然什么肉肉的东西绊了他一脚，他一头栽了下去。“死狗。”他咕哝了一句，索性坐在地上吧嗒起烟来。借着微弱的光亮，他发觉面前竟是一具死尸！他大吃一惊，抖索着拧亮手中的电筒，这才看清死尸是个老妇人。死人他当然不怕，职业性地摸摸那老妇人的脸，冰凉冰凉的，便站起来，动手抱那妇人。一个踉跄，俩人都滚倒在地上。他大口大口地喘着粗气，挣扎着，硬是背起老妇人，回到了家。

进了门，老闷把老妇人放到自己床上，点亮煤油灯，凑着昏黄的灯光，他发觉老妇人的脸瘦黄黄的，犹如一根瘦黄瓜。只是她穿着倒很干净：上身是毛士林满襟褂，下身是黑裤子。他小心翼翼地解开老妇人的衣服，一层毛士林，二层毛士林，最后亮在他面前的竟是一件红衬衫，他一惊，眼花花的，机械地给她擦着身子。恍恍惚惚的，他突然想起自己的那件红衬衫——他那件红衬衫是干丧事辟邪穿的。后来讨了那女人，衣服给她就算是作嫁衣了。“那女人漂亮。”他自言自语着，仔细地给她擦拭着，然后又给她穿起衣服，认真梳妆起来……

昏黄的灯光亮了一夜。清晨就有人喊老闷。门敞开着，灯是亮的，那人却见老闷齐扎扎地躺在老妇人的身边，似是甜甜地睡了。小心翼翼地退出房门，那人猛地一转身，就呜哇哇地满村叫唤起来。很快，惹得一村的人都来看。人颈伸成鹅颈样，他们先是站在他家门外观望，发觉真的没了动静，于是就一齐拥了进去。见老闷紧紧依偎着老妇人，一脸的端庄和慈祥……早死了！

后来，村里有人说，这老妇人就是老闷的老婆。但立即就有人说不像。总之，老闷像丙老一样，死，也给村里人留下了一个深深的谜！

后记：我地道的乡间生活并不很长。但就在我回乡的那段日子里，我的几位乡亲竟像割稻把一样地倒仆在田野上。他们与土地融为了一体，也给尘世留下了无数的谜——这叫我长久地不能释怀。我用这样笨拙的方式记下其中的两位，希乞乡亲们佑我、谅我！

1999年4月9日，北京东城区和平里

城市里的花

四月里一连几天，我都被叽叽喳喳的一阵鸟鸣声吵醒。我喜欢这种声音。但推开厚厚的玻璃窗，却不见鸟的踪迹。城市自有它神秘的地方，不像在乡间，鸟蹦跳在树枝或是屋檐之间，一逮眼就让人看清楚它的形状，叫出它的名字。现在看到的倒是街道上正开着的花，一株白玉兰或一树桃花什么，很虚幻、清瘦的样子，像是傍街而立的一位小女孩。

阳光将窗外涂得一层微白，宛如一池未曾搅动的春水。走在街上，那阳光漾漾的，照得人身上发黏发暖。面前浓艳艳的是桃花，三两株次第开在人家饭馆的门口，那饭馆是欧式建筑，墙是雪白的。红白相间，映衬得倒是别有一番韵味，稍微有些古典情怀的人恐怕就会有"人面桃花相映红"的喟叹。还有一种白色、黄色的花，开得也非常炽烈。不多，也就那么三两株。但在这城市里，那三两株就抵得上满山满野的了。耀眼夺目且不说，更重要的是陡然给人一种爽心的感觉，就像开在人的心上。那被尘世烦嚣积淀得很厚的心灵，猛然长出这样一些花，便使人蓦然一惊：城市的春天到了！

这是一个克隆或正在克隆的时代，高耸的楼房变成了森林，冰冷的钢管流淌成一条条河流，汽车甲壳虫一般爬行在街道上，吐出的废气如虫的分泌物般牵丝挂缕的。而在灰蒙蒙的天空中，最后一批纸鸢、风筝之类的还在煞有介事地盘旋着，在城市的早晨或者黄昏，划出一条还算美丽的弧线……远处，亮了一夜的路灯像是星星月亮般地高悬着。至于市面上早就出笼的纸花、塑料花，在城市的商店里一年四季都如火如荼地“开放”着，那花的尘土轻轻一拭就娇情如初，不断地满足着城市人可怜的虚荣心。因此，城市春天真正的花朵自然更显得弥足珍贵……

相对于真正的大自然，城市里的花易染上一种时尚。比如一呼啦白玉兰，一呼啦梅花，一呼啦梨花……每个城市都有自己的花朵，并美其名曰市花。而城市里的花朵也实在像是一阵旋风，匆匆而来，又匆匆而去，今晨还一树繁花，暮晚一看却是满地芳泥。尤其是在这春天很短的北方，花儿开放显得更是局促不安。人们看着，就像在动物园里观赏动物，聊添些好奇心罢了。偶尔也有背着照相机的，很是虔诚地对花照上两张，想挽留住这春天的痕迹，其结果却又落入很媚俗的老框框里去：观赏性。我认真地思考过这个问题，觉得真正的花除了观赏性之外，有一种足以让人亲近、让人产生幻觉的动人心魄的东西是城市所没有的，那便是——花气。节候都是春天，乡间的花朵给人开得很长、很美的感觉，就在于那些花有着一股如雨后般湿淋淋的、清新的泥土气息。那气息既养花又养人。而在城市里，干燥的空气、飞扬的尘土、喧嚣的市声，将花吵闹得如同一个睡不好觉的婴儿，那皮肤总给人一种干涩而缺乏营养的感觉。所以纸花和塑料花的出现，俗中也不失为一种小雅。

在春天城市的一个公园，我爱在花丛中穿行。直走到花径的尽头，又从花丛中折回来，发觉在这平静的早晨，这儿也给我满目繁花的感觉。但我想，这种感觉不是城市的花本身所给予的，而在于这城市里的花帮我唤回了一种关于真正自然的花朵所提供的经验和回忆。这也许是城市大多数人爱花的原因——当然，对于花的生命，其结果人们都是无可奈何，说是花事蹉跎的。

1999年4月13日，北京东城区和平里

人像一根麦秸

有人说人类将葬身于烈火，有人说世界会毁于坚冰。

——美国诗人弗罗斯特《火与冰》

在稻畈区因盛产水稻，田叫水田，而麦子一般都生长在旱地上。收成很少，每年也就一茬。五月麦黄风时，稻子未熟，乡亲们正好腾出手来将麦子收割起来，送进磨坊磨成白花花的面粉，用以当作长年吃米岁月里的一种调剂——制成面条或干脆做成小麦粑。稻子只有在煮成米饭时才散发出清香，而麦子在黄与乍黄、麦粒未脱下时，那金黄的麦秆就会飘溢出一种成熟的庄稼气息。乡亲们闻到这被风捎过来的诱人馨香，亲昵地说：刮麦黄风呢！

从乡亲们对稻子和麦子的态度上，我后来回想，乡亲们似乎更倾向于麦子。这不知道是不是水稻区人民对别种庄稼的移情别恋，或者根本上就是南方人对北方人本质上的心仪。再简单地说，也是南方的麦子不像生长在广袤的北方土地那样一望无际而稀罕的缘故。在南方，水稻一经收割脱粒之后，那稻草立即就被乡亲们用铡刀铡碎、铡断，还原于稻田，或者在太阳下暴晒一番后烧成“火粪”。大抵是稻草易烂的缘故，归于稻田，没几天它就会腐烂为泥，化作肥料。而麦秸则不，我小时候割过麦子，那麦茬齐扎扎的，如剑刃一般，扎小手和脚窝子，扎得我叽里呱啦地乱叫。南方人一般不把麦茬留在地里。我们小时候早晨上学或下午放学，所要干的活儿就是挖麦茬，然后抖干净，晒干当柴烧锅煮饭。麦秸子性脆，在火炉里烧得噼噼啪啪地响，那声音犹如正月里人家娶新娘子放爆竹，给人一种穿透幽静岁月的幸福感。

麦秸的用途还在于能够晒干、压扁，编织成金黄色的麦草帽和蝈蝈笼、鸟笼子，还可以制成各式各样的花虫鸟兽之类。夏天的时候，我们乡间孩子唯一的游戏就是捉蟋蟀、捉蚂蚱，捉住两只放进麦秸编织的笼子里，然后挂到床头。那小东西就伴随我们过完一个知了声声的夏天。那时，我们村子里最会编织麦秸的是春旺叔，他祖上是学篾匠的，再孬的竹子到了他的手里也会被修理得细如棉线、韧如铁针，所以编织麦秸是他的拿手好戏。农村时兴割资本主义尾巴那阵子，他就曾偷偷地用麦秸编织过草帽、花鸟虫兽之类，走村串巷地卖过，因而也被当作资本主义尾巴割过。那些没有压扁的麦秸，可以两头除断，当作吸水用的卫生管。现在市场上流行的饮料管，我想就是人们受麦秸启发的。

“人哪！就像是一根麦秸！你看，折一下就断了，就碎了……”这是我祖母说过的话。祖母说这话时我还小，无法弄懂人和麦秸有什么本质的联系和区别。祖母现在已经九十多岁了，她活得健健康康。但那时她说着这话，乡亲们都信，都点着头。

他们深有感触的是因为这话直接与春旺叔有关——春旺叔那年由于卖麦秸编织的“玩意儿”(乡亲们语),最后终于被当作“投机倒把分子”给公社抓起来了。这还不算什么,后来公社开“万人批斗大会”,一直低头的春旺叔在台上不知怎么抬了下头。这下,他看到与自己一同接受批斗的竟是强奸知青的强奸犯、杀人放火犯、偷盗抢劫犯……他心里的防线一下子崩溃了。批斗会结束,别人被判了刑,他虽然被释放了回来,但当天晚上他就找了根草绳吊死了——我和她的女儿是同班同学,她家里来人要她回家,我们才晓得这事。春旺叔胆子大,脸皮却薄。“人哪!就像一根麦秸!”乡亲们聚在麦场上,边打着麦边这样说,叹息声四处流传……

如果深究起来,稻子和麦子给予我们人类的还有由于地理上的差别而带来的心理上的巨大差异。在南方,人们把米饭当作主食,那种精细、雪白、晶莹而柔和的香喷喷的米饭,赋予南方人的是一种精明、纤细、柔韧的性格。稻子离不开水,人也被水调养得滋滋润润,机智而又未免失之于油滑;而以小麦面粉为主食的整个北方,却也似麦子般坚挺、粗糙,北方人胸怀涌动起来就如麦子般波浪起伏,宽大、深沉,他们的性格也如易断易折的麦秸一样,嘎嘣干脆就是一下,绝不会像踩在南方水田里的拖泥带水——稻子和麦子简直就代表着南人或北相。民以食为天,庄稼天生的骨骼造就了人身体和心理上的区别,但人毕竟是有思想的,正是这思想也让他们看出了自己与植物的殊途同归——人就像一根麦秸,一根有思想的麦秸!想想看,朴素的乡亲说的与洋人帕斯卡尔说的“人只是一根芦苇”有什么两样?

人类一旦深刻起来就以为自己很是哲学，而哲学又从未最终解决人类的千古浮躁。特别是世纪末（人类自知之明地将这叫作世纪末病）——据说不单二十世纪末，十九世纪末的人也很浮躁。但二十世纪末由于“人类大劫难”的大预言，再加上宇宙中的星球要排列出个十字架来，人心于浮躁中又添了些恐惧。真的如此，我想人类应该出现的局面绝不会像面对稻子或麦子那样亲切，其结果可能是两种：一种是人类不断闹出及时行乐的荒唐事，另一种则是涌现出一批“朝闻道，夕死可矣”的英雄来。幸好人类的思想并不十分脆弱。脆弱的还是人的肉体——在历史中，我们已经不断“领略”到法西斯对人类的摧残，在电视上我们现在还看到硝烟弥漫的战争，看见正在进行的海湾、科索沃战争中那一具具倒下来的无辜平民的身躯……这时候我陡然想起祖母的这句话，也只有心怀悲愤和无奈。人或许真是一根麦秸，命贱于草或被草菅！

1999 年 4 月 16 日，北京东城区和平里

电视的功能

现在正茁壮成长的下一代，小小年纪，幸福得天南海北似乎什么事都知道。比如有段时间我就经常听孩子们不停地嚷嚷：戴安娜与英国王子谁谁结婚，戴安娜与谁谁离婚，戴安娜被车子撞死了……消息灵通得绝不亚于一位资深记者——也是，不说恋爱、结婚、生孩子那些成人尚且糊涂的事，孩子们在电视上就能够了解，连电视里的广告也像有谁付了他们广告费，被他们莫名其妙地成天挂在嘴上——当然，这都是电视的功能。

电视时代，电视就这样无孔不入，像血液一样渗入了社会的角角落落，义无反顾地“濡化”着我们的生活。

作家们说，电视是仅仅一页的“相看两不厌”的书；政治家们说，电视是宣传思想和道德的必然工具；社会学家们浪漫地认为，电视像一堆熊熊燃烧的电子篝火，把家庭、社会和亲情拉得很近很近。还有人说，电视是个“爱情和阴谋的掩体”——阴谋家在电视声响的掩饰下，密谋不可告人的勾当；青年男女们利用电视，悄悄进行一幕幕人生或爱情的游戏……在一定程度上，电视就似一把无形的阉人的刀，巧妙地把人类一个个阉割成精神上的太监，然后打入那深宫般的黑匣匣里，只剩下一具缺乏灵魂的躯壳、一双善于察言观色的眼睛。

电视，自信是一位无所不知、无所不包的大师。它真真假假、虚虚实实，极尽所能地把所知道的事情告诉人类：上至天文地理，下至鸡毛蒜皮，天南海北、天堂与地狱……让人变得懒散、耽于幻想、神经兮兮。它瞬间还让人游遍天涯海角，让人了解希望知道的一切，满足人类的好奇心——它洞察了人类的习性，既让你遥控天下，雄霸一方，满足你的主宰欲和狩猎性，又像犹抱琵琶半遮面的一个女子，具有极大的挑逗性：长舌妇一般传播新闻，套大餐般地播送电影和电视剧，酒吧和茶馆式地聊天、闲扯。至于那广告，就如一群飞来绕去的苍蝇，发出的是嗡嗡的叫声……电视还如同动物园里的驯兽师，要把人驯服得像猫一样温驯，像狗一样地忠实，然后只剩下原始的动物性。电视彻头彻尾的就是和平时期的一位现代杀手，要将人类的思想和文明史一笔抹杀，让人类重回史前时期那无边无际的虚空之中……

《读者文摘》上，有一则关于电视的真实故事：

> 一九七四年二月十三日深夜，在大西洋海岸法国的布列塔尼半岛上，位于莫尔莱市附近的法国广播协会的二百一十八米高的电视塔，随着一声惊天动地的巨响轰然倒塌。就在电视塔消失之后的一年多的时间，人们发觉，这里居民的生活竟发生了许多意想不到的变化：
>
> 其一：患感冒的小学生大减。布列塔半岛由于雾多雨

多,气候条件相当恶劣。孩子们以前一放学便一个心眼儿扑在电视机前,闭门不出。没有电视,孩子们便在家里待不住,于是只好走出户外玩耍、活动,结果却发觉孩子们的体质明显增强了。

其二:婚宴时间延长。布列塔尼的人们喜好社交,这里的居民以前不论过年过节或者红白喜事,总爱通宵达旦地聚在一起。但由于电视,人们就时而借口推辞掉这种群体活动;即使赴宴也频频地看着手表,生怕耽误了电视节目。现在电视消失了,他们便其乐融融,恢复了正常的社交活动。

其三:书店收入猛增。随着社交活动的恢复,“主妇之友”“音乐爱好者”“地方史研究小组”“读书会”“诗社”等名目繁多的各种组织、团体便应运而生。人们以前习惯把电视机作为了解世界、获取知识的窗口,现在却又把视线转向了书刊,重新开始沉浸到了书的海洋……

电视机消失后,这里的居民感觉自己的生活似乎一下子倒退了几十年。当时法国的一家周刊还曾刊登出《布列塔尼人的愤怒》的文章,反映在没有电视的日子里,当地居民的那种普遍的失落心情。但当年的六月二十九日——也就是时隔四个半月之后,法国第三电视台向全国实况播出了一个“布列塔尼”专访时,人们惊讶地发现,接受采访的当地居民,并没有如他们想象的那样怒气冲冲地诉说没有电视的苦闷,只是那些言辞颇是耐人寻味——(一个老年人直率地说:“以前看电视的时间,现在用来看书或睡觉。寂寞时,电视还常常令人怀念。”)

一个戴贝雷帽的说:“不看电视。当海上起风浪时,我就到海边去走走,呼吸新鲜空气。”

有人打趣说:“以前看电视时,我和老婆从来无话可说。现在好了,一见面我就和她喋喋争论不休。”

一对知识分子夫妻颇有哲理地发表见解:“一开始,我们似乎感到与世隔绝,无聊极了。可不久,我们终于摆脱了魔法,重新找回了人生的价值。”

“父母总喜欢全家团聚在电视机旁,并从中感到无限乐趣。可是对于我来说,这种团聚有时是被迫的或是尽义务的。最近我在家庭以外找到了朋友。”一个少女出现在荧屏上如是说……法国的一家杂志后来在介绍上述电视节目时,用了这样一句发人深思的标题:“电视与人生的决斗——人生获胜!”

这是电视时代反映人们复杂心态的一个有趣的插曲,一个绝好的例证。

记得许多年前,我看过一场电影《决裂》,上面有一位老师在黑板上写下“马尾巴的功能”,煞有介事地向学生们解释着什么。多少年过去,我发觉我竟一直没有弄清楚马尾巴到底有什么功能,对于日益发达的电视的功能,倒是越来越莫名地惶惑起来。

1999年4月18日,北京东城区和平里

大师与孩子

“这条小鱼在乎!”——和平年代一则美丽而又动人的故事:在暴风雨过后的海边,一位小男孩捡着被暴风雨卷上岸,困在沙滩水洼里的小鱼,并把它们重新扔回大海。一条、两条、三条……小孩不停地捡着。在海边散步的一个男人忍不住惊奇了:“这么多的小鱼,你捡得过来吗? 而又有谁会在乎呢?”小男孩头也不抬地说:“这条小鱼在乎!”他一边继续将鱼捡起扔进大海,一边自豪地回答道:“这条在乎,这条也在乎! 还有这一条、这一条、这一条……”

这是一个男孩浪漫而又充满理趣的纯真行为。它令人惊羡和怀想,里面好像还有本质上接近和具有大师般意味的东西……而其他孩子都在干些什么呢? 在《古拉格群岛》上,我读到了索尔仁尼琴,这位二十世纪俄罗斯伟大的作家之一、俄罗斯伟大的良心。我发觉,他就远没有在海滩上那位优雅的散步者幸运——

差不多也在海边,在黑暗的古拉格群岛上。索尔仁尼琴,这位背着石料的俄罗斯著名犯人,看到的却是一群手里“拿着冲锋枪的孩子”。其实不单他们，我们自己做孩子时，或者现在正娇生惯养的下一代，大多数接受的启蒙教育也都是一把枪或一把刀什么的。但这些枪终究还是玩具，如果索尔仁尼琴看到，恐怕也只偶尔思想一下而已。可这回不，这次索尔仁尼琴看到“守卫”他的是一杆杆真正的枪，一颗颗直奔“杀戮”主题的异化者的心灵。

在古拉格群岛，这个比真正的传统意义上的监狱还要阴暗、还要可怕的地方，索尔仁尼琴就这样日日夜夜被一群充当着“杀人机器”的孩子持枪监视着：孩子们敢于朝倒仆在地的逃跑者踢上几脚；敢于从戴着手铐的白发人嘴里踢掉面包；敢于像在动物园里观看动物一样，无动于衷地围观逃跑者在满是荆棘的车厢里被迫滚来滚去，甚至干脆就端起冲锋枪朝着正回营门的囚犯开上一梭子……他们相信政治指导员“手中紧握的是体现祖国力量的惩罚之剑”的训导。他们像是被奴化成为一群低级动物，盲从而丧失人性。在极权统治的黑暗年代，人性的尊严荡然无存。孩子们的天真、幼稚一旦被政治利用，其心灵异化、受戕害的程度就远比大人严重、残酷得多。在这种环境下成长起来的孩子，试想，会像海边拾鱼的那位小男孩那样，知道拯救生命意味着什么，知道比大海宽阔的是心灵吗？

索尔仁尼琴同情地说道：“每天早晚两次，我们和他们拖着沉重的步子走路：每天早晨，我们都无精打采地走向我们和他们都不要去的地方，我们走在路中央，他们走在路的两旁；每天傍晚，我们打起精神往回赶路，我们奔向自己的畜圈，他们也奔向自己的畜圈。双方都没有自己的真正的家，所以这些畜圈也就等于人家的家了。”

他无法如海边那位优雅的男人那样接近孩子，与孩子对话，他的痛苦无处诉说。但他心头在流血，灵魂受着煎熬的时候，他却以博大的胸怀宽容着、思索着，挖掘着这些被扭曲、被损害的孩子身上的悲剧灵魂。

“这些孩子的全部力量就在于无知！”他痛心疾首地告诉我们。

大师之所以被称为大师——大师对人类与人性的深刻体认和悲悯，首先就应该包括对孩子们境遇的不同于一般意义上的理解和教化。索尔仁尼琴对孩子的态度，当然只是一位大师对孩子们所应有的态度。索尔仁尼琴做到了——而同样是在俄罗斯，同样也被人们称为大师的高尔基与孩子们发生的关系却与他迥然不同：

二十世纪二十年代，俄国作家别松诺夫逃亡到英国，出版了《我的二十六座监狱和我的索洛维茨岛的逃亡》一书，揭露监狱群岛地狱般的生活。有关当局闻讯后，为了驳斥这本书的“无耻谰言”，便请文学大师高尔基视察索洛维茨岛。岛上尽管弄虚作假蒙骗大师，但在一所所谓的儿童教养院，高尔基还是知道了真相。一位十四岁的孩子告诉他：“你听着，高尔基，你看到的都是假的！”岛上成灾的蚊子，以人代马的奴役，雪地过夜的残暴……孩子把他所知道的一切都告诉了他，愤怒和吃惊使高尔基老泪纵横。但大师回去后，却仍发表文章大肆鼓吹索洛维茨岛上的生活和天堂般的美好……

更为残忍的是，就在高尔基离开那个岛时，那个小男孩就被枪毙了！

索尔仁尼琴很快知道了这件事的真相。他又一次陷入了更大的无可奈何的悲哀之中。他辛酸不已，几乎捶胸顿足地说：“唉！你这孩子，为什么要破坏文学祖师爷刚刚建立的仆人成群的宫殿和花园般的生活！啊，阐释人心、精通人学的专家，他怎么没有把这孩子带走？”这令人震颤的发问，酣畅淋漓。不正是类似于大师的“救救孩子”那一声深沉的呐喊？不正是一位大师对另一位大师缺乏起码的人性和道德，感到深深的悲哀和耻辱而发出的痛苦的呻吟？“这条小鱼在乎！”所谓大师，有时竟不如那个捡鱼的孩子。

还是回到开头叙述的那个故事上来——那故事让人想到在碧绿色的、波涛汹涌的无边无际的大海上，几只海鸥在飞翔着、尖叫着。头顶上是高高的蓝天和白云，一切都充满着和平和宁静，散发着自由与新鲜的空气。那画面甚至还让人联想到人类的爱心和善意。在世人的眼里，那小男孩简直不是出自人间，而是从天堂下来的一位美丽天使。他拯救的也不仅仅是那一条条小鱼的生命，他的心灵和动作凝聚着坚硬的、古铜色的穿透人心的力量，已经闪耀着一束人性的光辉，绽放着人道主义的鲜花。

从这个意义上说，索尔仁尼琴是大师。那位小男孩，也是。

1999 年 4 月 20 日，北京东城区和平里

远去的苇岸

对于终生挚爱大地，并将“大地上的事情”作为终生写作目标的苇岸，我一直觉得他的生活与创作是美好的：他静静地蛰居在天明地净的昌平一隅，像个怀揣童心的大孩子，天真地观察着大地上的精灵；又像是在土地里刨食的老农一样，幸福地守候着二十四节气和物事。他素食，他旅行，他一个人孤独地待在书房里读书、写作，或与朋友一起跳进河里游泳、聊天……

“我准备着音乐卡片，朋友们去了，都得写上几句话。”他像是一只布谷鸟，也常常从京郊飞到城里来，告诉我他的一些奇怪的想法。

那时候，我们大多是坐在一个安静的所在……书店、餐馆或者酒吧。他不吸烟，连啤酒也不会喝，只喝白开水或是漂浮着几片淡淡茶叶的白开水。然后与朋友一块谈文说艺、谈文学与环境，他说海子的才华与早夭，他谈他推崇的梭罗隐居瓦尔登湖的生活本质，五十岁后的托尔斯泰、食指的诗，还有他自己关于二十四节气的写作，他轻言细语，字斟句酌……说得很慢很慢。

春天说是死亡的高发季节。但春天过去，立夏也已过去了十四天，就在大地上的麦子正期待收割时，守候大地，静观节气的苇岸却突然在夏天的门槛上倒仆下来，在大地风涌、无边无际摇曳着的麦梢上，他的灵魂如一颗饱满而成熟的麦粒倏然剥落，噗地就融入了土地。这回，轮到我惊诧和悔恨了——悔恨就像一把刺心的锥子，深深地刺进了我的身体。我发觉我的心在流泪，灵魂在五月的麦黄风中变得不安生起来……大地何故！

尽管我们同在京城的一片天空下——我却是很迟才知道他的病情。匆匆地打电话问他，他声音竟跟往常一样的从容和镇静，平静得就当他只是患了一次小小的感冒。面对他的从容，我怕我多说一句都显得多余，心里莫名地只当他的病况是一种谣传。我说我去看看你，他说："过上几天，我呼你吧！"可万万没有想到，这次通话竟成了永诀！……

在四月二十九日这天的十一点零一分，他真的呼了我。我的呼机上至今还留有他那惯有的极其谦恭的"如有空，请回电话"的留言。然而，其时我正由烟花三月的扬州，马不停蹄地奔走在回乡的路上。我曾对我生命不停地在路上，不止一次地发过慨叹，然而我总在路上。我的这种流浪的事实，也是我曾羡慕他有一个天明地净所在的原因……五月十九日，我不知道在干些什么。而其时苇岸却已走到了他生命的尽头——我的遥远的南方家乡，稀稀落落的黄梅雨已开始让我变得惆怅和不安。然而我对苇岸的这一切还毫无所知。五月二十七日，我回到北京后，连忙打开呼机，见有他的传呼，我立即打电话到他的家中。电话一如既往地响着，无人接。这时，一种不祥的预感袭上了我的心头，我心里默默地祈祷，说明天一定去看看他，看看他。没想到，二十八日翻开《文艺报》就看到他辞世的消息。黑黑的大字像是一团团黑色的泪，立时让我的头脑涨大起来……

大概是在去年的这时候，或者比这个时间还稍晚一些，我们还在一个散文创作会上相遇。在这之前，我曾以《我读过的几本书》为题，给江苏的《书与人》杂志写过一篇文章，其中提到了他的那本《大地上的事情》。他告诉我他看到了。那回，我们凑巧分配在同一个房间里。他慢吞吞地说，他写东西速度一直很慢，每月才只有两千字左右，他希望把文字写得干净利索一些。“一个用得好的词儿，比一本写得坏的书强。”他十分倾向这句话。他说：“从某种意义上讲，小说家和诗人是‘幕后’作家，而散文家是‘台前’作家。直接袒露或表现自我的和具有使命感、富于理想精神的作家，都会选择散文。”文字不能“一次性”。那一次会上，大家对散文创作的观点仍然各有见地，有些话甚至也很尖锐。苇岸似乎比他们要宽容得多，也细心得多。会上，他带了照相机，还拍了很多照片——按照我的经验，这种拍摄十之八九是浪费表情。但回京后，他竟将相片洗印悉数交给我，并在后面写上“苇岸摄”的字样。他的认真叫我好一阵感动。

会议结束时，主人要我们每人写上一句关于散文的话。我记得他工工整整写上了一句：“散文是平原。”平原，这是他以有限的三十九岁的生命钟情和眷恋的生他养他的土地。活着，他不断地努力着，使大地上的“事情”变得诗意和朴素生动；死时，他毅然决然地要将他的骨灰撒向他曾留下胎衣和足迹的麦田——他是在把他整个的生命，毫无挂碍地交付给他心目中的散文平原啊！

——平原永恒。

与苇岸一样,也曾浸润过瓦尔登湖水那自然清新气息的美国作家约翰·布罗斯说:“那热爱土地的人是有福的。”面对永恒的平原,我直到现在才接受这个事实,昌平这么个天明地净的地方,一位朋友曾像影子般地生活在那里,竟又像影子一般地真实地消失了。他倾心大地,他的灵魂该早早地跨过那一片死亡的麦地,快乐幸福地抵达天堂了吧——大地上的事情不可思议!

关于音乐,最后我还想说的是:我不懂音乐,我甚至是音乐盲。与其说我被一种音乐打动,不如说是被一种声音——声音里所包含的艺术的光芒所刺射。因此在我的眼里,没有什么音乐家,只有让我感动的声音、语言或者其他什么。

1999 年 5 月 28 日晚,北京东城区和平里

好男人之累

关于男人，英国女作家伍尔芙说："有史以来，女人一直充当着一面镜子，通过她，男人的形象得到了夸张。"——她算是比其他女人认识深刻。例如，大观园里的怡红公子说"男人是泥做的"。一般女人就把这"泥"夸张得不是一摊糊不上墙的稀泥，就是脱了水的干泥，硬邦邦的，如瓷器般易碎。其实，男人如泥是指那种湿润得恰到好处、散发着喷香的泥土气息的泥。这样的泥在春天的田野，被人们精心地耕种，就很有希望和思想的样子。

好男人就是由这样的泥做成的。

怡红公子说的下半句话是："女人是水做的。"水多了易糊，水少了易碎，这样好的泥土其实并不常有。因此这样好的男人活着也累。万物生长靠太阳，"泥土"滋润离不开水，但成天扎在"水"里扑打着的男人，就不是好男人。人家一定会骂你轻浮、孟浪，是流氓！可你想做个坐怀不乱的柳下惠，人家却又以为你是性冷淡，是伪君子、假崇高……好男人当然也娶女人，但好男人娶了女人就得糟糠之妻不下堂，更不能移情别恋，哪怕女人是一股呛得死你的“祸水”。好男人如果碰上一位好妻子，当然就好上加好，否则就被折腾得累个半死……

好男人不应该说谎，因为好泥土是不虚诳的。肥沃的土地生长好庄稼，贫瘠的土地不长草。可偏偏说谎就是人的天性，好男人也是从孩子过来的，他的任性是上帝赐予的权利——这任性当然也会做出一两件错事来。比如说抽烟，现在女人心目中的好男人都不抽烟，大街小巷也都挂有“禁止吸烟”的招牌。由于女人的反对，男人在女人面前当然就不能吞云吐雾，可他竟然一时断不了“嘴中物”，只好说是“上厕所”过上一把瘾，让妻子逮住了，说一句：“你撒谎！”好男人的形象立即就烟消云散了。男人的谎言据说有三种：一是出于爱而独自承受忧伤和痛苦；二是由于对妻子的失忠；三是如前面所说的那样仅仅为着自己的习性，而找体面的掩盖。但无论是善意的，还是恶意的，撒谎都是关乎心灵。坏男人撒谎成性，好男人撒谎就累。

好男人爱慕虚荣、患得患失，很在乎现实和历史的人们对他的评价。这一点就不像泥土了——当农民站在肥沃的土地上，说一句：“今年的收成多好啊！”泥土也无从激动。好男人对事对物总有唯美倾向，他也不一定想在历史中谋一个席位，追求永恒，但他总希望在儿子眼里是好父亲，在父母面前是好儿子，在妻子身边是好丈夫，做和尚也是个好和尚。给他一个碗，他也要像阿Q一样画得圆圆。好男人喜欢人们都知晓他的“好”处，经常表扬他、赞誉他，最好思想还能与他保持在同一个轨道上。共同放眼世界。但不如意的事十之八九，好男人总是每每失望，人们不但不能理解他，反而对他就像对待鲁迅笔下喋喋不休的祥林嫂，远远地见到他，就赶紧开溜，好男人因此只有尴尬……

好男人相信“人之初，性本善”，奉守“诚实、正直、善良”的信条，为人讲究自己的原则。然而环顾左右，社会上事物的天平总是失之于平衡。贫土地上长出的喇叭花吹得贼响，肥土地上也会洒满砖土瓦沙。好男人想做点正经事，却常有那么一群鸡肠狗肚的人揣测着你、算计着你。如果是你身边的同事，不是当面冷言热讽，就是背后唾沫四飞，冷不丁还会用一枚“飞毛腿导弹（邮票）”打得你晕头转向、鸡犬不宁；如果恰好是你的顶头上司，那真是宰相肚子里好撑船，你就悠着一点，慢慢地划吧，那永远也找不到北的滋味让你尝一个够！至于一些尔虞我诈、欺瞒拐骗之类的游戏，好男人当然要躲得远远的。但明枪易躲，暗箭难防，甚至是防不胜防，不明不白地，你的身心就受到伤害。你一下想怒发冲冠，你一下子又想息事宁人，好男人因此只剩得自寻烦恼了。于是在夜里总是扪心自问，三省吾身。写条“谦虚谨慎开动脑筋办事，戒骄戒躁夹着尾巴做人”的标语贴在床头。妻子看到了，骂一句：“窝囊废，活着累不累？”好男人就更只得自惭形秽了……

“男人不坏，女人不爱。”女人心目中的好男人要强壮、要孩子气，还要有点小坏……女人总说好男人的基本职责是统治这个世界，而她的任务就是直接和间接地征服男人。可能统治世界的男人总是少数，好男人不一定都能当上皇帝，于是女人就老抱怨这个世界好男人越来越少……

作家路易斯·伯尼在他的《美国孤独》中说，他发现男人们总不愿意承认需要得到别人的帮助。其实这指的就是好男人的做派。因为好男人沉默如山，孤独似树。对于他们来说，乞求别人的帮助是虚弱的表现，是缺乏男子汉应有的气度，是一种耻辱。你没听见他们在豪迈地叫着：“好男人流血不流泪”“男人有泪不轻弹”“男儿膝下有黄金”“好男儿志在四方”……这一个劲地嚷下去，然后说“好累啊”就躺在床上对着天花板做苦笑状。

1999 年 6 月 24 日，北京东城区和平里

舞蹈精神

从没有集中地观看过这么多舞蹈名家的表演。那群舞者在秋天的夜晚，像是一个个蹀蹀飞翔的艺术的精灵，腾地就燃烧出一股生命的烈焰，让人倾听到生命的霞光悠然穿过时光隧道的咔嚓之声，仿佛看到艺术天使驻足在青草的河边，吮吸着香甜的甘露。戴爱莲、贾作光、崔美善、刀美兰、白淑湘、陈爱莲……随随便便说出一个名字，都会使人想到中国舞蹈的长江、黄河，沐浴在中国舞蹈的满天星光下，徘徊在这圣洁而高雅的艺术宫殿里，那个秋夜幸运的观众，哪一位心灵里没有洒满鲜花和泪水？

那是场带有"秋"韵的舞蹈晚会。那些歌者和舞者也都正处于人生的晚秋季节。生活中，他们都已是为人祖母和祖父的年龄，但在舞台上，人们全然看不出人生应有的暮秋之气。整个晚会所洋溢出来的舞蹈艺术的大美，也是迪斯科、霹雳舞……以及名目繁多的城市时尚舞蹈，或者干脆躺在家中舒适的沙发上，在电视上"欣赏"到的快餐文化所无法比拟的：维吾尔族阿依吐拉的《库车姑娘》、海力倩姆·斯迪克的《林帕塔》；蒙古族莫德格玛的

《蓝蓝的天》、斯琴塔汉哈的《筷子舞》;朝鲜族崔美善的《思念》、崔善玉的《长鼓舞》;满族贾作光的《牧歌》;傣族刀美兰的《水》;藏族欧米加参的《热巴鼓舞》……一会是草原湛蓝的天空,一会是高原的悠远雄浑,一会是边疆清澈的泉水。那一个个民族舞蹈家所渲染的人世间的纯美,张扬出来的浓浓的舞之气息,让人不知不觉地在领略到地域的风光、民族的团结、艺术的思考,得到审美享受的同时,心灵陡然得到一次精神上的升华,体会到舞蹈家们创造性的幻想和超前的艺术劳动的宝贵……

舞蹈家邓肯曾说:“生命中的每一部分,不仅是爱情,都应当成为艺术。因为我们现在不再是生活在野蛮状态中,所以我们的全部生活内容都应该通过文化,通过直觉和本能的改造而成为艺术。”(《邓肯论舞蹈艺术》)这是一个大舞蹈家艺术生命的体验和期望。的确,相对于其他艺术来说,舞蹈最是具备将一切生活内容改造成为艺术的可能。因为人首先是人体,而人体直接就可以舞之蹈之。在舞台上,我们看到了中国舞蹈家们在这方面的努力。如果说,被称为“中国第一只白天鹅”的白淑香表演的《白天鹅》,给我们展示出的是柴可夫斯基音乐被舞蹈艺术浸淫之后,准确、传神地表达了经典音乐作品的深刻内容,以及陈爱莲的《鱼美人》等还反映出中国舞蹈由于借鉴,而毫不逊色地融会在世界舞蹈艺术的洪流之中的话,那么戴爱莲的《来啊来,来跳舞》则印证了邓肯的话,让人看出了中国民间舞蹈的魅力,她的这种“人人跳”据说是她自编自导的一种自娱自乐、易学易跳的集体舞。它博采了民间舞蹈的精髓,在轻松、欢快和洒脱的打跳动作中,融民族性、生活化、“集体主义”于一身,气氛和谐,载歌载舞,贴近生活，它使人们看到了舞蹈从贵族重新回到民间的曙光……

舞蹈越有民族性越有特色，愈原始愈可贵。被称为“沟通中西方舞蹈文化的大师”的戴爱莲，难怪对民间舞蹈总是那么情有独钟了。她曾说过：“我们国家的民族民间舞蹈是世界上最丰富多彩的，我要到兄弟民族地区去学习民间舞蹈。”确实，舞蹈也只有从贵族化下解放出来，获取生活的原汁原味，才能在充分的写意、自由的抒情的基础上饱满其艺术精神，从而展翅飞翔。因为一个舞蹈家和他舞蹈所呈现出来的美，不应该仅仅是一个歌者和舞者本人的理智和灵魂的美，而应该是一个民族的美。是他那本民族无声的音乐、美丽的散文和诗，与生他养他的民族的其他艺术也应该相通。它可以是一幅版画、一幅水彩或者油画；可以是来自小提琴和大提琴、竖琴；也可以来自二胡、古筝和竹笛……

舞蹈是青春的艺术、肢体的艺术。夸张、变形，甚至荒诞……自然而然的动作，舞蹈中所特有的、无所不在的技术等等，其中所焕发出的一股青春的神采，蓬勃的年轻人的朝气，当然是舞蹈真正生命的动力和源泉，也是他们曾经自豪和成功的所在。他们都已将自己的灵魂早早归依于艺术，青春交给了舞蹈。现在，对于他们来说，再也无法拥有那稚嫩的容颜、少男少女的腰肢，更不能以旋转的高难度动作给人带来种种意外的艺术感官刺激，可他们舞之歌之，一丝不苟，兢兢业业，把老舞蹈家们所具有的春天的激情、夏天的火热、金秋的成熟、冬日的沉稳……几乎凝聚了一辈子的对舞蹈的理解、智慧和内在的生命之美宣泄得淋漓尽致、如痴如醉。那种生命和艺术的高度难道不是年轻的舞蹈家们所终生企及的？它还使人相信，艺术不仅与生俱来，也是与生俱去的。

当一位舞蹈艺术家真正把自己与艺术融为一体的时候，艺术不仅创造了他们自己独特的舞蹈王国、独特的艺术世界，更重要的是创造了一种生生不息的舞蹈精神——愈久弥香、永不泯灭、令人缅怀的艺术精神！这是他们真正永远的成功。

1999 年 6 月 26 日，北京东城区和平里

皖河散记

要来的寒流不冷/手捂的伤口不疼/秋天/想起皖河/
就有一股温涌的力量/连绵向上……

——摘自一首诗

油菜花的村庄

如果从哪里跌倒的，就从哪里爬起来。那么从油菜花的田野里呢？在春天的五月，我又一次面对油菜花，面前的油菜花与我二十四年前的油菜花没什么两样，大片大片的金黄，黄得炽烈的油菜花丛里，有我熟悉和不熟悉的蝴蝶和蜜蜂。我无法抓住其中的一只，这与我的从前也没什么两样，蜜蜂的叫声嗡嗡嘤嘤的，吵得五月的田野微微发熏，土地已裂开美丽的花纹。

村庄被油菜花包围着，乡亲们的心情被一种喜悦包围着，我的心房被一些往事包围着。村庄与乡亲们闻到那浓浓的菜花香，乡亲们就看到了油亮的菜籽。他们都喜欢注重结局,因为结局总意味着丰收,意味着锅里有香喷喷的油水,意味着身强力壮、红光满面。但我不是。在这里我与乡亲们有着一些差别。我只注意过程,油菜花美丽开放的过程,在二十几年前我就是这样。我的这种与乡亲们细微的差别,表明我从来就不曾想过与脚下这块土地认真地贴近,我是这个村庄、这块土地的叛逆者,是这块土地上的又一个“叛徒”——记住这一点很重要。

但乡亲们原谅了我,同时也原谅了一只疯狂的菜花狗在油菜花田野横冲直撞、糟蹋庄稼。那一季的油菜花香香地开过一阵,突然就下起了一场春雨。雨打着黄黄的菜花,花儿太柔、太嫩,盛不下那密集的雨脚的蹂躏,凋谢了。许多黄黄的花儿,像死了一地的黄蝴蝶,趴在泥土上飞不动,它的翅膀断了。但香气还在,残存的油菜花的枝干,结出一粒粒的菜籽在风中昂首挺立,那是乡村五月的旗帜。几阵麦黄风吹拂,那上面就会有轻轻的爆裂声响动。阳光里这种声音很悦耳、圆润,如同大地上窃窃的私语,交头接耳着日子。

油坊在远远的镇子上。那原是一座破旧的厂房,屋很大、很黑,却终日弥漫着喷薄的菜籽油香。几个强壮的汉子,脱得精光赤溜的,只穿着一件裤衩,终日在油坊里劳作着。榨油机全都是木头做的,特别坚实的那种木质,粗粗的庞然大物。汉子们将菜油籽放在上面碾碎,然后几个人共同推着一根巨大的木棒挤榨着。那酱色的液体汩汩地从木器上流下来,流进盛油的木槽或铁皮桶里,那东西亮晃晃的,能照得见人影。榨油的汉子在旁边乐呵呵地笑,他们在吸烟,光溜溜的身上满是油渍,伸手一摸,像泥鳅一样滑不溜秋。

乡亲们将油菜收割起来，扎成一捆一捆的，然后放进用篾编扎的晒筐里。在阳光下暴晒几天，轻轻用手一揉，菜籽就落了一筐，堆得厚厚的。母亲是多么地高兴啊！收起油菜后，晒、榨油就是她们的事了。她们从此将日子过得像菜籽一样精细、圆润。小小、细细、圆圆的菜籽在她们的手指缝间细细流淌着，幸福火焰般跳荡在她们胸间。时间在菜籽中悄悄流逝，夜晚来到她们的身边，她们浑然不觉。

在乡间春夜寂静的皖河边，油坊里几盏菜油灯亮着。木榨油机嘭嘭地响，声音传得很远很远，河水哗哗地在月光下粼粼地跳跃。这生活中的一种沉重且轻快的旋律，从此伴随着皖河人度过一个短暂而又有些丰收的春天。春天里，乡亲们锅里、碗里的油水都放得很重，灶火烧得吱吱直叫。菜油这种来自土地里的东西，叫乡亲们感受到了无比的爱怜，他们亲口尝着，饭也吃得多，干活也更有力气了。春天一过，皖河里就开始泛起桃花汛了，平时清亮的河水夹杂着许多的泥沙，这时候变得尤其浑浊。

就在那个春天里，我打翻了一只菜油桶。喷香的菜油流了满满一地，土地上留下了一摊黑斑，母亲飞快地捞着地上的香油，时而还用嘴舔着。但没有人注意，乡亲们都忙着防汛抗洪去了。

桃花汛的时候

院子里桃花开时，春水漶漫，整个村庄都湿淋淋的。黑色的瓦片在雨中仿佛浸淋得很久了，油黑亮亮的，使村庄的棱角格外地分明。白色的土墙阻挡着田野上蔓延过来的花草,池塘边的垂柳枝条点点,招惹得春天里的孩子们眼睛汪汪地随着它转悠,麻鸭就在那池塘里船队一般游过,蹀蹀地踩着春天的物事。

乡亲们头戴斗笠身穿蓑衣,扛着锄头,这时候总喜欢走动在田野上。他们顺着田埂走,雨水将春天的气息打发得特别充足,这气息也特别诱人。乡亲们当然不是专门为嗅这气息而来,他们在这条田埂上走走,那条田埂上跑跑,为的是关关这个"田缺",开开那个"口子",他们在做大地上的修理工,疏导春水,让桃花汛来临时能顺利地经过村庄,到达它们必须到达的地方。

皖河两岸的高高河堤长着细细长长的小白杨树,像是春天大地里逸生出来的翅膀,拍打着河水飞快地奔跑。浑浊的河水又似一条小蛇,在河堤的指引下动动静静的。只是由于春雨的淤塞,田野都像浸泡着的水草,这时候大地特别肥沃,用手在地上一抓,都是乌黑黑的泥土,肥得流油——喜欢用手扒泥土的是孩子,他们在田沟里翻泥鳅、黄鳝什么的。天气乍暖还寒,孩子们赤着脚,撒野般地奔跑在田野上,春水滋润着双脚,有一种异常熨帖的感觉,脚丫子一踩进泥巴,那更是瓷实得可以。让人更乐观的是田沟里真有不少泥鳅、黄鳝之类的。那些小动物在泥巴里骚乱得不行,一逮一个准。还有人干脆就在小河汊里支起网儿,这往往也不会落空。十有八九都会捞起一网白花花的鲫鱼、胖米,还有一种鱼叫鲦鱼,那种鱼全身都是刺,不好吃,孩子们捞起来也不稀罕。白白胖胖的鲫鱼,大家抓起来就一阵欢呼。晚上在家里拌上葱煮,那鱼汤真是鲜美。

比我大两岁的姐姐喜欢带我抓鱼。但不知道怎么的,我总是抓不到。连一条泥鳅也逮不住。每次看到伙伴们抓到了鱼，我心里就一阵难堪，但姐姐时而抓起一条鱼，就对我说："这是我们俩抓的。"她总是这样——后来念书升初中，大队只推荐我们中的一个，她让给了我，说："我们俩念的。"妈妈知道我抓不到鱼，说我穿姐姐的鞋穿多了，所以抓不到。我们那里人说穿过女人鞋的男人是抓不着鱼的。

我现在的劳动大都是在晚上。但记得小时候在晚上干活，我心里莫名其妙地就充斥着一种犯罪感。桃花汛的时候，河水上涨，池塘里的水也上涨，大人们总喜欢在夜晚背着网兜在池塘叉鱼。父亲也精通这门手艺。他有一副上乘的叉网，经过一天的劳累后，有时他还带着我到处叉鱼。现在想起来，那时塘都是集体的，这样叉鱼也算不得一件什么光彩的事——我生来胆子就小。父亲在塘边叉鱼，我掌管着手电筒，望着父亲在黑漆漆的水里，用竹竿一下一下地驱赶，捞起来，网里果然就有一层鱼。但我总兴奋不起来，父亲也有点儿害怕，很快将鱼倒进背后的鱼篓里——也经常碰到同类，彼此心照不宣地打一声招呼：

"有吗？"

"有。"

"多吗？"

"不多。"两个人在夜幕里分手，就匆匆消融在黑暗的春夜里。

桃花汛前后也不过就一个月的时间，在这个季节里，乡亲们脚步匆匆、忙忙碌碌的。土地上许多新奇的事物随着春水开始发酵和泛滥，到处呈现出一片蓬蓬勃勃的生机，这使乡亲们的生活也变得生动和有滋有味起来。

桃花汛过后，急匆匆的，一场洪水真的就过来了。

麦黄风

麦子在四月的皖河两岸是最为金黄明丽的植物了。这种庄稼使南方的土地和粮食变得异常生动和丰富多彩。直到现在我还非常奇怪，以稻米为主食的皖河两岸，在稻子黄熟的时候，乡亲们对一阵紧似一阵将稻穗染黄的风儿熟视无睹，为什么偏偏看见散乱在地上并不多见的麦子成熟，叫那刮来的风作“麦黄风”呢？这里，麦子作为南方独特的点缀庄稼和生活的东西蔓延着生长在山坡地，表明了乡亲们一种什么样的成熟的期待？

说也奇怪，在麦子成熟的季节，真的就有那么一阵风刮过来。那风被太阳镀上了一层古铜色，夹杂着皖河水的一丝清凉的气息。株株麦穗整整齐齐地伸展在天空下，如一把把麦帚，将天空打扫得异常蔚蓝和明亮（不像稻子成熟时稻穗低垂）。在皖河边隐约可见的丘陵上，一块麦田就像一块金黄的烙饼，蒸腾着一种让人口流涎水的味道。乡亲们割完麦子，立即就将麦子在太阳下一粒粒碾下扬净，然后送进磨坊磨成白花花的面粉，用来做粑和扯成挂面，偶尔在吃腻了米饭的间隙调节调节口味。

磨坊和挂面坊就是皖河岸边最富有激情和意味的风景了。乡亲们大箩小箩地将麦子送进磨坊。磨坊里的磨子一律都是石头做的，很圆、很大。要两个人才能推动它，还要有一个人将麦子一捧一捧地漏进磨眼里。或者就用牛拉磨，牛的眼睛上被蒙了块黑布，人在一旁呵斥着，牛就围着磨子一遍又一遍地转圈儿。面粉磨成后，乡亲们很快又将它送进挂面坊里。皖河边的挂面坊有多少？我已记不清楚了。但有一点我们印象殊深，那就是一到麦黄季节，所有的挂面坊都忙得热火朝天。扯面的师傅在晴天丽日里将那扯面的架子端到外面。架子是木头做的两根柱子，中间几根杠子上钻了一排排的小孔，白色的、细线般的面条被两根竹棍拉扯得很长。紧绷绷的，远远望着，像是晒着一匹白老布，或像战争年代战地医院洗晒着的绷带——这是那时电影上常出现的场面。当然，在乡亲们的眼里，挂面就是挂面，是用来招待客人的。皖河两边，对待尊贵客人的最高礼遇就是“挂面鸡蛋”——这与乡亲们喜欢“麦黄风”似乎并无内在的关联。

“挂面”在皖河边不叫“面条”。更不像在北方，还有“大宽、二宽、粗的、细的”之分。这里招待客人的程序是：先端上一碗挂面煮鸡蛋，然后“正餐”还用米饭，大鱼大肉的，还有酒。“挂面”含有一种祝福长寿、长久的意思。由于这个，扯挂面的师傅在这里就特别受人尊重，有点儿“技”高望重的意思。我有一个姨婆家，还有一位邻居都是扯挂面的，我看他们扯挂面很有讲究：面粉先用水发酵，水要恰到好处，发酵后师傅用手翻着、揉着，揉得满头大汗，汗珠子甚而就掉进里面。但乡亲们并不介意，说“不干不净，吃了没病”。说来奇怪，面粉在师傅手里，细软如线，坚韧如针，就那么揉、捶、打、拉、扯几下，就如一根根丝线了。师傅们将那“线”儿款款摆弄出来，晒在太阳下，同时还晾晒着一份得意和自豪。

我家由于有了上述那层关系，麦子熟的时候，想吃挂面就非常方便，用钱买或者用麦子换都行。要是人家做新屋，那屋正上梁的时候，乡亲们都会蒸上一点儿米粑，称上几斤挂面，然后搭块红布送过去。

后来，出现了一种专门磨粉制面的机子。在皖河两岸，要是那机子昼夜不停地响着，磨出白花花的面粉，一定是到了刮麦黄风的季节。

有一种树叶叫茶

做一片树叶总是要落的，你自己不落，别人也会伸手把你摘落下来。然后将这树叶一片片地洗干净，摆进水里淋透，浸上一天半日的，再放到一块干净的石头上揉得碎碎的，直揉出鲜嫩的绿色浆汁来，用钵子盛着，放上一勺子石膏。过不了一会儿，这绿色的液体浓酽酽的就凝固成了一块豆腐。含在嘴里冰凉冰凉的，透着爽快。乡亲们管这树叶叫“观音楂”，管这做出来的绿豆腐叫“观音豆腐”。这是他们夏天用来消暑的饮料了。最喜欢做观音豆腐的是一群姑娘和嫂子，她们用灵巧的双手，使乡村生动，也让自己亲人的生活变得丰富多彩。

久而久之，乡亲们就从树叶上看出了很多门道，于是对在河边、小山、丘陵上生长出来的树叶也产生了极大的兴趣。春天里，他们大把大把地摘着香椿树叶当菜炒，夏天里摘着肥硕的梧桐叶，蒸米粉肉和小麦粑、米糕之类，或干脆用桑叶泡水喝。女人甚而还用采来的艾叶煮水蒸身子——乡亲们将所有的树叶都找到了用途，让它落到它应该落的地方。

有一种树叶叫茶。这种叫茶的树叶在皖河的两岸蔓延无边。

皖河的水汽袅袅蒸腾，一天天的，春日的叶片儿就长得很旺很亮，显出绿叶葱葱的样子。在清明谷雨前后，一河两岸茶叶飘香，茶树丛里突然就会钻进许许多多鸟儿和摘茶的小姑娘——摘茶与摘其他的树叶方式相似，都是不等树叶长老，就将嫩嫩的芽子摘下来。只是这叶子不在太阳里晒干，而是用栗炭火微微焙熏、烤干，然后就慢慢地搓着、揉着，直揉出自己喜欢的形状来。然后按形就状地起些名字：或剑毫，或弦月，或云雾，就名正言顺地成为茶了。他们将这茶放进茶壶里，冲入滚沸的开水，茶叶就微微地舒展开来，恢复它本来的形状，一股香气随即也从壶里袅袅地飘逸出来。

说起来，皖河人在老祖宗手里就将茶种得神采飞扬，这从地方志中也能找到记载。唐代杨晔写的《膳夫经手录》说这茶“虽不峻遒，亦甚甘香芳美，良重也”；县志上说：“茶以皖山茶为佳产，皖峰高矗云表，晓雾布漫，淑气钟之，故其气味不待熏焙，自然馥馨，而悬崖绝壁间，有不种自生者，尤为难得。谷雨采贮，不减龙团雀舌也……”据说，唐代有人授“舒州牧”，当时的宰相大人李德裕向他要茶，那人就送了他十几斤，李宰相“乃命烹一瓯，沃于肉食内，以银盒闭之，诘旦开视，其肉已化为水矣”。从发黄的线装书上，乡亲们看见茶叶与别的树叶有不一样的神奇的功效，于是种茶喝茶，更是津津有味了。

喝茶，是一年到头与土地打交道的乡亲们最大的乐趣。喝着喝着，河边突然就出现了一群大大小小的茶馆，随即也就出现了专门以卖茶为生的人。这些人整天痴迷于茶叶，陶醉在劳动之外的另一种乐趣里。一拍即合，闲暇无事的时候，这些志同道合的乡亲就成天地泡茶馆，说自己“早上皮包水，晚上水包皮”，十分幸福与得意——在皖河，这些茶客最会品茶。茶香缥缥缈缈，如深谷的幽兰若隐若现，若用鼻子嗅嗅，不经意地直沁人脾腑。举杯慢慢啜那茶水，香郁味醇，茶韵清香；而细细地品茗，回味中却又略带些甘甜。只觉香醇飘逸，神清气爽；只觉四肢百骸，通体舒泰。渐渐地，乡亲们不仅仅只关注那注壶中之水，而且开始关注那一片片茶叶了。一片细小的茶叶，纤弱、无足轻重，可又非常微妙，将它们放在壶里，一旦与水融合，立即就释放出自己的一切，毫不保留地献出了生命的全部精华。那壶中的茶叶在水里沉浮不定，变幻莫测，朵朵嫩芽，缓缓地舒展，或恰如雀舌，或一旗(叶)一秆(芽)相互辉映，一片片嫩芽显露出茸茸的细毫，亮丽得宛如皖河岸边明媚的早春。

说来奇怪，在茶叶飘香的季节，皖河两岸的人民其情融融、其乐陶陶。他们互相走动，关系陡然就融洽了不少。乡亲们说皖河的茶叶可以驱秽气、除病气、养生气，可以尝滋味、养身体，更可养志。在这里，茶叶不仅是一种饮料，更成了乡亲们一种人生的价值取向。

好茶须好水。这水当然就是皖河的水了——“走千走万，不如皖河两岸”，乡亲们说只有皖河的水才最为清纯。茶因水而生，水因茶而活——茶与水就这样水乳交融，密不可分。

直到现在，我品尝的也还是皖河的茶。但在离开皖河的日子，我却奇怪地发现这茶喝不上几口，就会变成一壶“死茶”——茶水淡淡的，枯黑的叶片躺在水里像一堆毫无生机的乱叶。我发现这实在就不如用皖河水泡茶那么鲜活和赏心悦目了。要在皖河，那喝淡了的茶叶纯绿依然，还可以晒干装进枕头套里。夜里，枕在脑袋上明心养性，也清香无比。

六畜兴旺

在一些万籁俱寂、野狗狺狺的夜晚，总有一两只狗的叫声将皖河的夜晚扯得阴森森、空洞洞的。要是有许多的狗吠，鸡们也一定会跟着叫起来。鸡飞狗咬，就将河边乡亲们的心揪得紧紧的。那样的夜晚，皖河一定有什么重要的事情发生：张家失火、李家进了小偷、一个陌生人路过、一对相好的男女在河边野媾……失火和小偷，乡亲们当然会从被窝里一骨碌儿爬起来群起而攻之，但除这之外，对于其他的动静，乡亲们都能漠然处之，他们似乎从来就不愿意把黑夜里的事情弄得一清二楚。

“五谷丰登，六畜兴旺。”这是皖河人新年里互相恭维时的吉祥话。但“五谷”中的稻、黍、稷、麦、豆，“六畜”中的马、牛、羊、鸡、猪、狗，总有几样皖河是没有的。没有就没有，乡亲们也不会去刨根问底。皖河人总说日子过得太精明了，人也就过完了——乡亲们说，谁都不愿意把日子一下子就过完，是不是？

狗因此成了皖河两岸的一种点缀和象征。河边，那些富裕人家一般都会养一条狗，狗给他们看门守院的，就很有些霸气。那看门守院的狗，大都长得膘肥体壮，但“狗眼看人低”是没错的，见到稍微穿得干净、利索的人，狗们就撒欢般地蹦蹦跳跳，跟在那人的屁股后面直转悠，反之，则一脸的怒气，吼个不停。直到主人出来唤住它，或者给它几分厉害的颜色，它这才把“主意”交还给主人，然后跑到自己的位置上把守着。可这样的狗往往也得不到善终。倘若这家主人家道中落，那么这条狗的头也就要落地了。另外，冬天到来，天气寒冷，主人冷不丁就会将它弄死，就着炉火咕咕嘟嘟地煨着，作为这家主人显示身份的另一种菜肴——也有些狗，如贫穷人家的孩子，当家得早，也很懂事，眼睛亮得像一盏灯，一眼就能看出来人的好歹，平时无事时总默默地听着人们的寒暄，主人也很喜欢它，待它老了、死了，还舍不得吃它，而将它送到河边沙滩上深深地掩埋。埋了狗，主人伤心得还吃不下饭，嘴里念叨着："狗，狗，你怎么就死了呢？"

平时来了客人，一定要宰鸡杀羊，过年一定要养一口大肥猪，这样日子才算过得喜庆……皖河人发觉，人与人、人与河、人与土地的生活总有些单调，有了狗，有了猪，有了牛和鸡这与人的习性不一样的动物，他们的生活就显得生机活泼得多了。在乡亲们那里，自己养了些畜生，最后自己又处置它们，好像就是一件很有意思的事情。特别是养鸡，河边就有一些专门孵鸡的炕房，一到春上，成千上万的鸡蛋被炕房里的师傅收拢起来，放到炕床上。他们看着那湿淋淋的小生命从蛋壳里哺孵出来，不几天就长成毛茸茸的黄色的鸡雏，成双成对地在地上叽叽喳喳地叫唤着，就乐颠颠的。一些女人还将那鸡焐在怀里，焐在被笼里，让鸡一点点地长大，然后高高扬起一把米，喙喙地叫唤："小鸡吃米，小鸡吃米！"像是喂着孩子。

拴在河堤上的一只羊，乡亲们可以不管。但死死地拴住一头牛的事情，乡亲们都不会去做。他们让牛在河堤上自由散漫地吃草，后面就一定会跟着一位老人或一个孩子。在皖河，牛可是乡亲们的一座靠山啊！河边的农事如果离开了牛，简直就不可想象……那么多田地的翻耕、整耙，离开了牛行吗？因此乡亲们对牛充满了特别的感恩心情，他们会盖最好的牛棚给牛住，在“双抢”和“春耕”的日子，活跃在皖河的许多牛把式还会和牛们生活在一起，同劳动、同吃住，倾其所有把最好的食物弄给它吃。在烈日炎炎的日子，牛把式和牛们一同在田野上劳作，牛把式们挥动鞭子不断地吆喝着，但如果一鞭子抽重了，将牛抽出了一道深深的血痕。那么，一下午他的情绪都不会好到哪里去，女人看见了甚至会流泪。

一头牛，在女人的眼里就是一个男人。

好像是一种分工，养猪养鸡是女人们的事，而养牛绝对就是皖河男人们的事情了。男人中除了牛把式之外，在皖河还有一种叫牛贩子——专门以贩卖牛为职业的人。因为家里要买一条牛，有一年我就跟牛贩子跑过。那牛贩子姓王，个子矮矮的，长得敦敦实实，喜欢喝酒，吃起饭来吭哧吭哧就像一头老牛。但他看牛简直是神极了，远远地瞟上一眼，他就能看出这牛的年龄——等人们掰开牛的嘴巴，望望牛的牙口果然是不错。知道牛的年纪，他就能断定牛的力气、耕田的速度和习惯，然后就是牛的价钱了。在牛贩子当中他有着极高的威信，大家都称呼他“牛王”。

他见我跟他跑了两三天，帮我家买了一头牛后，就带我到家里喝了一通酒。在酒桌上，他喝着喝着，突然就红着眼说要我跟他学贩牛。他说他女人不争气，只养了两个闺女，祖祖辈辈传下来的这营生怕是没有人再传下去了。“牛贩子吃香喝辣的，日子过得差不到哪里去呀！”他说，如果我依了他——他的两个女儿就由我挑一个。他把女儿也当成了“牛”。听了这话,我傻了。

我当然没有听他的——我这条“犟牛”硬是从他的缰绳下跑脱,跑到没有牛的城市里去了。

有一回,我在城里遇上他以前的一位同行。那同行告诉我:那天我走后,“牛王”狠狠地大哭了一通,他说,他一生看牛无数都没有走眼,偏偏看人走了眼。自那场酒后,“牛王”就再也没有贩牛——我听了,十分愕然。

洪水来时

“发大水喽! 发大水喽!”

在发洪水的日子里,皖河岸边就响起一些惊慌失措的声音。这声音一般都出现在梅雨的季节。那时候江淮之间总有一阵阴雨连绵的天气。那阵子,老天似乎睁不开眼,闭着眼睛下雨,从白天下到黑夜,从黑夜落到白天。有时候在半夜以为天眼睛睁了,醒来却听见雨在瓦片上鼓捣着,如一群小黑鬼在屋顶上打架、翻滚着,很是瘆人。“唉!”所有的叹息声,几乎都在这样雨夜的屋檐下浮起。只是那梅雨有些“鬼”气,让人互相听不清这声音,只觉得心闷,有些愤怒,有些绝望。

皖河里的水是一天天涨起来的。涨水时,站在岸边可以看出水一寸一寸地涨着,有时三两天的,水就会落下去。但时间一长,乡亲们就看出了许多的不妙:河水在咆哮着,浑浑浊浊一阵,立即变得黑黄,然后从上游就漂来一些死猪、木头、鸡、猫之类的东西,汹涌而来。有些胆子大的人,这时就弄了根长长的竹竿伸向河心，捞起些木头、死猪……对于这些人，乡亲们一般都对他们翻白眼，凶巴巴地骂："水里来，水里去，发水财，不得好死。"但骂归骂，有人还是要捞那些浮财的——真的，也就有因此而"不得好死"的人。

余家井镇的兴衰就与发大水有关。传说某朝某代某一天有位姓余的乡绅做寿，发觉家里的水缸边长了一棵竹笋，余老爷觉得碍眼，恼羞成怒，就拿起菜刀将竹笋砍断了。他家的一个丫鬟随后进了厨房，无意间见那竹笋流血，赶紧就用手帕包扎住了。就在这时，屋后突然传来一阵毛狗撵鸡的声音。原来，余老爷一只鸡被毛狗叼去了。吝啬的余老爷立即呵斥着丫鬟去撵鸡，可等丫鬟一转背，余老家那扇屋旋即被洪水冲去，丫鬟幸免于难——传说那竹笋是龙王爷的一只龙角。皖河边总有这些神秘色彩浓郁的传说在梅雨季节流传，但到了发水的日子，人们又给忘了。

大概是一九六九年，皖河又发了一次大水，决堤了。那场洪水冲毁了余井镇的良田，又冲毁了庄稼和新建的街道。这时候镇上就有一家四兄弟开始捞"浮财"。四兄弟长得孔武有力，真的就捞了不少的木材，后来他们用这些木材开了一家棺材铺，成了余井镇上最富有的人。但在某一个夜晚突然起了一场大火，棺材铺被烧得精光，四兄弟也被活活烧死了。"发水财，水里来，火里去。"皖河人幸灾乐祸地说。

这次洪水后，余井镇又作了历史上的一次搬迁。

可洪水每年都要泛滥一次。因而每年的洪水季节，皖河乡亲们的心都要随着洪水的涨落，揪心般地痉挛和疼痛一回。"抗洪"这个词语就是由皖河这样的地方生长、衍生出来的。每到洪水来临季节，乡亲们都会倾巢出动，身披蓑衣，裤管挽得高高地走在河堤上守护着。嘈嘈杂杂的喧闹声透过浓浓的雨帘，也总是传得很远很远。

事情一般都是在这时候发生。

雨停住的间隙，皖河有位刚卸任的老村长，慢慢悠悠地踱到了皖河的大堤上。他看到他的亲人们在按照村里新政权的部署，一个个淋得像落汤鸡一样，却纹丝不动，像士兵守卫阵地一样守卫在河堤的各个险段。看到这千军万马的场面，老村长心里就有些激动和落寞。偏偏在这时候，他的后任找上他，说："老村长，为保护河那边的企业和建筑，乡里决定在我们这里泄洪，那我们的村庄和良田……"话没说完，老村长的眉头就拧成一团疙瘩："奶奶的，他们是金口玉言啊！"新村长听完这话，扭头就走。不多久，新村长就跟乡里吵起架来了。村民们携带着铁锹、锄头等工具过来也开始阻挡前来泄洪的人群。坝埂上散乱着锄头、竹棍、铁锹什么的，立时一片狼藉，人们扭成一团。有位小伙子手持扁担，不停地凶猛挥舞，漫空的泥巴、石头、沙子夹杂着大雨冰雹般砸来。就在这时，一阵尖叫声锥子般地刺进了人们的心："不好！河坝裂缝流水，不好啦……"

"啊"的一声，老村长浑身一颤，身子陡然缩成了一团。倏地，他穿过混战的人丛，不由分说就夺过那根横扫过来的扁担，说："你们赶快去泄洪，快！"一个踉跄，他就像老鹰捉鸡般地跳进了渗水的缺口中。"老村长！老村长！"不知谁喊了声，乡亲们跟着就像青蛙一般噗噗地跳进水中，组成了一堵人墙……

却不见了老村长，他被洪水卷走了。

新村长因此被撤了职。撤职，他服气，但对老村长的行为，他有些不理解。他明明反对泄洪，怎么又会做出那样的举动呢？后来，他逢人便说，但没人能将这事说得清楚——皖河有许多事是说不清楚的，因为起始就带有一些神秘。

这一点相信大家都明白。

为了立秋的事情

一些农活要赶在立秋前完成，真是一件不容易的事情。

“春雨惊春清谷天，夏满芒夏暑相连，秋处露秋寒霜降，冬雪雪冬小大寒”。起始，如果你听见皖河那些不识字的乡亲这样背着，你以为他们是在背诗。但肯定是弄错了，他们背的是二十四节气。对于皖河的庄稼人，节气是他们心目中唯一包含许多诗意和让日子变得生动的东西。但你只要静下心来认真听，就会发觉就是把这诗背得再滚瓜烂熟的人，在“秋”字上也要打个“盹儿”。庄稼人有庄稼人天生的敏感。

开始是这样的：他们过了年，将家里所有美好的菜肴在元宵节那天闹完了。他们的心里就开始盘算着春耕的事——一度叫作春耕大生产。但春寒料峭，乍暖还寒，人们育种的心思总要在春天里徘徊一阵子。实际上，春种也是懒洋洋的，用不着急躁。田野里的花草刚从冬眠的状态下苏醒，长得茂盛和肥沃田地也尚需一段时日。播种的日子选好，撒下种子，种子就随春风春雨，随着花草的繁沃成长。心急的人家在犁花草的田了，三月阳春，风和日暖，一幅牛欢鸡叫的春耕生产的景象就在皖河两岸出现了。

嗅着新翻的崭新的泥土气息，皖河人显示出从未有过的轻松。剩下的事情只等着禾苗发青，抽穗扬花了。

紧张的忙碌伴随着满田满畈稻谷的金黄来临。我查过一些词典，至今也没有找到“双抢”这个词。有年在河北承德的避暑山庄，我见到皇帝老儿题写的“避暑”的横匾，“避”字上多了一横，大家都不觉得是错。在这避暑的时候，正是皖河的“双抢”时节，而词典上居然没有这个词。可皖河的“双抢”的确是一个词语。解释起来就是抢收、抢种。抢收就是收割起春天的果实，然后又抢着种下新一季的庄稼——皖河栽插的是“双季稻”。说到“抢”，是因为这一收一种都要在立秋之前完成，而时间又只有那么十几天。每年这样的十几天，就是皖河人披星戴月、水蒸火燎的日子了。

面前大片大片金黄而沉甸甸的稻谷，当然又是一个丰收年了。但皖河的乡亲们因丰收而带来片刻的喜悦，在这个季节全给繁重的劳动冲淡了。骄阳似火，田里地里的水被烤得发烫冒烟，稻谷金黄得一眼望不到边。割稻的人在金色的海洋里，一声不吭地一棵棵地收割着，身上的汗珠抛飞在田里，谁也顾不上擦。一直割得天色渐晚，月出西天，你原以为没有人了，可当你抬起头来，你就会听到四周都是沙沙的镰刀声，到处都是皖河的乡亲。

割完的稻把齐整整地被放在田里，然后拖来打稻机打下，又一担担地将稻谷挑回，一遍遍地在稻场翻晒，一把把地收拾田野脱尽谷粒的稻草，犁田、耙田、栽稻……“双抢”的农事，机械而烦琐，每个环节都无法省略。这样，乡亲们就不得不起早摸晚了。这段日子，时间浓浓地凝滞着，你总听到坝埂上扑沓沓沉重的脚步声、粗重的喘气声，间或还有人们大声呵斥牛的声音，乡亲们一下子分不清白昼与黑夜了。

面对皖河纷繁的农事，作为男人，我发觉我毫无优势可言。经过一天紧张的劳作，我就累趴了。我手舞镰刀在旷野里挥舞，姐姐却远远地将我甩到了身后；我挑起一担稻谷，吃力地走着，姐姐送完她的一担，能赶回来接我了。我唯一值得骄傲的是插秧，我可以将秧插得端正笔直，手脚也还算利索，但姐姐蜻蜓点水似的早在我身边擦肩而过，将我关进了“笼子”……那个为我放弃学业，说“我们俩念书”的姐姐，如同河边许多的姊妹一样，在农业生产中从来不甘落后，在那样的田野和赤日炎炎似火烧的日子，她们淋漓地抒发着劳动和青春，承受着一个少女本不该承受的农事。我像是一只泄了气的皮球，蹦跳了几下就累瘫了。坐在田埂上，我似布谷鸟一样叨念着：“快点儿立秋，快点儿立秋……”

果然就立秋了。

所有的庄稼活儿都在立秋前完成了——秋天到来，皖河的乡亲们心中绷紧的一根神经松弛了下来。他们开始等待着秋天的收获。而其时我背着一肩行囊却离开了皖河，远离了“双抢”……在城市里，我闻到的女人自然是另一种气息。但每当在街上看到一些女人身背坤包闲逛，不知怎的，我就会想到皖河，想起我皖河的“双抢”……

狗日的干旱

人们都知道“守株待兔”的寓言，但守着一条河流却不一定有水——这个夏天，皖河的乡亲们就彻底地傻了眼。他们亲眼看着皖河里的水一天天减少，干涸的河床裸露着成堆成堆的鹅卵石，雪白雪白的沙粒在阳光下吐出一缕缕轻烟，亮晃晃的扎眼，河道里还有一些腐烂的气息到处流传，天空像一只倒扣的大蒸笼。

远离这些气味能做到。但离开皖河的水，乡亲们日子就不怎么好受了。成片成片的农田等着河水的浇灌，刚刚栽插下去的禾苗像一群嗷嗷待哺的小生命，一个个张开了嘴巴。没有水的日子，太阳也格外地歹毒，只片刻的工夫，庄稼就一片片地蔫了。同时蔫了的还有皖河乡亲们的脑袋，他们望着头顶上蓝得出奇的晴朗天空，一点儿都没下雨的意思，叹息着："庄稼靠天收啊！"——在洪水泛滥的日子，他们曾这样地祈祷过，现在他们又这样祷告。但问题还在渐渐地严重。旱了才几天，家里连吃的、用的水都没有了，脸可以马马虎虎，可淘米、煮饭得用水啊！

这时候，河边寺庙的身份就显得异常暧昧。在干旱差不多二十天的时候，皖河的乡亲们就自发地组织了一支祈雨的队伍。皖河很少受过缺水的打击，面对这种突如其来的失败，乡亲们显得心性错乱，有气无力。他们从四面八方拥到一起，从未有过的高度的凝聚力和责任感使他们如同一支训练有素的队伍。他们弄来一只狗，从镇上的商店扯来了几尺红老布，把狗打扮得花枝招展，然后放进一个花轿里。女人们像走亲戚，手里拎着鸡、鸭什么的，一同走向河边的寺庙，烧香、拜菩萨，敲着锣鼓、吹着唢呐和其他的响器，绕寺庙转了起码不少于四圈后，他们嘴里就念念有词。在地上跪伏一阵，又逶逶迤迤从寺庙里走出来。队伍似一条游龙，前头到了皖河的河心，尾巴还摆在寺庙里。到了沙滩，大家又都齐刷刷地跪下，然后杀鸡宰鸭。鲜血染红洁白的沙滩，如画了一地的梅花。但乡亲们没有看见，他们把头埋得深深的。“天狗”在大声吠着，可天空纹丝不动，远处的蝉鸣吵得他们心烦。

太阳拖着臃肿的身子落下西山。转眼天就黑了。

新的一天并没有改变什么。然而，这个集体的斗志却开始涣散，甚至面临土崩瓦解的局面。乡里也开始着急，开始启用水库里的水。于是每个村落都找了一个临时的负责人，然后按日子做成了阄，一阄一天地让人放水。没怎么动员，乡亲们已自发地修好了水沟，关键的是有水得快流，抓着阄的人揪心地数着自己放水的日子。

开头的几天还好，水也按照乡领导的意志在流淌着。但很快就出了事，一位乡亲放水那天，发觉水从早到晚竟然一滴也没有流进他的田里。他当然十分奇怪，就沿着水路溯流而上，这下发现了蹊跷：上游的水沟早开了很多的口子——近水楼台，别人早把水放进了自家的田里，人肯定是找不到了。那乡亲只好将那些口子堵上。堵了大大小小几十个口子，这时人也累趴下了。但他找不到发泄的对象。

能发泄的对象往往不是一个人，而是一村子的人。

该他们放水的村子，村民们理直气壮地一下子就召集了一村的人，扛着锄头走来。不该放水的那个村子尽管有些理亏，但谁也不想亏了田里的庄稼，于是也很快地纠集了村民。双方互相谩骂、攻讦，唾沫星子收集起来足以灌溉一亩良田。但要命的是骂着骂着就会打起来。闹事的两个人纠缠一起互相推搡，你来我往的，还不过瘾，干脆就动起了手中的家伙。刹那，皖河边空气凝滞，气氛紧张。抢天呼地的有人就喊打破了头，扭伤了脚。更有人唯恐天下不乱，弄几包呛眼的石灰互相投掷着，白色的粉末在天空中飞舞……事情就这样弄大了，惊动了政府。来了一溜身穿制服的大盖帽们，实在控制不住，只好逮人了——这样事情才算草草收场。

昨天还志同道合地走在一支队伍里，今天就分道扬镳，甚至不共戴天。皖河的干旱百年一遇，遇上，冷不丁就会有这样一场“战争”——械斗。

这还算不上什么幽默。最幽默的是“械斗”刚刚结束，堆积得很厚、饱含雨水的大片大片云彩，就跌跌撞撞地从东边涌来。一道电闪，炸雷就在他们的头顶响起。雨水一不小心就全给倒了下来，乡亲们一下子就被一个个浇成了落汤鸡，听见自己发热的身子被雨浇得嗞嗞地响，如同淬火。害怕生病，他们就匆匆地赶回家去了。

“狗日的干旱！”他们一边换着衣服，一边愤愤地骂。

瞎爷这一生

皖河人管叔辈叫爷，管叔祖辈叫爹，故这里就有“爹爹大似爷爷”的说法。

因此，瞎爷其实是我的叔辈，一位族叔。瞎爷的眼睛是怎么弄瞎的，多年来在方圆几里的皖河一直是乡亲们的一个话题。皖河人说，瞎爷小时候眼睛并不瞎，小眼珠一转，滴溜溜就冒出一个主意，很是惹人喜爱。有一回，他的母亲在菜园地里莳弄青菜，他颠颠地跑到母亲身边，突然说：“妈妈，我的眼睛瞎了！”骇得母亲沁出一身冷汗，一下把他揽到怀里，掀开他的眼皮一看，原来他却是将眼睛贴上了一层竹膜。“讨债鬼！”母亲被他逗得好气又好笑，骂了他一声。他却若无其事，笑嘻嘻地跑到一旁玩闹去了。

那事不久，皖河这一带却闹起了瘟疫，死的是一些青壮年和小孩。瞎爷的母亲急坏了，便带着瞎爷去三祖寺烧香。在乡亲们的传说里，瞎爷一直是被母亲牵着手走路的。但走过河里正修着的一座桥时，瞎爷的母亲却蹲下身子，背起了瞎爷。几个修桥的乡亲都熟识他们，就开玩笑：“这孩子真金贵，竟把妈妈当马骑！”瞎爷小眼睛滴溜溜一转，觉得好笑，顺手就扯起河边的一根柳条叱咤起来：“吁——驾，吁——驾！”修桥的人们都笑起来，高声吆喝着：“贵人过河喽！贵人过河喽！”喊得母子俩心里乐滋滋的。

就在那年进香回来才半个月的时间，瞎爷突然就闹起了眼疼。母亲起始以为他害眼睛，没怎么在意，按照习俗找了个筛子躲在房门的背后用黑木炭画了个圆圈，嘴里喃喃有词地念了一通咒符。但瞎爷的眼睛还是疼，母亲这下急坏了，满河满畈又是找艾叶蒸水，又是求神拜佛，法子都想尽了，瞎爷的眼睛仍是不见好转。母亲把他抱在怀里哭呀哭的，正哭着的时候，门口来了个游方和尚，和尚见母子俩怪伤心的，就画了个古怪的符，叫母亲贴到那新修的桥上，说：“是桥神把他的眼睛夺走了。”说得瞎爷的母亲真信，真依着和尚在桥上贴了符，那符日晒雨淋的成了一张白纸渣，瞎爷的眼睛还是没有好。母亲哭得死去活来，扛着一把锄头跑到桥上挖。桥是用块垒石砌成的，还用糯米浆子拌桐油浇筑过，硬是挖不开。瞎爷的母亲没日没夜地挖，累得直喘气，又气得吐血，在床上躺了一个月，便再也没有起床。

皖河的乡亲们八仙过海，各显神通，尽管从事着各式各样的职业，可有一件事情他们是不做的，那就是——“算命”。他们把这个职业留给了盲人。让瞎子给“亮子”指路，乡亲们也并不认为滑稽或是什么迷信，只觉得这是上苍留给他们的一条活路，说：“皇天饿不死手艺人！”乡亲们把这只看作是一门手艺。因此瞎爷二十多岁时，乡亲们见他除了眼瞎，生得却是五官端正、标标致致，都心疼和同情他，怂恿他去学算命挣钱糊口。

瞎爷去了，瞎爷心灵嘴巧的，没到一个月时间果然就“出师”了。学成归来的那段日子，乡亲们像给他办喜事一样，全都拥进了他家里，供上好烟、好茶，给他以最高的礼遇，又各自报上生辰八字让他算命。男男女女、大人小孩，如此三番五次的，瞎爷果然就将“命”算得非常老到了。此后，他就斜背着一把二胡，拄着拐杖，穿越在皖河的村庄、街道替人卜卦算命……

“灵不灵，照书行！”瞎爷私下对乡亲们说。

与皖河的乡亲一样，我也把瞎爷算命的行径只当作是他和乡亲们所从事的铁匠、瓦匠、篾匠手艺没什么两样。但从外面回来，无论失意时还是得意时，我都喜欢跟瞎爷坐坐，聊天。他仿佛也喜欢我，每次见面，他都手掐指头，给我“指点指点”——这时候我才发觉，瞎爷对一村子人的生日都已烂熟于心。谁站在他的面前，不用开口，他立即会说出你的生辰八字。

可有一天，他找上了我，说：“大侄子，求你一件事！”

“么事？”我见他郑重其事的，倒糊涂了。

“唉！你知道，我大哥那孩子不怎么争气，大哥想把他送到乡下来。我想想,只有把他交给你。”说着,他就伤感地告诉我,他哥哥转业到城里什么都好,就是孩子没有管好,偷窃扒拿的什么事都干……望着瞎爷伤心的样子,我答应了。

他果然将侄子交给了我。那会儿我还在家乡的县城工作,就将他的侄子带到了家里。开始一阵子还算不错。但就在我出差不几天的工夫,他在县城的一家酒店偷了几瓶酒,竟然在那酒店喝得酩酊大醉,被抓了起来。我抱歉地将这事告诉了他,他沉默了一阵,说:“没法子,我给他算过命,他混沌……不怪你!”最后他倒是宽慰起我:“要说,这就是命吧!”

再后来,我离开了家乡。大概在第四个年头上,他死了。

“他给自己算过命吗?”在他死后的那年春节,我回家时特地让弟弟陪着上了一趟瞎爷的坟墓,站在墓前,我自言自语。

“不知道。”弟弟说。

他是不知道。可是我知道,这里埋葬了一个人——曾经记得我生辰八字的一个人。

河后面是山

河面上潮濡濡的,烟雾迷蒙。黄莺、燕子、水鸟低低飞翔,无数珠子状的水滴将河里的倒影打碎,复合,打碎,又复合。坝堤上的竹林、树梢在微风中轻轻地摇曳。声音很低,叶子摩擦叶子的声音,蚯蚓爬过青石板的声音,炊烟飘上屋脊的声音,牛甩动柔长的尾巴驱赶蚊蝇的声音……不声不响,河里总会显现出一座莲花般的山来。河边,也总有人身披蓑衣,伸着碧绿的竹竿垂钓。山水辉映，情景交融，一天天的，就像一位画家正在绘制的一幅长长的山水画轴。

河里面倒映的山，叫天柱，是一座既辉煌又寂寞着的山。乡亲们说，这山的辉煌与寂寞都与皇帝老儿有关——先是汉武帝刘彻梦见这儿烟雾缭绕、云蒸霞蔚，按图索骥访到这里，禅封这山为"南岳"；后是昏头巴脑的隋文帝龙颜不悦，诏废天柱，另立南岳衡山——像一位既被君王临幸又被打入冷宫的妃子，天柱山忽宠忽贬，冷暖自知，虽然也有"闲坐说玄宗"的日子，但并没有因此自暴自弃。面朝皖河，它巍然耸立，长长的影子投进皖河，也悠悠投进皖河人的心里。乡亲们天天走在河边，抬头望望面前的河，又看看身后的山，常常就连自己也弄不清楚自己走在山中，还是走在河里了。

天柱山很美。从皖河遥望，烟雾迷蒙中的天柱山，一座座山峰半遮半掩，如一朵欲开半开的莲花；山洞一个个云蒸雾缭，奇异得像一座仙宫。晴天朗日，万千阳光溅射高高的峰峦，峰顶凝固，峰峦拔萃，山脊一片开朗。在山脚下流淌的皖河，就环绕着它，像一条长长的白织带飘荡着，浅浅缓缓、逶逶迤迤地飘着，水有多长，山有多长；水有多深，山有多高……天柱山自珍自爱，不愠不火，终年与皖河厮守着。日日夜夜面对天柱，靠山吃山，靠水吃水，乡亲们觉得这山像一只神奇的百宝箱了。他们在山上种树、砍柴、挖竹笋……太阳西下，山峰倏而掩盖了皖河的一切，山忽然又显出一种神秘阴森的色调。他们首先发现的似乎就是这好处，于是，就经常拿这个吓唬那些淘气的孩子："再调皮，就把你送到天柱山去，看你怕不?"果然，孩子睁着圆圆的小眼睛，就不再调皮了——在皖河，山已是乡亲们无法回避的一个话题了。即便夏天，在河边纳凉扯闲篇，乡亲们也"从皖山上尖发脉"（皖河语），滔滔不绝地说的是天柱山一串串美丽动人的神话故事，诸如天柱山最高的山峰能种"一石种""天柱山和尚撵美女"等等。这些聊斋般狐精狸怪的传说，乡亲们编得头头是道，听得人是屏声息气。

有一座山，还有一条河，这山、这河仿佛就成了一对相敬相爱的小夫妻。皖河人祖祖辈辈、世世代代在这儿耕作着。渐渐地，在山的身上看出了一些蹊跷：他们说，从河东看天柱像一只"牛头"，所以河东都是些在土地里刨食的人；河西的人看山像只"大风箱"，所以河西出的铁匠多；河南的人看天柱像根"大竹笋"，所以河南的篾匠多。而河北的人呢？看天柱就如一只"笔架山"，所以文人多。不管这说法对与不对，天柱山赋予皖河人的是一些神奇的想象，一种日常的话题。而地处河北的桐城县也的确文风昌盛，不仅出现了独领一代风骚的桐城文派，还出过一家名满天下的"父子"宰相。只是皖河更多的人还只能是日出而作，日落而息。荷锄担锹，他们无法走出皖河，为皖河做些什么。

倒是皖河之外的人为这山付出了很多。历史上极负盛名的文人骚客如李白、苏东坡、黄庭坚、白居易等据说都在此居住过。甚至远在东汉一位叫左慈的老道还在这里筑灶炼过七七四十九天的"仙丹"。那时，他们夜住皖河，昼登天柱，或在摩崖上吟诗石刻，或在谷口建亭饮酒、读书下棋，玩起兴来，得意忘形地就发几声"待吾还丹成，投迹归此地""万里归来卜筑居"之类的概叹……"仙丹"自然没有炼成，"筑居"也是一时的酒话，到最后他们都走了。外面的世界很精彩，人们都乐意闯荡精彩的世界——

其中将世界“闯”得最大的该是王安石了。在这里，他做了几年通判，到京城就当了宰相，搞起了“变法”。皖河人说，是河水赋予了他灵气，是天柱给了他铮铮铁骨。想起来，恐怕他的一些改革思想还真是在这里形成的。他曾为天柱山作过一首诗：“惜哉危绝山，岁久沉汨没。谁将除茀涂，万里游人出……”以政治家敏锐的眼光，他早就看出这山遭冷落的原因是交通的落后。

仿佛是一种点化，皖河人很快读懂了王安石的诗，也很快意识到了这座山的旅游价值。从此，他们不再只是口头上滔滔不绝渲染天柱山的雄奇灵秀，或者埋怨那个昏庸的隋文帝，而脚踏实地地开发起天柱山。说来奇怪，乡亲们只是修了一条上山的路，这座待字闺中、散发着浓郁文化气息的大山就又高山打鼓，名声在外了……

陪人上天柱山，从此成了皖河人生活中的一件大事。

现在，只要你到皖河来，他们就必定会带你攀登天柱山，还要带你坐着皖河的竹筏——然后，指着皖河里的倒影问：“这山像不像一座佛?”

“像!”你果真觉得那山就是一座如佛的山了。

一个人的河流

面对一条河流，不同的人肯定都有许多想法。比如孔子站在黄河，庄子面对着濠水。但更多的时候，更多的人都让河水在面前悄悄流逝，连一朵浪花也不会溅起。我也毫不例外。我自小从皖河的这岸走向那岸，又从那岸走向这岸，河水流逝了我的童年、少年，还在毫不犹豫地流逝我的中年和老年。我发觉我也无法改变皖河的什么。有时候，我站在桥上望着河里的倒影，我发觉，我和皖河的乡亲们在本质上没什么区别，我们喝的都是皖河的水，是河水无私地滋养了我们。

“一方水土养一方人。”皖河人说——他们说这话，是因为皖河住进了一个外乡人——皖河两岸的乡里乡亲，见面一律都嘻嘻哈哈，或者干脆就直呼其名，比如瞎爷、望全、孝女、牛王……几乎没有人被称为先生的。可乡亲们唯独对这个人例外，他们称他为先生——乌先生，这是因为乌先生不是土生土长的皖河人。

像皖河身后那座沉睡了几千年蒙上了一层又一层神秘面纱的天柱山一样，在皖河，乌先生身上也有一层神秘和传奇的色彩。乡亲们第一次见到他，是在一个有着淡雾的早晨，乌先生长得很矮，身子瘦硬，反剪着双手（这就不像皖河人）站在沙滩上，细眯双眼打量着什么，乡亲们开始以为他只是一个过路的人，没当一回事。但很快，他们就发觉乌先生与三祖寺的妙高和尚打得火热，还住进了庙里，一点儿也没有要走的意思。于是各式各样的猜测和议论就如浓雾一般布满了皖河。有人振振有词地说：“乌先生是北京城里来的学生，他走遍了天下的名山大川，最后爱上皖河秀丽的山水，所以住了下来。过一阵子还会把他的家眷接来。”有人拍着胸口，信誓旦旦地说，乌先生做过国民党的官，因为老婆被人夺走了，一气之下跑到皖河，恐怕要做和尚……背后，乡亲们这样嘀嘀咕咕的，但没有人直接去问他。

乌先生为皖河改变了什么，乡亲们开始并不知道。

一年，两年……乡亲们便开始渐渐地承认了一个事实：乌先生竟然一直就住在皖河，直至住到老、住到死。乌先生把一生都交给了皖河，交给天柱山，造福了皖河两岸的人民……他在皖河做的竟都是些善事：他拿出自己的积蓄不算，还到处化缘给皖河修桥，给天柱山铺石阶、修路，为牺牲在皖河的抗日将士们修建陵园；创办学校，写山志……随着天柱风景区的开发和皖河的声名远播，乡亲们恍惚大悟。但有些一时也还无法明白：比如说，他可以到省里当大官，但他去了一个月，除自己批准自己建一所学校就辞职回来了；明明他一辈子要打光棍，却又出人意料地讨回一位大家闺秀；他被诬陷为“反革命分子”关入监牢，他却看鸡、养猫、写写画画；被劳教罚砸石子，他却成天哼着黄梅调，快活得像神仙……乡亲们目睹着乌先生全部的苦难和欢乐，同时也将问号投向皖河——当然，这些并没有妨碍他们尊重他、喜欢他。

有些事可以回避，但有些人却无法回避。皖河的乡亲们嘴里时而就蹦出这样一些朴素的话来。的确，人与人就像隔河相望的两棵树，无法走到一起，但有些事却像雾一样穿河而过缠绕着你，直到一棵树老了、蔫了，而另一棵树还很年轻，还散发着旺盛的生命力。那么，那棵年轻的树也要面对河流——我就曾试图蹚过这条河。

在一个阳光如水的秋日之后，我就多次见到了乌先生。

在交谈中，我渐渐印证了皖河人传说的一些事实：乌先生叫乌以风，山东聊城人，曾就读于北京国立大学哲学系。后来任过一些地方的图书馆员和中学教师。在一个偶然的机缘，他遇上当时被称为国学大师的马一浮先生，即被马先生的学识所吸引，于是跟随马先生跑到四川复性学院担任了典学和督讲。一年秋天，他拜望远在西湖香桥别墅休假的马一浮，凑巧路过了皖河。莫名其妙地他就被皖河身后那座雄伟的大山迷住了——四年之后，当妻子说要弃他而去，他心里空落落的，脑海里却奇怪地浮现出了这座天柱山。于是，他雇一顶花轿送走妻子，也告别了马先生，孤身一人，义无反顾地来到了皖河。他说，这是命中注定。

有时候，一个人就是一条河，一条布满往事的河流——尽管它的语言人们不懂。

“立极方知天地大，凌空不见古今愁。”这是乌先生第一次登临天柱山时的感受。他说，有人建议他将这“大”字改成“小”字，但想想他还是改了回来。他觉得天地还是很大很大。他像是一尾鱼游到了皖河，他就得把整个身心都投向皖河，交付给天柱山……我们几次交谈一直都充满着平静与快乐，我静静地凝望着他那天柱山般的寂寞、皖河般沉静的心态，一下子也就改变了他失败的感情生活是他隐居皖河的理由的看法。我相信了他。更感觉一泓淡淡的秋水，温暖而长久地流进我的心里……

当然，皖河是出过一些著名人物的，如陈独秀、邓石如、程长庚、张恨水、严凤英……只是，那些人物都与历史有关，历史会记住了他们。但还有一些人与历史无关，却与皖河有关。乌以风就是其中的一位——不信，你把一生交给一条河流试试？

河边的寺庙

皖河两岸绵延着大片的稻田、麦地和菜园，一河两岸的村庄在绿竹的风里渐次涌现。在错落有致、风貌相似的村庄中，最引人注目的建筑就是河边那座繁华的寺庙了。那座寺庙建造在通向皖河的一条深深的溪口。群山环抱着幽深的溪谷，依山傍河的塔庙，红墙琉璃瓦，苍然挺秀，如一顶炫目的皇冠落在皖河的岸边，昭示了与皖河不一般的庄严和肃穆。

这庙有两个极好听的名字。一称为“山谷寺”，说宋代大文学家黄庭坚自号“山谷”就缘于此地；一说是“三祖寺”，是因为这里真真切切的是中国佛教禅宗三祖的道场。不管怎么说，皖河边有着这样一座寺庙，乡亲们在不知不觉中，精神上就无法绕开它了。在农闲无事的时候，他们发觉，皖河整日或喧哗或平静流淌的河水里，夹杂着“一阵紧接一阵”的木鱼声和塔铃声，飘逸着一股股浓浓的香火之气。这种来自泥土之外与泥土不同的气息，使他们常常感到新奇，也感到不安。

寺庙的开山祖师是梁武帝时的宝志禅师。这在《史地图经》也有记载：“志公与白鹤道人皆欲之，同请于梁武帝，帝以二人俱有灵通而未敢决，俾各以物识其地，得者居之。道人曰：某以鹤止处为记。志公曰：某以卓锡处为记。已而鹤先飞去，至麓将止，忽闻空中锡飞声，惊徙峰半，志公之锡遂卓于山麓……各以所识筑室焉。”在这次佛道斗法后，山谷就成了佛教宝地，东山鹤止处便成了道教道场。从历史上看，唐宋时，这儿佛道两教规模一定盛大，道教唐名真源宫，宋改名为灵仙观……那时期，皖河岸边寺庙幢幢，道宫列列，举世无双。佛道两教在这里是何等兴盛就可想而知了。

后来道宫毁于战火，剩下的便只有这座寺庙。仔细打量寺庙，它与皖河附近的司空山、双峰山在中国佛教禅宗历史上的确很有地位。达摩东来，虽定居嵩山少林寺，但二祖慧可、三祖僧璨、四祖道信都曾在此接钵披裟。禅宗法师们修心养性，同时也有意无意地用佛教的智慧在这里画出了一条瑰丽的禅宗风景线，留下许多玄妙的传说。相传，隋炀帝大业二年（公元六〇六年），僧璨在寺庙前的大树下火化时，留有一则有趣的公案：沙弥道信，年方十四，来礼师曰："愿和尚慈悲，立与解脱法门。"师曰："谁缚汝？"曰："无人缚。"师曰："何更求解脱乎？"道信听了大悟，此后潜心禅学，成了禅宗四祖。由于宗教的介入，山谷寺从此便与天柱山、皖河构成了一道美丽的自然和人文景观，吸引着大批达官贵人、文人骚客流连忘返，像李白、黄庭坚、苏东坡……都曾把这里当作了"家"，说是寻到了灵魂没有绳索羁绊的快乐。

尽管他们不断留下一些空洞的豪言壮语，无法兑现就远走高飞。但无形中这些人在皖河却深深地种植下了文化的因子。好在乡亲们对这些前朝旧事、文人醉话也并不当真。在他们看来，寺庙就是一座寺庙，是皖河这一方水土赏赐给他们的一块风水宝地，是他们心灵的一块栖息之地，是他们精神的图腾。婚葬、喜丧、生老病死，当日子过得有点儿打"结"的时候，他们就把这"结"带到这里，说与寺庙，说与菩萨听——因而菩萨显圣不显圣、显灵不显灵，才是他们最为关心的。他们津津有味地议论着的，大都是三祖寺香火如何鼎盛；每年农历四月八日的"浴佛节"，长江成群结队的鱼儿如何从大江溜进皖河，溯流而上，拜见三祖菩萨……

就在乡亲们还沉迷在这些企图里时，"批斗封资修""农业学大寨"的口号和炮声也在皖河两岸嘹亮了起来。和尚被赶走，经书被烧毁，佛寺一侧的摩崖石刻被铲平，三祖寺重归于冷寂。乡亲们没有了田和地，和尚自然也就没有了庙。这没有什么，但他们感觉他们的心里总是空落落的。

幸好这样的日子没有持续多久，三祖寺就又住进了和尚。

和尚叫宏行。佛还是那尊佛，但庙却不是那庙了。这个乐呵呵的，像一尊“弥勒佛”的和尚，先是到处乱跑，执杖挂单，锡林芒鞋。跑了一阵子后，就静下心来，自己设计，自己施工，重修整了寺庙的一切。他修复五层九丈高的宝塔，装修大雄宝殿，修着修着，乡亲们突然发觉，寺庙建得就像一座美丽的花园了：苍郁的松林、茂密的修篁、金碧辉煌的庙宇、日日盛开的夹竹桃和洁白的莲花，使寺庙宁静而雅致……有了袅袅的香火，有了僧人的进进出出，还由于面前清亮的河水、大片的良田和竹林，三祖寺就惹得善男信女们纷至沓来。一时间，风吹禅院，塔铃叮当，乡亲们在繁重的劳动中听着那铃响，真不知是心动，还是风动了。

“宏行法师，怎么将庙建成了花园？”与大和尚混熟了，乡亲们偶尔也与他逗趣。

“阿弥陀佛，此花园非彼花园也。”宏行往往一脸的玄妙——或许花园中的佛是最为自在的吧？禅是自觉的，当然也是自在的。

走亲戚

没日没夜、无声无息的，皖河总是在静静地流淌。在一年四季的日子里，乡亲们总觉得有许多事情要做。其中做得最为轻松、悠闲和舒畅的就是——走亲戚了。

春节、端午、中秋……这些重大的节日在皖河两岸的农事欲闲未闲、欲忙未忙时到来。仿佛是一种美妙的提示，乡亲们在亲近脚下的土地、亲近了庄稼之后，就陡然想到也该亲近自己了。“一年四季，三节礼要送的。”乡亲们这样说着，把眼光暂时移开土地，转移到或远或近那些总在心里惦记的亲人们身上。于是这时节的皖河两岸，沟沟汊汊，突然就冒出了许多穿戴整齐、嘴里哼着黄梅小调的人。他们拎着平时舍不得吃的好烟好酒，以及猪肉、鸡、鸭和挂面、米粑之类，携儿带女，神采飞扬地走在通往丈人家或者七大姑八大姨家的路上。即使生在一个村里，低头不见抬头见的亲戚，这时也会放下手中的活计，专门置一桌酒席恭候着、款待着、客套着。喝着大碗大碗的酒，说些喜气洋洋的话。那时，浓浓的酒香熏得皖河两岸十里之外都闻得到，都香喷喷的。

当然，最有趣味的就是新娘子回娘家了——

绕过几畦青青的菜园，新娘子云儿就感觉自己的心境与从前不同了。这时候，云儿是丈夫叮嘱过的，是快要当妈妈的人了。她也完完全全地感觉到了。走在皖河的大堤上，望着面前的路，看见那一大片灿若云霞的果园，她就不假思索地走了进去。那是一片杏林，此时圆乎乎的青杏，正青黄青黄地朝下垂落着，有的嘟嘟地挂着一溜。这一溜溜青黄的杏子竟牵扯得她舍不得离开了。云儿发觉自己每向前走一步都要费好大好大的劲儿，时候尽管还早，但她听见自己的肚子已咕咕唧唧地叫唤起来，似乎有毛毛虫在搅和着，满心满腹地燥热。这时，她真有些后悔，不该大路不走走小路，无端地走进这片杏林里来。倚住一棵杏树，她歇息了一下，轻轻地喘口气，肚子却一下子叫得更厉害起来，眼前朦朦胧胧地冒出来无数个金星，里面像是酿了一肚子黄水要吐。支撑不住，她干脆放下菜篮，用手托住发涨的头，哇地打了个逆呃——哇哇，她索性使劲地弯腰倾吐着，可什么也吐不出来。她突然感到了口渴，本能地四下望望——这一望，倒使她心里舒服不少，那青黄青黄的杏子不正好解渴吗？——说也怪，这种欲望一冒出，就像小时候她闻到妈妈熏鸡汤香味一样，嘴里立时一个回味，手就慌忙举过头顶，拧住一个杏子落到了手心。

“谁偷杏子，谁偷杏子！”突然，她的身旁猛地响起了一阵吆喝。

云儿一惊，慌忙放开手中的杏子。杏子旋即滚落到了地上。随着声音，她的面前陡然出现了一个小女孩。小女孩约十岁的样子，一对羊角辫甩甩的。她弯腰捡起那杏子，朝着坝埂上的窝棚使劲地跑，边跑嘴里边喊着：“花姑娘，丑死人，小时偷针大偷银（人）……妈，妈，有人偷——杏——子！”

话音未落，果树掩映的窝棚里果然走出了一个女人来。女人必定是杏林的主人——她手中拿着鞋底，呼哧呼哧地拉着索儿走过来。云儿一见，立即觉得脸上有股热浪扑打着，话也显得结巴起来：“是，是我……”

“嘿！傻丫头，我当你抓了谁呢！这是你云儿嫂，你还不……”女人喝住小女孩，眼睛飞快地将云儿的身子上下扫了一遍，咯咯一笑：“你害口了哟？你摘吧，来，摘这酸家伙给你吃！”说着，女人不管正愣着的云儿，将鞋底利利索索一摺，就揣进云儿怀里，自个儿钻进杏林。不一会儿，她的衣襟里兜满一大兜青杏，就呼噜呼噜一股脑儿全倒进云儿的菜篮里，咋呼道："害么子羞？我肚子带伢子时（她用手指指小女孩），一顿就吃了好几斤杏子呢……惹得肚子好臊人！你要吃，尽管来，啊，走吧！别耽搁了回娘家……"

"嗯嗯。"云儿被女人感染得脸红红的，唯唯诺诺嗯了声，一下子就显得手足无措了。倒是女人的话提醒了她。她便借机向那杏林的女主人和还噘着小嘴的女孩道了声谢，抽脚就闪进了果园的小径上。

春风拌和着果树的芬香，从果林里轻悠悠地飘来。云儿猛然吸了一口。咬口青杏，她感到惬意极了。

"妈，你么样不罚她，还白送杏子给她吃？"

"傻丫头，这你就不晓得了，你云儿嫂子要养胖弟弟了。"

"还我不晓得呢？就是你，只晓得做人情……"

那女人和小女孩的对白，也从果园的深处飘来。云儿听到，料想那母子俩的神情一定很逗人、很好玩儿。眼睛不觉扫了扫腹部凸出的部分，轻轻地牵牵自己的衣角，抿着嘴儿哧哧地笑着，就慢慢沿着果园向前走了。

皖河人走亲戚，就走得这样生机盎然——当然，不用猜，大家都知道那云儿是谁家的新媳妇了！

绿竹婆娑

风儿吹来。那风刮得竹林像潺潺的流水，让人恍惚觉得时光已变成绿色，在平静而悄然地流逝。即便冬天里也是这样。站在皖河的坝堤上四处张望，哪里有一丛绿，哪里就有一大片竹林，翠竹、水竹、斑竹……多数都是水竹，枝干很细，骨节突兀，竹叶呈现一个个的“个”字。许多年后，我发觉郑板桥喜欢画的就是这种竹子。“人迹板桥霜”，在霜降的时候，一层白白的霜绒毛似的落在沙地、挂在竹叶上，让人疑心郑板桥曾到过这里，站在这样一簇竹林前若有所思，有点古典与落魄。

皖河人家是没有这份闲心的。他们对待竹子的态度如同对待一蓬野草，任其自怨自艾、自生自灭，顶多砍回家让其变得更为干脆，然后烧锅。那干脆了的竹子在锅灶里噼噼啪啪地响着，像是正月里人家鸣放的爆竹，在火中活蹦乱跳的。透过火焰，可以看到竹子细瘦的身子在扭曲、在舞蹈，熬出涩涩白白的液体在流淌着。偶尔也有人将竹子砍回家，编出稻箩、菜篮之类，但一般都是偷偷摸摸的。因为在当时这都是“资本主义尾巴”，属于要割的对象。有些村子里竹子多，人也比较开明，就集体砍回来，一捆捆地叫篾匠师傅编，编到哪家，哪家就管饭，一家分一些箩筐之类，然后到集体上工。如果在一个早上，那些崭新的箩筐全摆在田畈上，新簇簇的，很有点儿焕然一新的意味，使人干活就格外舍力，往往收工就早。

皖水从山里流来，流向丘陵，又流向畈区。有水流的地方就有绿色的竹子。山上长着的是斑竹，丘陵和平原就生长水竹。水竹，顾名思义就喜欢水了，那水竹细嫩嫩的模样，像是皖河人家欢蹦乱跳的小女儿，聪颖、可爱、活泼，害羞地低着头，总在风中沉思。

而斑竹则不同。这些大山的丈夫，一棵棵圆圆粗粗的竹竿直伸天空，竹竿绿光溜溜，基本上没有竹枝和竹叶。一到春天，满山潮湿的土地就冒出亭亭的竹笋，笋衣包裹着，在风中与时光里，那笋衣慢慢地剥落开来，露出竹的高风亮节，使人联想到久被蒙垢的心智的开启。对于粗大、高壮的斑竹，乡亲们心里是结了疤痂的：说日本鬼子侵略时，皖河人"跑反"跑到山里，鬼子追到后，抓住人，就把两根长得很高、很开的斑竹按倒，然后将人边手边脚地捆在两根竹子上，再残酷地放开——有了弹性，竹子伸起了身子，那人就活活地被撕成两半。斑竹千重泪，乡亲们有自己的辛酸。如今，老人还常把这故事说与年轻人们，让他们牢牢记住。

一个村庄全生长在竹林里真是件幸福的事。皖河在竹林荫里，远望就像是天边飘忽的一条白白的丝带，有咿咿呀呀的黄梅调在竹林里响起，响动在绿色的风里。那一定是他们的日子过得畅快的时候。这时，皖河人陡然发觉，竹子全身都是"宝"。因为他们的县志就有记载，皖水冲积出的这片沙滩叫"舒州"，在唐朝是个州府。那时老祖宗们就用这竹子编席子，进贡皇上，叫"舒席"。他们开掘过一个西汉古墓，从出土的文物看，这竹席在西汉时叫"汉簟"。从此皖河人就将这竹席编得理直气壮起来。

"勤上山，懒赶集，阴天落雨编竹席。"乡亲们说。

这句流传在皖河岸边的民谚，简直就代表了皖河人的生存哲学。晴天他们到山上打柴火，或是懒懒地去赶集；一到了阴天落雨，家家户户都在家里编竹席。编席子是细活，竹子砍回来，刨去枝叶，断去竹梢，齐崭崭地捆在一起，放在水里浸上两天再剖开。剖竹也有讲究，必须剖得均匀、整齐，再用刀拉成篾条，篾条用拇指擦拭，感觉如丝绵滑过。被刮光的篾条柔如棉絮、软如青藤，百折不挠，然后就可以编了。编席子的多数是女人，她们盘腿而坐，如高僧入定一般，双手舞动篾条，如花翻飞。那时候只感觉嗞嗞的篾声，眼前是如竹的舞蹈，一片眼花缭乱了。最好的席子是用水竹编的，那席子可以折合成一小合筒，如卷一本大书，展开也不伤不皱的。在炎炎的夏天睡在席子上，身下清凉如水。“天阶夜色凉如水，卧看牵牛织女星。”我想这诗人一定是睡在凉席上写的。

我也曾为竹席写过一首诗，后来这诗还被一位作家引进一篇文章里。我虽然没有成为诗人，但在离开皖河的一些日子里，那竹林却老是很绿、很清晰地晃在眼前，竹影婆娑，摇曳出一些陈年的诗意。

栽树的事

在皖河的乡亲们看来，栽树并不是一件什么事。就像他们要种庄稼，种了庄稼就要收割一样，在很多的时候，他们随手就将真心喜爱的树或者不怎么喜爱的那些树在他们认为该栽的地方栽上，然后就不闻不问。那些树像是十分体谅主人，并不向主人乞求着什么，落地生根，见风就长。等树长大了，显山露水了，乡亲们这才发觉这里的树种实在有限得很，大部分是枞树，还有一部分是杉树，再数下来也就是一些乌桕树、枫树、茶树……

乡亲们就等着这些树长大，然后砍伐它们，给自己打棺材，给儿子打家具，给家里盖房子。那时候，他们还不曾想到绿化不绿化这样一些大的问题。

但这些树似乎总是长不大,矮怜怜的,一副小老人的模样。这下乡亲们慌张了,几个人经常端着饭碗圪蹴在树墩上,就说起从前的树——从前,其实也就是一九五八年以前。乡亲们说那时候皖河两岸的树才叫树呢！这里一丛,那里一簇,长得都有箩筐粗,甚至几个人张开手臂都抱不拢。可那时大炼钢铁,他们把这些树都砍掉塞进公社炼钢炉里去了。后来钢铁没炼成,那些树也荡然无存了。"多好的树啊！都让我们这些败家子给败了!"他们坐在树墩上叹息。说到动情处,竟有些眼泪汪汪的了。"树怕伤根,人怕伤心,这树既伤根又伤心,不长喽!"站起身子,他们拍拍屁股上的灰尘,往往这样结束他们的话题。

但说归说,做归做。乡亲们还是在皖河两岸不停地栽树,房前屋后也栽了些桃、梨、李树之类的,这些树尽管派不上什么用场,但到了果实成熟的季节,一来可以拿到镇子上换点儿油盐,二来可以给孩子们解解馋。山又分给了自己,那山上也一定是要栽树的。空荡荡的山实在难看,而且也不是庄稼人的做派。因此,一到正月空闲的时候,乡亲们就弄些树栽。自己的棺材板是指望不上了,但"前人栽树,后人乘凉"这个道理他们懂,他们得为皖河的子孙后代留一片绿荫,留一条活路。

这样想着,皖河两岸的平原和丘陵转眼就是一片绿荫荫的,荒山是一日日少了,惹得乡政府院里的大喇叭也挺高兴,经常喊着:皖河已绿化了荒山多少亩,要建立皖河"绿色长廊"什么的。乡亲们听了挺不高兴的,骂:"屁！指望你们栽树能活啊!"

皖河人栽树的思想根深蒂固、朴实无华。因此他们最见不得那些城里人栽树了。他们觉得城里人把栽树太当作一回事了,栽得实在矫情。

现在每年的三月十二日植树节所有皖河人都知道。那天，城里就组织好多人在皖河两岸的坝堤上、丘陵地里栽树。那群人来的时候坐着专车，一律都将西服换成了夹克衫，锃亮的皮鞋换成了白色的运动鞋，也扛着崭新的铁锹、锄头什么的。一群群像蜂子一般嗡嗡地找到他们要栽树的树坑——那些树坑都是在此之前找人挖好的。他们来时，只需带些树苗，将那树苗分到一个人或两个人的手上，然后放进树坑里培上土，用脚踩两下就算完事。可皖河偏偏有人就不买他们的账，有个出了名的叫“犟种”的望全，有回等那群栽树的人吆三喝四跑到饭馆里喝酒时，他蹿上去，发疯似的将那些树苗全拔了出来。“有这样栽树的吗?”他问城里人，城里人不吭声，却不由分说地将他弄了个“破坏植树造林”的罪名给抓了起来。

乡亲们直摇头。没有人知道他们的心思。

到了第二年的植树节，皖河两岸照例又呼啦啦地聚集了栽树的城里人。但这回望全学乖了，见到他们就笑眯眯地将一盒“红塔山”香烟天女散花一般散着。有着过去的纠葛，城里就有人跟他很熟了，都接过他的香烟叼在嘴上。望全为他们一个个点上火，说:“你们到我的饭店吃饭去吧！树，我来栽!”嘿嘿的，他竟堆了一脸的笑。先是一阵沉默，但两不吃亏，城里人果然依了望全，都到他的饭馆吃饭去了。望全没有走，一声呼哨，他就唤来一帮乡亲把树全栽了起来——到了秋天，望全领着乡亲们栽的树全活了，但另一片城里人栽的树全枯萎着，里面长着一堆乱石和尺把长的蒿子草。

后来，望全就将他开的饭馆起名叫“植树饭店”。每年的三月十二日，人们看到他饭馆里有很多人吃饭，不用说，他就准有生意做了。皖河边的树长得郁郁葱葱，望全的饭馆也开得红红火火。

只是他不知道，城里人将“植树点”又换了个地方——很快，他就没生意做了。

树上的鸟儿成双对

“树上的鸟儿成双对，绿水青山带笑颜……”这句黄梅戏人人都会唱，但肯定都不会去关注树上的鸟儿。可是在皖河，你清晨听到鸟鸣，循声望去，真的就会看见树上鸟儿成双成对的。那两只鸟儿，一只唱出了咿咿呀呀的黄梅调，一只就吼出了穿云裂帛的京腔——当然，也就随处可见京剧鼻祖程长庚的后代们在河边劳作，听到黄梅戏大师严凤英的姊妹们咿咿呀呀地唱着《打猪草》……面对树上的两只鸟儿，乡亲们自己也弄不明白，皖河怎么就溅出了京剧和黄梅戏——这两朵戏曲艺术的浪花呢？

皖河默然无语。但乡亲们一听到这熟悉的音调，立即喜笑颜开，他们说皖河本是“真龙潜龙”之地，该出三十六把黄龙伞。但可惜河水笔直地流向了长江，没在那巍峨如冠的天柱山前打个“结”（玉带），所以龙气不足而流于假，只出舞台上的假皇帝（戏子）。虽然这只是风水先生附会穿凿的迷信，但这一带也真的出现过不少的戏曲大师。数得上的除程长庚、严凤英外，还有率领徽班进京的三庆班的班主高朗亭，武生泰斗杨月楼、杨小楼父子，以及王鸿寿、郝天秀、茹来卿、夏月润、叶中定、王九龄、夏奎章、叶盛兰、胡遐龄、左四和……连黄梅戏的经典剧作《天仙配》《女驸马》也是皖河艺人们口传心授保留下来的。站在河边数，你就会发觉这里的戏曲大师们像河边的星星草一样，数也数不清。

“徽班映丽，始自石牌”——在广州梨园会馆的碑刻上还有一句话：“南国艺兴隆，北地乱弹香，梨园佳弟子，无石不成班。”这“石”，指的就是皖河冲积的平原，河水流进长江的入口处——石牌。倒退一百多年，这里便是最为繁华的商埠和水陆码头。那时，皖河两岸物产丰饶，人民生活富裕。农闲季节，乡亲们随便哼哼，哼出了味道，于是一高兴干脆就搭起了戏台唱戏。这下就吸引了很多人，连远离皖河的徽州和当时的戏曲中心扬州都有人为听戏来开店经商——乡亲们自娱自乐成就了戏曲，商人们足够的经济支撑为戏曲发展又提供了保障。一年四季，沉迷在自己制造的优美旋律中的乡亲们，开始添置行头、道具、布景、乐器，渐渐就把戏唱大了。

皖河人喜欢把京剧叫大戏，黄梅戏叫小调。

戏曲讲究口传心授，唱戏的多，戏曲世家也多。像程长庚与程继仙爷儿俩、杨月楼和杨小楼父子……他们把戏从皖河唱到京城，虽然再也没有回来。但皖河的水滋润了戏曲，哺养着艺术，日浸月润，耳濡目染的，戏曲却在皖河岸一天天地流传开了。言为心声，民间戏曲家们唱着大戏小调，送走白昼迎来了黑夜，到最后竟连自己也无法弄清什么是戏剧，什么是人生了。河边有位老艺人，听说邻村一对夫妇打架吵嘴闹离婚，他就颤巍巍地赶去，唱《何氏姑劝嫂》，唱得自己泪水涟涟，也感动得那对夫妻破镜重圆——皖河的艺人，后来干脆就用戏曲教育自己的乡亲。

纯粹的农业文明产生不了戏曲，纯粹的商业文明又容易扼杀戏曲，只有农业文明向商业文明的转型时期，才有一块适合戏曲发展的土壤。据说，皖河戏曲的发展就是因为经历了这样一个时期。皖河之外，曾有人这么充满理性地分析着。但乡亲们不听这个，他们只是按照自己的方式和习惯去接纳戏曲和理解艺人。古训"戏子不上家谱"，但皖河程氏家族们却自作主张，将程长庚的大名赫然地列上了宗谱，遇上穷困潦倒的艺人，他们还会将他们接到家里供养，乡亲们只要自己有一口饭吃，就绝不会饿着艺人的肚子。

对待戏曲，乡亲们就如同对待皖河——既宽容又苛刻。

阮大铖——大家都知道这人了。他写过《燕子笺》《春灯谜》，当时他的戏"在科介排场，无不紧凑，流传至今，排演不辍"。但他在明、清朝代交替之际弃节不保，巴结权贵残害忠良的事，就为乡亲们所不齿，即便现在乡亲们说到他也是直摇头。至今皖河的阮氏家谱没收，县志也不写他，笑他"河东不要，河西不收"。说是遮羞也好，厌恶也好，阮大铖反正已成为皖河历史的一个尴尬，乡亲们心上结的一块深深的伤疤。

充满灵性的皖河就这样沉稳，这样泾渭分明！

斯诺在《中国的暴风雨》中曾说："在扬子江的中下游，有两个地方的人说话最好听，一个是重庆，一个是安庆。他们说话宛如鸟儿的歌唱。"乡亲们对这话很是喜欢。不断地说，不断地说，有点儿重复、自豪和炫耀——这倒不是崇洋媚外，因为重复在这里是没有错的，戏曲就是这重复了一遍又一遍的东西。

老　区

老区不是一个词语，因为这词在词典上根本查不到。但确确实实，“老区”又是一个词语——它是中国红色革命衍生出来的一个词语。老区养育了红色的革命政权，红色政权也给老区人带来很多希望和企冀，可老区实在又与贫穷、落后联系在一起。所以，皖河人一开始在接受这个词语时，与其他老区的人民一样，也感到了一些耻辱和迷惘。他们觉得自己的胸口隐隐作痛，想象中国革命者的灵魂也无法安生。

起始，乡亲们并不知道皖河会被冠以“老区”的帽子。他们尽管知道，就在南湖的那只船上，即在共产党成立后没几年，这里就成立了一个党的特支组织。而且往大处说，共产党第一任总书记就是土生土长的皖河人；他们尽管也无法忘怀，远在大革命时期这里就曾发生过著名的“清水寨暴动”“梅城暴动”等等，后来被党史定性为重大的革命事件，但他们并没有上升到什么高度来认识，他们只知道哪里有压迫，哪里就有反抗；他们只以为这是他们前辈反对黑暗统治而进行的一场应有的斗争，是自自然然要做的事情。暴动为中国革命的政权贡献了些什么，没有人会挂在嘴上炫耀。

翻阅皖河的县志和党史书籍，你就会接触到一批惊人的烈士数字。在大革命时期，皖河两岸牺牲的革命烈士十数万之多。而那时，皖河也不过才二十万人口。在前前后后的几次暴动中，皖河贡献出了一大批优秀的革命儿女，出了名的就有中共安徽省委第一任书记王步文、红军一个师政委徐勋等等。在反动派们叫嚣“石头过刀，山要过火”的残酷岁月里，皖河的河水被烈士的鲜血染得通红通红，山上的石头被烧得滚烫滚烫，但乡亲们没有屈服。等到革命胜利了，皖河人也只默默地重建着自己的家园，默默地在清明的日子祭奠着烈士，那些发黄的烈士遗物，被尘封或放到了烈士陵园里。

他们从不会额外要求得到什么。

可是他们一直很穷，穷得一些村子找不到一床完整的被子，十七八岁的姑娘找不到一件像样的衣服。私下里，也有一些乡亲责怪他们的前辈们性子太直——全拼死了，没有留下一人能活着到京城里坐坐“金銮殿”。但他们不会说出来。只是等共产党人的眼光再一次投向这里时，他们仿佛才从梦里清醒过来，仿佛有些惊慌失措。一时间，皖河两岸出现了许多老态龙钟、白发苍苍的老人，他们穿着一身过时的军装，挂一溜英雄勋章穿梭来往，走出皖河，走进城市。他们为自己在争得说法的同时，也使城市人大皱眉头——紧接着“老区”这个词语就风行开来了。

政府开始将许多钱和粮食投向老区，这些钱粮都被封上了“救济”的字样。但像“海绵”吸水一样，这些钱粮在老区很快就被用光了。“老区是个无底洞！”……政府恍然大悟，于是就开始为老区制定政策，给老区人修路、办教育、建桥，扶持老区人养猪、养鸡，发展畜牧业和养殖业。这着棋显然是走对了。乡亲们操着一份荣耀和豪气，与老区以外的人民一起，大胆地走上了创业，走上了他们先辈希望他们走的路。他们不再只躺在老区的“功劳簿”上睡觉，不再觉得老区是一种耻辱，他们甩掉了自己的包袱。

老区人抖出了自己的精气神。

这精气神儿让老区人民得到了第二次解放!

在老区,经常能听到的当然就是英雄的故事了。很多类似于“贺龙两把菜刀打天下”“朱德一根扁担闹革命”——故事叫人荡气回肠,也叫人意气风发。但在皖河,我经常听到的却是一些让人心情沉重的事。在县城工作时,我接触过一位老人,在战争年代,他曾为组织代收过一支步枪,但那支枪藏在哪儿他却忘了。组织上后来让他交枪,他却交不出。组织上怀疑他把枪交给了敌人,将他开除党籍了。先是坐国民党的大牢,后来又在历次运动中被当作“反革命分子”批斗。他说,他反对国民党,坐国民党的大牢不冤,但坐自己的监狱,他就冤极了!于是,他一生都重复地做着一件事——申辩。但直至垂垂老矣,白发苍苍,战友凋零,也未弄出个结果来。那时他经常出入县府大门———头也不剃,腰佝偻着,像是流浪汉,成天裸露着伤痕累累的身子。但没有人能证明什么,人们都以为他是疯子。

一年春天里,他死了。皖河上上下下似乎都松了口气。但就在那年人们开荒,却意外地挖出了一支枪。更为神奇的是,那支枪在地下埋了十几年,锈迹斑斑的,没有烂掉不说,枪托上竟赫然地出现了他的名字。乡亲们惊呆了!他们将那支枪擦得干干净净,摆在他的墓前……

那是把“老枪”——后来放进了烈士陵园的陈列室里。现在人们参观时,讲解员还常常挂在嘴上讲。

抓一把沙子

“跌倒了,还能抓一把沙子”——皖河乡亲们总爱这么说。抓一把沙有什么用?我不懂。其实我想乡亲们也未必都懂得沙子的价值。皖河沙滩上的沙子白晃晃的,躺在阳光里成天睡觉,但没人感觉它沉静得像金子。相反,乡亲们看见沙子就心里发虚:荒草迷天、寒烟锁地的枯水季节,乡亲们看到大堆大堆的沙子将河床淤塞得高高的,就自觉不自觉地组织起来,一队队地进军到河中挑沙、挖沙,用来加固加高长长的河堤,甚至挑到更远的地方。于是,在皖河经常可以看到“千军万马挑河沙”的场面。

但皖河人偏偏爱用沙子比喻一些人,尤其是小姑娘和那刚过门的小媳妇,这样的人往往都是勤俭持家,“放下条把舞扫帚”,一刻也不愿闲着的人。比如说吧,她们上工经常胳膊底下夹着一双鞋底,一歇工就立即哆哆嗦嗦地打起来;收工时,她们不是在河边打一把猪草,就是捡些枯枝做柴火。只是那时,乡亲们根本就想不到沙子能赚钱。他们说:“跌倒了,还抓一把沙!”——你听听这话,好像他们知道沙子很有用,其实他们心里最讨厌沙子。

最先对沙子发生兴趣的人据说是孝女。虽然乡亲们也像讨厌沙子一样讨厌她,说孝女十六岁时,不知怎么心血来潮,缠着父亲要买新衣裳。吃了上顿没下顿,家里穷得叮当响,父亲正在为一家生计而犯愁,听女儿这一闹,突然就死死盯了她一眼,说声“家要败,出妖怪”,东挪西借了三十块钱给她,然后不知怎么就跳进皖河的深水潭里去了。此后,乡亲们就以为孝女是“灾星”,都不理她，甚至背后戳戳点点的，用她为反面典型教训自己的子女。这样，孝女就很孤独、很痛苦。没人陪她玩，她就成天盯着皖河发愣，盯着盯着，有一天，她突然看见成群结队的汽车开进皖河，接着，从车上齐刷刷跳下一群人，说是到河里挖沙子，运到城里建高楼大厦、修公路。孝女听了一激灵，猛地就拦住他们。说是她要办沙场，要收钱，一车收五块钱。城里人看她认真的样子，竟答应了。

“沙子也能卖钱?”孝女办起沙场，乡亲们就诧异了，纷纷议论起来。皖河也没有捂盖子，孝女能办得，我们也能办得！一下子，皖河两岸人头攒动，到处都办起了沙场。一车五块钱、六块钱地涨，最后涨到了十块钱……靠山吃山，靠水吃水，皖河人从此日子就过得滋润起来。当然，沙场多了，难免就会出现各占地盘的事情，打架斗殴的事也时有发生。人们告到乡政府，乡政府觉得办沙场清理了河道，又使大家致了富，常常就当和事佬。

孝女却突然关闭了沙场——她在河里挖了一袋沙，然后背着这袋沙满世界跑，到处找钢铁厂。南京、马鞍山、东北的厂子她都去过了。那些厂子的人禁不住她软磨硬泡，就检验这沙，说这沙含铁砂量达百分之六十七点九，容易炼，于是就与她签订了一些合同。孝女背回那些合同，在河边就又搭了一个竹棚，淘铁砂，也收铁砂。钢铁厂一个月开两回车子来，交给孝女几千块钱。这下皖河两岸又轰动了——满河的又淘起了铁砂，就是以前把孝女当灾星的人也哼哼哈哈央求孝女卖铁砂，孝女一律笑脸相迎。慢慢地，孝女就扩大了规模，收购了几家沙场，正儿八经办了一家铁砂公司，自己当经理，乡亲们像是众星捧月，渐渐地都搭理上她，喜欢上了她。

其时,城市的钢厂炉火正红,建筑物也如雨后春笋般涌现。我看到铁砂铸成了生铁,看到了沙子正与水泥搅拌在一起,不断地铺在城市的路上或勾补了建筑物的裂缝。沙子加重时间的流程,悄无声息地改变了皖河的一切。阳光照耀着皖河,时间与沙子一起悄悄流逝,倏尔也弥合了孝女与乡亲们的心灵隔阂,弥合了皖河的一切一切。孝女面色红润,青春焕发,亮丽动人,她已成为皖河一位出名的女企业家,频频露脸在县城的电视和报纸上。

由于我所在的单位在皖河也有一个沙场,有一段时间,我们成了同行。在一个明月的夏夜,我们在河堤上坐了一会儿。面前,河水浪叠浪地冲打着,波波坎坎地向远方横着铺展过去,河面上氤氲了一层雾气,空气一片澄明,我们被面前美丽而静谧的景象迷住了,都没说话——虽然我们没有说上几句话,但我想,沙子是一些场面上的东西,而她即便跌倒了,也会抓起一把的。

这一点不用说。

温暖的花朵

在皖河那纷繁的花朵中,棉花是一种最富于人情的花朵了。仿佛是某种神示,它总是赶在冬天到来之前盛开。那时候当然是皖河的秋天了。一泓秋水浅浅地流淌,如一滩白银泻在雪白的沙滩里,天地一片澄澈。站在皖河的中央四下张望,大片大片白得像雪的棉花远远地开放在皖河两岸。一不小心,你就会当作是谁放牧的一群白羊。更远的,似乎就是一朵朵飘荡的白云,逗得皖河齐刷刷地竖起了倾听的耳朵。棉花的白云，以它独特的姿态绕过了所有的谛听，在阳光下淋漓地抒情。

棉花似乎是皖河为寒流而准备的礼物。女人们穿着薄薄的秋衫，胳膊挽着竹篮，几乎不约而同地走进了棉花的田里，她们小心翼翼而又大把大把地摘着棉花，夏天火烤火烤的阳光被如水的秋阳冲淡，但那炙热的光芒并没有远去，它们都躲避在棉花坚硬的壳里。女人们穿梭在棉花丛里，四周立即攒动的全是一张张棉花似的笑脸，不知不觉的，她们浑身也感到一些温暖。冬天就要到来，孩子们正等着御寒的棉袄，家里床上盖旧了的被子需要翻新，而一些老奶奶呢？额头上深深的纹沟已让棉花擦尽，缺牙掉腮地笑得合不拢嘴。她们焦急地期待着，要将棉花捻成一绽厚厚的棉棰，然后在寒冷而漫长的夜晚，摇着古老的纺线车，将那棉棰纺成一根根棉线。纺线是她们最为拿手的活计了。用这棉线，她们差不多就可以织成背带、纺成围巾等各种小玩意儿，然后留给自己的子孙。在活蹦乱跳的孩子们身上，老人看到他们穿着自己织成的小草、小花什么的。孩子胸前编织的“老虎头”在灿烂地微笑。

“弹花匠”因而成为皖河一种古老和最受欢迎的职业。乡亲们将棉花一朵朵摘回来，剥掉那褐色的壳，将棉花揉混在一起，在秋阳里晒干，然后就会邀请他们到家，好鱼好肉、好烟好酒地招待几番。弹花匠喝得醉醺醺的，将弹弓调好，站在面前巨大的雪山上，放肆而欢快地用木棒挑拨着。“嘣——锵锵”“嘣——锵锵”。皖河秋天里的棉花散发出了一种金属的气息，两岸的弹棉花声弹奏起一种奇妙的音乐，使皖河变得闲适、优雅。河水因此也激动得不停地歌唱着爱情和劳动。尔后又归于一种平静。弹花匠将那弹好的棉絮弄得熨熨帖帖，如一方硕大的豆腐。高兴的时候，弹花匠还会细心地在网住棉絮的时候，用红线头织成"福""喜"字和"新婚快乐"的字样——那样的被子，一般都是主人为待嫁的姑娘或者为待娶的新娘而准备的。

新娘子在洞房花烛夜里，暖暖地捂盖着一床绵软阔大的棉被，除独享着一个男人的体香，同时能清晰地嗅到的就是棉花与阳光混合的气息。这种人生中最奇妙的气息，搅得她们躺在温柔乡里，幸福地陶醉和快乐着。过不了几天，她就会毫不害羞地将这床棉被拿到阳光下翻晒——通常这哪里是晒被子，简直就是晾晒着一种幸福和富有。

从棉花的播种到成长，以及制作成棉被、棉袄出来的时间短促。但对于其中的每一件活计，乡亲们都做得非常精心和认真。棉花是最不容易凋谢的一种花了，但它在生长、制作过程中，乡亲们领略到的幸福、愉快和轻松，却是皖河所有庄稼活所无法比拟的。不像种稻子和麦子，锄禾日当午，汗滴禾下土。在棉花成熟的季节，一朵朵白云绕山间，皖河到处飞扬着悠扬的歌声和欢快的笑声……当然，皖河人民并没有因此而放弃栽插水稻和麦子。相反，他们不像完全以棉花为生的棉畈区那样，将所有的土地都种上棉花。像只是为了欣赏一下自己种的花朵，他们种的棉花最多只管家里床上盖的和身上穿的就够了。棉花大都习惯生长在山地上，而皖河流域大多是水田，土地并不富裕。乡亲们觉得，这就是上苍的一种安排。上帝给他们的分工就是种水稻，没必要白白浪费大片大片肥沃的水田种棉花。

什么地长什么庄稼,他们认为这是天经地义的事。

皖河两岸除了大片大片的白棉花,在秋水茫茫的季节,还有白色的芭茅花和狗尾巴草在风中摇曳,它们一般都凋落在冬天——只有棉花既干净又利索地在秋天里成熟和结束。冬天真正来临之际,寒风吹彻了皖河每一处村落,那时棉花便穿在他们的身上,温暖着他们的身心了。

谁都清楚,乡亲们感念棉花——是因为真正的白花,雪花就快要降临到皖河了。

皖河的年

皖河人在感情上对“春”和“年”仿佛就有些异样。特别是对待“春”,好像春是一个不吉之物。在皖河边就流传着“打春”“赶春”“咬春”的说法。对于过年,乡亲们尽管也有类似的看法,但态度却虔诚得异乎寻常。“孩子望过年,大人望插田”——皖河人说。

差不多从“腊八”开始,皖河人其实就开始张罗起过年的事情了。河边的小镇上,先是出现了卖红灯笼的商贩,那些商贩挑着堆成山的红灯笼招摇过市,将皖河两岸渲染出一片年的氛围。从此,皖河整个的腊月都被红灯笼映照得红彤彤、暖洋洋的。到了腊月二十三,每户人家肯定已将屋里积攒了一年的灰尘打扫干净。然后就放鞭炮、请灶神、过小年,一直忙到大年三十那天。到了那天,一般人家都已收拾停当,门上贴着红红的对联了。年夜,女人们忙着烧年饭,男人们则显得有些清闲。最熬不住的当然是孩子们，他们东张西望的，嘴里嘀咕着："年来了吗？年来了吗？"

"年到了河对岸呢！"河东的人说。

"年到了河东呢！"河西的人说。

于是孩子们都朝河的对岸巴望着。

果然，随着夜色的降临或者夹杂一片片飞絮似的雪花，年就来到了。这时候皖河户户开门，家家亮灯。乡亲们开始放鞭炮、吃年饭，一家人团团圆圆地围坐在一张桌子上敬酒。有白酒，有红酒，即便平时不沾酒，这时也会喝上一两盅，恭敬地给长辈敬酒，又接受着下辈的祝福酒，一个个都喝得面红耳赤。说起话来舌头一大，嘴巴也豪迈了许多。"年"可是乡亲们最为爽气的时候啊！一年的辛劳，似乎好坏都要在这天兑现。日子过得富裕的人家，新一年又给了他们更上一层楼的希望，看到家里团团圆圆，就有点儿自豪和骄傲；日子过得不顺心的人家，就巴望着旧一年的晦气都随着这几杯酒下肚，被洗刷得干干净净，从新年里就开始扬眉吐气。"旧的不去，新的不来。"皖河人把"年"作为他们人生的一个计量单位，把日子做了一个小结，然后就用红纸包些钱，塞给孩子，说是给他们压"岁"。

年，就这样洋溢着来到皖河的两岸。皖河两岸的乡亲们也把年过得非常精致、顺畅和通俗。皖河边出过一个叫张恨水的才子，对皖河的年曾有一番概括和描绘。

廿四风晴好晚天，家家坟上响千"边"；
灯笼燃烛门前挂，迎接"先人"过小年。

黄豆打成瑞露浆，作来豆腐与“千张”；
“茶干”咸菜冬菰炒，淡酒三杯口味长。

门神对子与花笺，贴了高墙就过年；
等待烧香齐下拜，先人接到在堂前。

年饭酒阑没事情，堂前赌博闹纷争；
吾人只靠桥兜坐，闲话年成说到明。

村前正唱采茶歌，百副花灯未算多；
狮子蚌精相对舞，一班刚到一班过。

放鞭、打豆腐、吃茶干（五香豆腐）、贴对子、打麻将、闹花灯……这是皖河人过年的全部内容了。现在皖河虽然随时代有了变化，但这种习俗至今没有改变。

有钱过年，无钱过闲。乡亲们说有钱人家那才是叫过年呢！而无钱的人家，过的不过是一时的清闲。这样的事引申过来，皖河人家有的就会在大年三十那天早早地在门上贴上一副对联。这样就表明他家还有欠债，但债主看到对联，也就不好意思在年底讨债，以免双方都落得晦气——自然，皖河人也并不都是这样的。“有钱无钱，回家过年”才是他们对待过年的真正态度。因此无论在皖河四乡做生意的人，还是远离皖河的游子，在过年的时候，都会千里迢迢地朝着家赶，朝着年赶。近些年就由于在外打工的人多，过年的时候，在镇上的邮局里就会听到一些乡亲对着电话筒大声地嚷着:“你回来!回家来!有钱无钱,回家过年。”这时,长辈们变得格外地宽容和大方。

我也常常听到这种召唤——被年亲切地召唤,陪伴我的祖母和父母双亲在皖河过了好多好多“年”。甚而,我还为乡亲们足足写了十年的红对联。但自从离开皖河,我对过年的情绪却越来越淡,那种劳动也越来越少了,这当然不是最主要的。因为皖河就有专门以写对联为生的乡亲,一到年关的时候,他们就会在街头上出售这玩意儿,既方便又经济。我说的是回家过年,随便走走,我就突然发觉皖河人的脚步已变得匆匆。见到我,也仿佛“闰土”见到了“迅哥”,有些生分和隔膜。皖河的乡亲几乎连日带夜,连夜带日地玩起了麻将。和妻子、儿子走进年的皖河,我感觉儿子依然可以找到他同龄的伙伴嬉闹,妻子也能找到她的闺中女友,可是我呢?——故乡的麻将桌,四个人端坐得稳稳,早已没有了我的席位!

“闲话年成说到明”——我这样叹息着,浑身就沁出了一层冷汗。那令人怀念的浓浓的年味哪里去了?

有些雪不一定落在河里

昨夜又下了一场小雪,皖河两岸的道路、村庄和屋顶已被白雪静静地覆盖住了。乡亲们没想到雪会下得那么薄,薄得像一层白霜。更没有想到的是河里的水依然深绿深绿的,似乎比平时绿了好几倍——它的身上居然没有雪。由于饥饿和寒冷,冻死了一条黄狗,还死了一只老鸹,都僵硬地躺在河堤上。河里一缕缕水汽袅袅荡漾开来，牛棚里的牛冻得哞哞叫唤。

冬雪和春雪是有区别的。一场这样的春雪，皖河靠着自身蕴藏的暖气就迅速就解决了自己的困境。冬雪就不一样了，它奇寒无比，大片大片的雪花凶猛地蚕食着土地上的一切。雪下得很厚，像是一床棉被，铺天盖地、纷纷扬扬就将皖河两岸紧紧地捂住了。谁家不结实的草屋让雪天雪地压得吱吱直叫，稻场上的草堆将自己扮成了一个雪人……皖河像一个自己掀掉身上被子的人，正探头探脑地看着周围的一切。这时候它也感受到寒冷，冰冻将它的行动弄得十分迟缓。但那水依然流着，冰冻下的河水像一群小蝌蚪在不停地游移着，使人感觉出生命的一种搏动。

但雪落在皖河里肯定就看不见了！——有些雪不一定落在河里，它落到了它想要落到的地方。

冬天的皖河，总是荒凉和寒冷得让乡亲们无法忍受。所有的庄稼在秋天早已收拾干净，稻田一片狼藉，光秃秃的树枝、丘陵、平原和一排排村庄，在漫长的冬季像一个少不更事的孩童裸露着羞处。呼啸的北风夹带着灰尘，卷起秋天最后的残存。河水这时候也变得有些懒散——这种气氛似乎也感染了乡亲们，使他们的生活仿佛一下子就陷入了沉闷的境地。老天爷似乎也感觉到自己的疏忽，想努力补偿什么似的，于是用一些虚幻的雪景迅速地遮住了一切，企图让人在冬天里还建立起一些生活的信念——飘飘洒洒的，雪就这样身份可疑地来到了皖河。

雪注定是皖河一个美丽的谎言。

谎言使乡亲们在冬天不断地欺骗着自己，也欺骗着别的生命。他们在大雪封门的日子里，常常独自躲在屋里，依偎着红泥小炉,温一壶热酒,编造一些故事和童话,假装一份若有若无的轻松。大人们在雪地里还用竹箩筐教着孩子欺骗麻雀,捕捉它;与孩子们堆一尊雪人——假人,或者干脆就用雪的子弹互相射击着,然而这一切都透着一个“假”字,子弹的谎言很快就被人的身体击碎,但他们都很陶醉在自己用谎言制造出来的欢乐之中。“雪是神的粮食!”乡亲们说。

这当然是乡亲们编造的最大的谎言了。

谁也无心戳穿这个谎言。只是皖河的一些老人经历了皖河的一切,却再也无法忍受,无法按捺住自己的心情。他们好像不好意思告诉孩子们关于雪的一切,也不容忍雪花欺骗一切,就独自选择在冰天雪地的日子里离开人世。于是冬天里,皖河辞别人世的老人就特别特别地多,漫天漫地的白白雪花,转眼就变成了他们身上穿的、最大的孝服。在河埂上,冷不丁就出现一支披麻戴孝的送丧队伍,吹着唢呐,敲着锣鼓。喧天的锣鼓恰好冲淡了冬天的沉寂,白白的孝幡又暗合了白雪的皖河。那些活着的乡亲慨叹着人生的无常,赶紧找了一块平地,将老人深深埋葬在那里,那隆起的土堆很快又被雪花深深地遮盖住了。

雪悄悄地落在上面,似乎就落在这个人的生命里了——这时候,你一定清楚雪落到什么地方去了。

但这不是唯一的。雪落的最大理由就是落雪。我常常看见乡亲们站在下过雪的田野里,瞅着天空,嘴角流露出一丝赞许和欣赏的微笑。他们说土地太干太燥了,各种害虫就会躲藏在大地下面,雪是庄稼的医生,它是在给大地进行一次消毒。“瑞雪兆丰年”,他们在说这话时,心里依稀就有一种温暖慢慢洇渍开来。这时候你仿佛看见很多害虫、很多的毒菌都被雪毫不留情地杀死了。这就是皖河人喜欢雪的原因。在雪花的美丽和纯洁性上，乡亲们似乎更喜欢雪花的纯洁——尽管这一点与很多人不一样。

或许最平静的还是皖河。它不需要白雪的装扮，当然也就坚决地拒绝雪花给它的外套。在那个寒冷的冬天里，我跟着母亲拿着一个瓦罐在皖河的河边收拾了一回雪花。母亲说，要用冰凉的雪水腌上几只咸鸭蛋——这时，我才发觉一冬的白雪，全都落进母亲那油黑亮亮的瓦罐里去了。

直抵长江的河

人不能两次踏进同一条河流，而皖河的乡亲却千百次幸福地面对皖河。生在皖河，长在皖河，我再也不可能对皖河那颗鼓胀的春心、那滚烫而蹦蹦跳跳的生命视而不见。我开始喜欢一泓秋水浅浅地将皖河的黄昏映照得绯红绯红的色彩，也喜欢冬天的河水宛如流淌在白色天堂的样子……我发觉，我的双脚在开始慢慢地踏进这条河流——面对这河，我十分地激动，但比我更为激动的是皖河那一根根湿淋淋的竹篙——它激动得满身颤抖着幸福的泪花。河流已被它丈量得热泪盈眶。

这是一条直抵长江的河。

乡亲们会将皖河叫出许多的名字来：潜水、皖水、大沙河……他们已经学会将皖河分得很细很细，能说出皖河从哪儿起源，从哪儿发“脉”，从哪儿改道；能说出皖河的种种变故……他们甚至能将皖河的历史背得滚瓜烂熟。他们说皖河在春秋时被封为“皖国”，汉代时称为“皖县”，山称“皖山”，水曰“皖水”，安徽的简称就源于此。他们还不止一次地回味这里曾出现的舟楫云集的宏伟场面——知道汉武帝从长江折进皖河，登临了天柱山；知道孙权从长江踏入皖河，征服了皖城。他们甚至看到了李白在长江上驾着一叶扁舟在皖河口犹豫了一下，大喊了声：“奇峰出奇峰，秀水含秀气。”对天柱山留下匆匆一瞥就走了……我从乡亲们嘴里知道了皖河的许多，开始和他们一样陶醉于皖河的一切了。但是那些年，许多事情已经显示出了它的征兆，我还是离开了皖河——我的离开，不是为了“背叛”，也不是去读万卷书、行万里路，我想找一个距离更好的地方审视皖河。我做到了，同时我发觉世上还有更多的河流、更大的事情等待着我。

在离开皖河的日子里，我曾发狠地查过一些字典。在《康熙字典·目部》上我看到了“皖”字的解释：“皖”与“睆”字相通。“睆”字最早见于《诗经·小雅·大东》上：“睆彼牵牛。”毛传：“睆，明星貌。”唐陆德明《释文》“皖”就是“睆，明貌”。现代学者为此也作过详尽的注释，例如冯沅君的《中国历代诗歌选》中就说：“睆，音 huǎn，形容星光明亮。”余冠英《诗经选》中注：“睆，音 wǎn。”《字汇·目部》：“睆，美好貌。”……由此看《诗经》上的那首诗，译成白话文就是“牵牛星儿闪亮”了。在这众口铄金的解说中，我知道了“皖”有着明亮、闪亮、美好的意思——既然“皖”蓄含了明亮、闪光又美好，那么，皖河就是一条明亮而闪光的河了。

对于喜欢河流的人来说，只要踏进一回这样的河流就够了。

“在娘家青枝绿叶，到婆家面黄肌瘦，不提起倒也罢了，一提起泪眼汪汪。”这是乡亲们给撑在皖河里的“竹篙”编的一条谜语——编竹筏是皖河男人们最拿手的活计，那竹筏一律都是山上的斑竹做的。他们把那圆圆粗粗的斑竹捆在一起，打进两根坚实的榫子，然后火烤火燎一番，又用黑黑的桐油漆得油光亮亮的，就将这巨大的竹筏推进皖河——他们站在竹筏上，挥舞着湿淋淋的竹篙，长年累月地行走在皖河上，将皖河的货物运到外地，又将外地的货物运进皖河，他们一个个都像是船长，总喜欢站在筏头迎风而立。筏声欸乃，他们的身边也总有几只扎个猛子就不见了的鱼鹰、鸬鹚……那时，阳光和水亲吻着竹筏，河水撕咬着他们那宽厚的脚板，他们脸上的颜色变得异常地丰富多彩。只是到那一天，他们发觉皖河已变得越来越清瘦和苗条，身上裸露大片大片的白沙时，他们才吃惊得说不出话来。

于是，他们就经常地选择一天或者半天，带领乡亲们到河里挑沙或者栽树，清理皖河。他们常发出豪言壮语，说他们不会让皖河里的鱼虾绝迹，不会让人在皖河的树上找不到可爱的小鸟……他们要不断将皖河穿上美丽的衣衫，让皖河走得更为清澈，更为宽阔和雄浑！所有河流的归宿都是大江，但他们说，面前的那条大江是长江，这就不是世上所有河流都拥有的了！尽管皖河那皇船逶迤、龙旗猎猎的恢宏场面不再，尽管李白的歌声已经远去；尽管皖河走出去的程长庚、陈独秀、严凤英等等都没有归来——但他们永远喜爱这河。在他们的眼里，那长江是一位仁慈的祖母，皖河就是长江的一位纯情的小女儿了。总不能让身着褴褛的小姑娘去拜见她的老祖母，让皖河在未见到大江之前就发出生命的喘息吧？——乡亲们说，皖河是源，长江是流，这条直抵长江的河流，是江河最为动人和完美的诠释……

我因此也变得十分清楚，皖河从某种生命意义上说，已经或正在被无数纷扰的俗事所忽视，我的那一只只被皖河透明河水浸淋着的手指，当然也不可能把皖河所有真正意义上的倾诉揽进人们心灵的深处。对于皖河，皖河就是皖河，它静静的流动虽然断然地隔离了所有的心跳，但在所有的眼眸之外，皖河永远只不过是一个名词。她是一条朴素的河，她的事情也只是一些朴素的事情。

皖河不干涸，长江就不会断流。

太阳不沉落，皖河的筏声就不会消逝……

常常，在皖河的黄昏，我总看到一群群可爱的小姑娘仿佛正从《诗经》里走出来，三三两两地来到皖河，她们提悬一只只陶罐，她们的肩膀上站立着一只只水鸟，她们汲水，她们劳动，她们歌唱——她们幸福地提起了皖河。

1999 年 6 月 28 日至 8 月 25 日，北京东城区和平里

大地的心

黑黑的、油油的如渗出的汗珠，千年的煤炭怎么就会有了呢？

起始，相信它的燃烧才使人类的眼睛一亮。宿命的天火。从此使这黑色的物质立即变得诗意和生动。先是看见树叶遮体的先祖，看到郁郁葱葱、密不透风的阴阴森林。好像不久前还是一片浓绿，嫩嫩的叶片刚才还被阳光小心地呵护着，但森林的枯老、倒伐、腐烂和交媾，大地不可名状的损害、颠覆和永不规则的组合，或曰相亲相爱，转眼间光明就彻底背叛了它。琥珀、侏罗纪、乌金、白垩土……这些名词是以后才出现的。当时的一切都充满了黑暗，无垠无涯的黑，无边无际地延伸，它开始拼命地吮吸，积攒着，贪婪地蚕食着，光和热使它浑身蕴含着生命和力量。这时候看地球就像是一个未熟的瓜，在宇宙中逐渐发育、成熟，它需要一颗心，一颗温暖、使大地富于生气的心。

大地上的人类稳操胜券，先是很实用地称它为煤，然后又嫌弃它的黑。是的，在沉睡的时候，煤炭冰冷冷的，奇黑无比。它知道自己容颜丑陋，它缄默、深沉、下降……以至躲到几百米的深处。当然也听不到它的任何抱怨和叹息声。有声音是后来的事。当一群人不再安分在大地上行走，而把眼光投向它的时候，它从此便非常渴望与人的对话。那些人用铁锹挖出一条隧道，铁锹便光灿无比，接着他们大刀阔斧地挖起来。在一些图书和老电影上出现的一个个骨瘦如柴，背弓如虾，嘴叼油灯，在它怀里爬来爬去的，差不多就是它所见到的最早的人类的形象。见到人们由于自己而被拖累的样子，它在黑夜中痉挛、呻吟……人类的汗水滋润着它，尽管也有希望和勇气，但他们漠然如藏于另一片土地中的秦始皇兵马俑——那里有舞蹈般的动作。相对于它们，他们却是灵动、飞跃式的，如岩石上雕刻的画，情绪飞扬，它知道他们的名字叫“矿工”。他们使它感染到生命的温馨和绵长。

大地上，士兵守卫和平；地层深处，人们又开采着光明。和平与光明是人类是永恒的主题。

另外的一种颜色是红色。这是煤炭生命最为酣畅淋漓的时候。红与黑其实就是煤炭的宿命，哲学的对立两极。一种物质的生命能够如此丰富，仿佛就是司汤达小说《红与黑》中于连的命运，只不过它远没有于连的心机。对于煤炭，红红的光焰耀动，洋溢着光明和温暖，人们需要它取暖，煮熟他们想吃的食物，还需要它开动机器、锻造钢铁……这红火苗照耀过的革命根据地，人民手中那系着红缨的梭镖和大刀就是由它锻造出来的。煤炭——这工业的粮食，与南瓜汤、红米饭一样喂养大了中国，焚烧了一个破旧的山河，漫漫黑暗的时代……煤炭被自己的本领弄得神采飞扬，到处传说，仿佛总看到自己红心的跃动，在每一座村庄，每一座城市，它都会显现自己光彩照人的影子。在父亲的铁炉里，我就见过它那抒情的样子，时而泛着苦难的暗红，沉闷如雷，绝望地燃烧着；时而狂躁不已，腾起一片冲天的火光，疯狂地咆哮着，只有遇到铁——当父亲将他要打的铁器伸入它怀抱的时候，它才发出呵呵的笑声，并极有分寸地让冰冷的钢铁呈现出生命的姿态，使之锻打成型——燃烧自己，就让另一种生命更为亮丽。在风中，在火里，煤炭呼吸着，且歌且吟，那声音显得格外雄浑、深沉、具有不可抵挡的震撼人心的力量。“质本洁来还洁去”，燃烧，只有熊熊烈火的燃烧，才使它的思想得以升华，生命在抵达天堂中安息。

关于煤炭，现代的手法有些不一样了。文明、先进之类的科学技术种子一般撒进了黑土，生出了幸福和期冀。人类改造自然、改造工作环境的追求当然永无止境。但谁敢忘怀煤炭这种物质与生命的另外一种意义呢？如果知道阴谋常常是那个叫作瓦斯的东西制造的，人们就会真正理解矿工们为什么被人称为盗火的普罗米修斯了。身临大地的深处，实在，说开采“阳光”有些浪漫，太阳的称呼过于温暖；“乌金”的称呼有点闪光，普罗米修斯毕竟是舶来的神话。而瓦斯那古怪的名字才是矿工们真切而悲惨的感受。一切防不胜防，措手不及，当人们在这场战争中满怀胜利和成功喜悦时，它如战场上燃起的硝烟一般，让阴霾密布。当一具活泼、粗壮、刚强的人类的身躯在瞬间化为乌有、销声匿迹的时候，它也被自己的行为吓坏了，乱石穿空，惊涛裂岸。它自己也撕心裂肺，过黑的黑色咳出殷红，咳出苦涩。和平的年代，牺牲最多的恐怕就是这些开采煤炭的人了……大地良心：和平需要牺牲者的捍卫，光明更需要牺牲者的奠基。我曾见过一幅油画，一位矿工在通红的、火光四溅的巷道里，张开了双臂，那黑色的身躯扭曲，透明如凤凰涅槃、再生。在这幅画前，我睁大了眼睛，我甚至喘出了一口粗气。这不是一种心对心的怜悯。红色的、黑色的、黄色的、褐色的……皆是泥土，煤炭也只不过是别种泥土——生为黑色，活为红色，它在背叛黑色的路程中殉难，它在见到光明时让灵魂飞翔，让生命疼痛着隐退、消逝。这就不是其他的泥土所能承担的了。

煤炭是大地的心。

心有心的境界。

1999 年 10 月 21 日，北京东城区和平里

陌生的停靠

这是不久以前的事。我们乘坐北京至攀枝花的一一七次列车，在车上，大家莫名其妙地兴奋了一个整天。到了第二天下午，又都不约而同地扔掉手中的书，还有扑克、象棋什么的早早入睡了。直睡到夜里，我做了一个梦，被梦里的事物惊醒，睁开眼，我这才发觉，列车不知在什么时候、什么地方停了下来。

没有车轮撞击的哐当哐当声，周围便显得格外静谧。只是车厢里旅客的鼾声此起彼伏，十分刺耳。我害怕这声音打扰身边陡然出现的宁静，便爬起床，一个人踱到两节车厢的连接处。看着玻璃的窗外，月光粼粼的，像无数条小鱼攒到车子的周围，跳跃着、撕咬着……面前显出一片淡淡的山峰，远处的山顶上泛着一层白光，耳旁青蛙的叫声咕呱呱的，抑扬顿挫，在四周蔓延开来，一声声轻叩着月光，敲击着我的心扉，极具节奏感和力量。我心里突然涌出一种很少有的激动，有点小时候浑身一丝不挂地在池塘里沐浴的感觉。

从北京到攀枝花有两千七百多公里，要花五十多个小时。路途迢迢，我们知道枯燥是难免的，因而准备得非常充分，有的是打发时间的玩笑和差不多能维持两天吃喝的食品。尽管生活被偶尔推到不规则的状态，但有着一群情投意合的旅伴，旅途应该说充满了欢乐和温馨。大家平时相处在一座城市和单位，但工作的繁忙，也很少聚集一起，做一次心灵上的放逐。这趟旅行，从某种程度上说，未尝不是一种休息。然而，没有料到的是，这趟车要穿越很多的隧道，这就让人（起码是我）感觉到有些特殊。以前常听去新疆的朋友说，当列车一天天穿行在戈壁滩上，四处没有人烟，没有生命时，有的人差不多都会急得疯狂起来，我想这绝不是夸张。就像我们现在不停地钻山洞、穿隧道，立即就把人的心绪弄得很坏。但，比如人生的路，一会儿晴天朗日，一会儿又将你推到无边无际的黑暗之中——这是生命无法回避的一种暗，是当年人们曾付出艰辛劳动找到的暗。暗，此刻或许正是出路所在。

此时，夜已经很深了。人们安稳地睡在车厢里，即便有醒而起床的，也都没有下车的欲望。我伫立在窗前，听那一点儿也没有停止意思的青蛙叫唤声，用眼光打捞着如水的月光，便沉浸到一种久远的乡村气氛里，这种氛围也只有在乡间才会确切地体会到。在这陌生的、莫名的大山里，一时断了城市的喧闹，我就仿佛看见炊烟正从山峦袅袅升腾，鸡叫狗吠声充盈于耳。记得在乡下，几乎每天我都能亲眼看见太阳将村庄涂暗，月光将大地抹上清辉。那样的月色里，也总有三两个农人，荷锄扛锹，行色匆匆地往家赶……只是那时没到过城市，便以为人的生活都是这样，只是井底之蛙了。可没有想到，真正生活在大城市，却又常常被宁静的乡村生活感动得心旌摇动。退回去也就是一步之遥，但人已无法战胜自己，重新享受乡村的道德和良心了。

列车后来什么时候开动的，我不知道。我也不知道那列车停靠的地方有着什么样的名字——它不是车站。但我实在地发现那一次陌生的停靠，让我的心灵获得了安详和欢愉，尽管就那么片刻。这就像有时我们坐在陌生的人群当中，由于疲惫而依靠在别人的肩膀上睡了一觉；像是在人生的关口，有谁在暗中扶持了你一把。当你醒来或渡过难关，转过身，投去感激的目光时，那人早已消失在茫茫的人海中，他们没有留下名字——只有那陌生的停靠给人一种温馨的回味。

1999年10月29日记，北京至攀枝花火车上

散文散话

不知为什么，我现在非常喜欢“干脆”这个词语。我时常猝不及防地从嘴里蹦出这两个字，有种孩提时代在乡下吃蚕豆时，嘎嘣一下，清香四溢的味道。同时还感觉到爽朗、瓷实和可触摸的质感。

在词典中，“干脆”的解释也很干脆，说是直截了当。我想，偏爱这个词可能与性格有关。我就不太喜欢啰里啰唆，说话兜着圈子的。这种人要求你办事，也是含糊其词、吞吞吐吐的，说了半天也不知道说了什么。甚至设下一个又一个的圈套，让人云山雾罩，钻得不是地方——这就不如干脆来得直爽和道德。

写作既然是一种说话方式，或抒发自己的内心体验、感悟，或言说自己对人生、世事，对艺术的看法和主张，想说就说出来。相对而言，无论是形式还是内容，散文最显得干脆。散文不总是爱与小品连在一起，有短小精悍的说法？

散文家苇岸曾说：“从某种意义上讲，小说家和诗人是‘幕后’

作家，而散文作家则是‘前台’作家，直接裸露或表现自我和具有使命感。富于理想精神的作家，都会选择散文。”我想里面也有这个意思。因为在“前台”，在大庭广众、众目睽睽之下，就容不得忸怩作态，虚与委蛇，只能裸呈心灵，实话实说，凸现本来的人格、道义和责任感。

所以，人们要求散文非虚构性，要求真实。

人之初、童年、少年的经验往往会贯穿写作者整个的生存空间，调和成一种生命和艺术的晕圈辐射着。童年几乎就是故乡，故乡大都非常乡土，因此，乡土无一例外地成为散文作家们的宿命。这样就不难理解，许多散文家为什么总会对故乡，对大山、小河和村庄反复浅唱低吟了。一大批在农业文明中成长起来的人，能割断这根脐带吗？

有人说散文对故乡、对山水的痴迷是反动城市，我想也是。但我还是写过故乡，写过山水。散文是心灵缺憾者的艺术，生活在现代文明里而留恋乡土，怀念乡村——只要不虚伪和滥情，却是人们心灵缺憾时的一种精神的企冀，是艺术对心灵的一种补充。美国“垮掉的一代”之父凯鲁亚克写道：“我要把自己的生活变成一个牧场，在这个牧场上，我将生长自己的粮食。”即便置身于高度发达的现代文明的浪潮中，它们也需要乡土的表达。这里“牧场”和“粮食”可都是农业文明的词语。

当然，“水至清则无鱼”，脆就易碎。

可每当我抚摸“干脆”这个词语，如同抚摸刚出生的婴儿，总有种柔嫩、粉红色的感觉，虽然缺少饱经沧桑、皮肤打皱之感——

感觉沧桑是小说家的行径:它需要跌宕起伏的情节、纷纷攘攘的人物、一环紧扣一环的故事,然后还要一座语言的迷宫。它不能干脆,但语言可以干净,故事也不需要拖泥带水。诗歌或可“干脆”一些,一个思想、一个画面、一种意象和灵魂的亮度,但诗人们好像都不屑于这样。因此一首诗里出现几种无法拼接、圆融的意象,一大段一大段的煽情也是常有的事。

在诗人眼里,“干脆”就是一句大白话。

散文的干脆自然也不是要大白话。

“散文是把字句排成最好的次序,诗是把最好的字句排成最好的次序”(英国诗人柯勒律治语),这话极为干净,并且牵涉语言——字句的艺术。

维特根斯坦说:“语言,及思维之乡。”

散文究竟是语言的艺术。然而,思维才是语言的初衷。写作者自身的生命体验首先见之于感觉,语言让思维枝繁叶茂,丰腴饱满。极其有个性的思考与语言才能让散文变得有张力,神采飞扬。思索是水之骨、花之梗、风之劲力、电之雷鸣……附丽于人们身躯的华裳,因人的精、气、神才会漾出生命和艺术的高度和亮度。

如果长篇累牍,把历史资料的边边角角,用一己之得串成散文的千山万水,那只是诗意,甚至是片面地消解历史;如果叨唠叽叽着掌故和繁琐的考证,那也是学问家的事,散文的柴火身子背不动那几千年的书袋;如果用着晦涩的哲学之壳,坚硬地抵挡灵性的阅读,更是徒让上帝发笑的事情……散文不是历史和方志,不是哲学。

或说干脆不是艺术。干脆会使写作者拒绝思索的深度，使人懒惰。

但不能不说这也是一种选择。散文的“干脆”，不在乎内容和字数的长短，不关乎形式和题材，其中蕴含着的应该是写作者本身固有的一种饱含个性化的与自然、人生、艺术的对话。散文者对生活、对生命的一种独特的观察、体验、感悟，一旦与语言成为一种最为干脆、奇妙的结合，就像一束铁与铁的焊接之光，瞬间凝聚和透亮什么——干脆这时还会让散文的语言变得智性、有节奏和更为准确。

我喜欢这样干脆着的散文。

1999年11月17日，北京东城区和平里

塞罕坝之旅

心灵的草原

眼睛被水灵灵的、鲜美的绿草供养、呵护着，天空瓦蓝，高远旷古。一抹雪白的云彩像一条白色的纱巾飘荡，森林似乎伸长了脖子，含情脉脉，羞涩而静静地期待着什么，那是爱情的信物吧？一阵民歌调仿佛从大森林深处传来。森林草原的天啊，真蓝！蓝得呈现出一种遥远和辽阔。“塞罕坝！塞罕坝！”（蒙古族语：美丽坝上）我喃喃自语。站在这美丽的坝上四下张望，我发觉阳光将这种美丽渲染得异常金黄、明亮和平静。

“解放区的天，是明朗的天……”还依稀听到草原的心情和歌唱。

说这话不是调侃——在塞罕坝木兰宾馆，我觉得一位看车的老大爷就有那种解放区人民翻身得解放的心态。这位典型的蒙古族汉子，今年六十九岁，来塞罕坝已经六年了。他说他从来的那天起就不想走。他把一个女儿嫁到了一个城市。"今年,她还接我去住了几天。哎呀,那儿热得不行,俺就赶紧跑了回来,还是俺这儿好!"老大爷的脸色黑里透红,牙有些发黄。他说他在这儿看车子,每月三百块钱,倒不是这钱,他最害怕的就是车子:"嘿!那东西跑起来一溜烟,尘土飞扬的,把树都染得灰不溜秋的。车子一来,这儿就不安宁了!"

草原森林惺忪着眼睛,似乎也诧异地凝望这些怪兽。我岔开话题问:塞罕坝大吗?老大爷说,塞罕坝草原说大也不大,相当于中国版图的千万分之一。但要是扩大一千万倍,那中国可以说就成了一个草原中国、花园神州了。"哎呀呀,你们咋不把自己住的地方弄成这样?"我无言以对。

荫荫森林遮蔽着,森林草原的早晨看不到太阳。天空瓦蓝,一尘不染,阳光不知道从哪里来,如水一样清澈、凉爽。草原上生长的落叶松、云杉、白桦林和各种颜色的花草,散发着一种宁静得让人痴迷的草木气息和花香。草原上的鲜花袅娜开放,溅起一天的星星。树叶被潮湿沾得露出一层毛茸茸的白光,草丛上的露珠孩子气地眨着眼睛,一切都充满了青春的生机。忽地,我发觉草丛里有两个硕大、晶亮的蜘蛛网,那网丝均匀、细腻、平衡。蹲下身子,我透过蛛网,就看见那网生动得像是两幅壁画。只有森林里的蜘蛛才有这份悠闲和艺术,它似是森林王国里的一个隐士……但很快,我发觉三两只蝴蝶飞过来,扑在上面痉挛了几下,竟动弹不得了。高悬的蜘蛛网仿佛森林王国的雷达。

森林草原有它生存的自然法则。

而在这森林草原之外，那里自然的法则已使那里人们的情绪显得暧昧和焦虑。持续了一个星期的四十度高温，热浪正袭击着城市。阳光似乎要把那钢筋混凝土、金属、玻璃都熔化，人们挥汗如雨，地上青烟弥漫，大地如一只庞大的蒸笼……人类已被自身的生存环境弄得乌烟瘴气、焦头烂额。同行的老作家郭秋良先生告诉我们塞罕坝这个著名的木兰围场也有过它的不幸遭遇：清康熙、乾隆两代，这里是皇家的一个猎场，那时，皇帝几乎每年都要来此“木兰秋狩”，猎获鹿、虎、狍子、野鸡……可到了道光年间，这大片森林却因为国库的亏空被开围砍伐，到了慈禧年代，郁郁森林草原就变成了穷山荒滩。军阀混战、土匪啸聚……后来地表遭到了严重破坏，气候变得异常恶劣，夜间暴冷，白昼暴热，沙化与西伯利亚的狂风如铁木真、努尔哈赤的铁骑席卷而来……人们实在看不下去了，因此二十世纪六十年代，坝上人在这里扎下营盘，开始治理了。如今，这里九点四万公顷的森林草原，落叶松、黑松、白桦林形成了绿色的海洋，密密的森林草原不仅挡住了寒风，保持了水土，涵养了水源，还招回了马鹿、梅花鹿、狍子、土狲、野猪、野鸡……

我所下榻的房间，凑巧床头上有这样一幅画：蓝天、白云、金黄色的白桦树。一幅褐色木质镜框镶嵌着，一切都显得十分简洁和干净。有风从上面轻轻拂过。凝望着这幅画，我想起与老人的最后一番对话：

“这里有什么好？”

“天是蓝的呗！”

“蓝天？”

“嘿嘿！蓝天！”

晚上，我被老人的笑声感染得兀自激动起来。不由自主站起身子，慢慢踱到了窗口，此时草原如一个睡熟了的婴儿，月光轻轻地抚摸、摩挲……蓝莹莹的天空里，一只洁白的仙鹤从草原的湖边掠起，在蓝蓝的天空盘旋，飞翔、飞翔，森林草原丝丝缕缕地被羽化得异常地清新、沉静。我心里忽然一动：那洁白的仙鹤不正是我这被森林草原的美丽洁净、滤化的心吗？

马背上的草原

鹰是高山的灵魂，骆驼是沙漠中的方舟，那马就是草原上的精灵了。像在南方的田野看见耕牛一样，一到塞罕坝草原，我见到那些马便肃然起敬。心底莫名地产生一种亲切感，早已按捺不住的一颗乱蹦乱跳的心，便随着哒哒的马蹄声放逐在草原上了。

那是一匹白色的高头大马，肚皮浑圆，毛色油亮，手摸上去有种奇异的柔软的感觉。几乎没有讨价还价，我就毫不犹豫地从主人手中要过缰绳，娴熟地翻上了马背。哟嗬嗬！我感觉两耳生风，草原呼啸着逶迤而来，又奔驰而去。心灵一种积淀了很久的东西，在草原上渐渐剥落、散尽……马如闪电，灵魂像风，我似一个追风少年。塞罕坝草原也在面前变得迷离、宽广、遥远和朦胧……

有马的草原一定水草肥美，鲜花丛生。

马蹄美丽地轻轻叩踏着草原。霎时，我仿佛看到草原上龙旗猎猎，辇车浩荡，万马奔涌……康熙、乾隆皇帝在皇亲国戚、王公大臣的簇拥下，突然策马而来，硕大的箭弓弯成一方满月……马蹄嘚嘚处，绿草翻飞，鲜花凄迷，一只矫健的长颈鹿在围观中惊慌失措，时而奔跑，时而恐惧地哀鸣。身后，一只长长的箭矢横空而来，一道红光，呦呦鹿鸣……那哀怜的双眼在历史中定格成一幅永远的狩猎图。

这不是我的想象——是历史。据说清代的塞罕坝，河流蜿蜒，青草葳蕤，森林蓊郁，禽兽麇集。民谚就有“棒打狍子瓢舀鱼，野鸡飞到饭锅里”的说法。自从清顺治年间将这里圈成皇家的木兰围场，这里就成了帝王的乐园。在深宫红墙里待久了的皇帝们，一方面在这里进行秋狩之典，借以活泛手脚，猎些野味；另一方面“肄武绥藩”——拉拢、征服少数民族。朝代更迭，时序变迁，康熙、雍正、乾隆、嘉庆……皇帝们每年都要到这里巡狩，王公大臣、将军、八旗兵及少数民族的头头脑脑也总是紧随其后，龙旗飘扬，辉映着一支浩浩荡荡的狩猎大军，千军万马，纵骑驰骋，射杀取乐……

一切都随着京都圆明园的那场大火江河日下、烟消云散了。远逝了一个朝代。皇家禁地终于成为平民的草原。现在在我面前，树木、草原已不是清时模样；皇骑奔突追杀鹿、野鸡、野猪也成为遥远的传说。在我的胯下，这马也不再清代——远处，主人长长的一声呼哨，它就停下来了，耷拉着脑袋，转悠到了主人的身边。

“这马能跑吗？”我问。

“能跑。”主人回答道。

“能跑，为什么不让它跑？”

“可以跑。”主人嗡嘤着声音。

“……”立即，我明白了他的意思，赶紧掏出十块钱。他将钱塞进口袋里。胡乱地叱喝了一声，马果然又在草原上撒开了蹄子。

谁将一方黄黄的手帕遗落在草原上？那金黄的颜色在无漾无涯的绿色海洋里金黄欲滴，灿烂如霞，似乎是一股熊熊燃烧着的黄色火焰。我驰马奔跑了一会儿，又停了下来，我随它转悠着，映入眼帘的是一大片油菜花。菜花散散漫漫生长在草原上，白的、黑的以及黄色的蝴蝶在花丛中翩翩起舞、嘤嘤歌唱，周遭弥漫着沁人肺腑的花香。三三两两的，一些人站在那里照相，还有人大把大把地摘着油菜花。突然，我听到一阵争吵声——原来一群外地游客，只当这是草原上的别样花朵，正兴致勃勃地掐花，织成花环戴上头顶呢……

愚昧和无知总使人变得贪婪。如果说，当年人们盲目地开垦造成草原沙漠化，人类由于付出了惨痛的教训和血的代价，而意识到并着手退垦、植树、还草尚有希望的话，那么看来心灵沙漠化的改造却不那么容易了——真正的草原，天经地义生存的就是草原民族，草原应充满着强悍和飘逸……天穹似盖，马蹄哒哒。可是眼前，那被马背轻轻托起的草原，已在我们的心灵悄悄流逝了，“昔日雄风今何在？”我忽然觉得我的行径与摘花的人们也没什么两样……顿时，我兴味索然。

我把马交还给了主人，满腹苍茫。

1999 年 11 月 21 日，北京东城区和平里

话说“苗大鼓”

——苗培时印象

有人会写，不一定会说；有人会说，却不一定会写。苗培时却既会写，又能说，且说说写写就是一辈子。这一写，便写出了一百多种书，一说就说出了个高山打鼓——早年延安时，他说了一段西河大鼓，坐在台下的毛泽东也情不自禁地为他鼓起掌，要他研究民间大众文学，他听了，也做到了。绰号“苗大鼓”，一晃就这样咚咚地敲了八十三年。至今，他仍然红光满面、神清气爽、脚板硬朗。他说他要活到一百五十岁。他说得一脸的虔诚和认真，使人不得不相信。

“话比以前少了。”朋友私下说。这以前是指五年前，那时候，朋友们张罗着要为他开个“从事大众文学六十周年座谈会”，却被他推迟了。那时他的嗓门特大，话说得滔滔不绝。他说他要出一套十卷本的《苗培时系列文选》。可出这书不比以前，操持了几年——座谈会还是开了，他很激动。他说他写作是“尽最大的努力，使之通俗易懂，言简意赅，让认识字的看得懂，不认识字的听得懂”。他走的是“下里巴人和者众”的道路，他要走到底。大家鼓掌，送了束鲜花给他，他对那鲜花非常感兴趣，捧在手里笑容可掬的，活像个老顽童。

“老顽童”资历真的很老。他参加过著名的“一二·九”爱国运动，当过著名爱国人士李公朴先生的秘书、战地记者等，与荣高棠、吕班、张可四人时称“延安四大鼓”，宣传抗日，鼓舞士气，声名斐然于红色革命根据地。说说唱唱的，不想就成了他一生的饭碗。后来，他和老舍、赵树理一起创办过《说说唱唱》，编过连环画、说过书、创办过报社和出版社。战争年代，写书没有稿费，人家奖赏了一千个鸡蛋，他就将鸡蛋送到伙房里，用来改善伙伴们的生活。后来编书，书也卖得很便宜，一个鸡蛋的钱就能换到一本，叫“鸡蛋书”。现在人们耳熟能详的《白蛇传》《董存瑞舍身炸碉堡》就出自他的笔下。他还对中国历史上的两个女人发生过兴趣：一是赛金花，年轻时他还见过她，他说那女人不能简单地以淫妓论之。赛金花死后，他写了一副挽联：“一代名花今已矣，适逢八国入侵，生灵涂炭，她做点些许好事，何曾色相牺牲？有朋说功，有友说罪，骂她投敌卖国，放跑军机尚书，岂不冤哉！千年枯草非了也，望眼京华厄运，百官浩劫。她贡献半丝良心，落得穷愁病死！无家可归，无亲可投，恨其清白难保，赞歌亲王慈圣，能说平乎？”说的就是他的见解。另一位是慈禧，因着某个女人的女皇梦，他逢人就说出她的不光彩，后来渐渐演绎成一部长篇小说，连载于《北京晚报》，一时竟名噪京华，出现了报社门前排长队，街头巷尾说“慈禧”的场面。

“看着天空一群飞鸽，慢慢地飞着，静静地飞着，自由无碍地飞着……一直飞到海阔天空的辽远境界——飞到太阳出来的地方。”这首歌是他的处女作。那时他才十八岁，由十八而八十，他是“飞”到了太阳出来的时候。可他的老朋友，生死之交的赵树理却“让死夺去了幸福”，闻知赵树理含冤死去的音讯，他郁闷交加，号啕大哭，心绪久久难平，总觉得欠了朋友一笔债。因此，在赵树理九十周年诞辰之际，他跑到故乡京郊的房山选了一方上好的碑石，亲自撰写碑文。自个儿雇一辆大卡车，千里迢迢从北京赶到山西沁水县尉迟村，将石碑恭恭敬敬安放在故友的墓前……

“我是煤，我要燃烧！”这是煤矿诗人的名言。他说他自二十世纪五十年代心甘情愿地来到煤矿，就再没想过离开这块黑土地。如果说，他写《甲午雄魂》《蒋介石传》，是在警示人们要牢记历史、勿忘国耻的话，那么，隔三岔五地深入煤矿，与矿工们同吃、同住、同劳动，他又感受到一块通红的煤炭在他的心中熊熊燃烧着，使他创作的欲望欲罢不能。他创作过长篇小说《深仇记》《矿工起义》以及《节振国刀劈鬼子兵》，并与萧军、康濯两位著名作家一起被称为“煤矿文学的奠基人”。生在黄土地是一束干草，长在黑土地是一块煤炭。他来自民间，他是一位扎根于祖国传统文化艺术土壤里的民间文学家。他的语言叙事因此也使人“处处可以感受到民间文化资源给予他的滋养”（陈建功语）。

我见他好像总是戴一顶蓝色的工人帽，身穿中山服，脚踏平底布鞋。平民意识，布衣作家，大概就是他永远的本色了。他身体很强壮，他老伴说，他不怎么生病，要是有个头疼脑热的，他自己就能开药方，自己抓药，一吃就见效。只要哪儿有书市，他跑得比谁都快。“书堆得家里都放不下了！”老伴抱怨了他一回，他立即抬起脚，就揭起老伴的短来：“嘿！为了开这会，老伴为我买了一双新皮鞋哩!”逗得大家都乐了。乐呵呵的,亲朋好友便开始说起来——说的是“苗大鼓”。

1999 年 11 月 23 日,北京东城区和平里

我看一九九九年散文

看一九九九年散文，给一年的散文排行作“总结账”，这就类似于理发店里一个小伙计的行径——钱锺书在《围城》里有一个幽默：说是有位生了脱发病的人去理发，理发师说不用剪了，过不了几天，你的头发就会自己掉的。不好拿这话来虚妄地比喻时下的散文创作。但既然是小伙计，因而缺乏“理发大师”们那似地质学们家勘探地下矿藏的明眼和判断力，我想实在难免。

“当窗理云鬓，对镜贴花黄。”实际上一九九九年适逢五十周年国庆大典，又遇千禧之年——千载难逢，差不多成了文学上的一个“编选年”，散文自然也不例外。一时间，各种散文选本蜂拥而出，有的还被冠以“经典”的字样，我看到的就不下十种，可谓繁荣之盛况空前。时间不是脱弓而出的箭，只停留在一只靶的终点，此世纪的月亮与彼世纪的月亮，我想也没什么异样，可站在世纪之交的门槛上，选家们还是梳理出了满头的喜悦和得意。相对而言，散文家们聚在一起，对于世纪散文走向的研讨却显得忧心忡忡。人们抱怨散文创作出现了“泡沫”，缺乏震撼力，缺少心灵生活和散文精神，切实面临着一个由文字走向体验的问题。值得高兴的是，今年几个散文会议，许多观点已由以前的众说纷纭开始趋于一致。那就是，散文是极具个性化的，重要的是散文品格、散文的自由精神，同时，由于新世纪高新科技、知识经济时代的到来，散文必须强调和更加要贴近时代、贴近生活。这样，散文才会具有强大的生命力，产生真正“大气”的、具有经典意义的作品来。

就像人们害怕脱发一样，人类自身的生存环境今年似乎也得到了格外关注。继一九九七年在我国的海滨城市威海召开首届研讨会后，第二届“人与自然——环境文学”国际研讨会今年又在新加坡举行。还有一位从事环保、生态方面创作的作家还沿着黄河跑了两个多月，发出了“救救黄河”的呼声，他说：“己所不欲，勿施于人；人所不欲，也勿施于自然。人和黄河、人和自然，也应该亲切一点、和谐一点。”黄河只有一条，地球只有一个，实在，作为地球上的居民，我们谁能脱离自己赖以生存的自然环境呢？对自然环境的关注，正是富有忧患意识的散文作家们的理念之一。因此，“关心人类环保，保护和改善人类生存环境”的散文笔会，在塞罕坝森林草原举办也具有相当的意义。散文作家们对自然、对生态环境的密切关注，其实就是人类对自身未来生活的心存感念。凑巧的是，开会的那几天，持续了几天的摄氏四十度的高温天气正袭击着我们的城市，置身塞罕坝的清凉世界，躲避了一段炎热，也确让我们感受到保护生存环境与构筑我们的精神家园是何等同样重要。

散文创作由于一种职业化倾向的努力，仿佛形成了一个

"场"。但稍稍搜罗一下当下的图书市场,就会发觉,除了一些职业散文作家的著作外,非职业散文作家作品日益凸现出它们的艺术价值。如最近出版的桥梁专家茅以升的《彼此的接触》,气象学家竺可桢的《看云卷云舒》,地质学家李四光的《穿过地平线》,建筑学家梁思成的《凝动的音乐》,哲学家如张世英教授的《北窗呓语》,叶秀山教授的《愉快的思》,刘小枫的《这一代人的怕与爱》,经济学家们如汪丁丁的《回家的路》,于光远的《细语闲花》,吴敬琏的《何处寻找大智慧》,葛剑雄教授的《看得见的沧桑》《往事与近事》,唐振常的《川上集》,葛兆光的《作壁上观》《考般木在涧》,画家、电影表演艺术家们如黄苗子的《种瓜得豆》,吴冠中的《沧桑入画》《吴冠中散文》,赵丹的《赵丹散文》等,这些散文由于其知识性和特殊的学科、艺术的人生体验而受到读者的青睐。有人戏谑"美丽来自'不务正业'",说此类散文是"一道高信息的营养大菜",为散文带来了美誉和勃勃生机。其实说他们"客串"是不对的,美丽不应该仅仅来自"务正业"的人们。因为散文从来就是心灵缺憾者的艺术,并非某种职业,他们对散文的介入正表明散文这种文体的巨大诱惑力。散文必须有科学家的知性、艺术家的感性、哲学家的思性,它是一种心情,一种人生最深沉的感悟和体验。如此不独享,便有大块好文章。

散文不是婆婆妈妈爆炒的一道菜肴。散文需要知识,但史料的边边角角织不成散文的千山万水;散文需要思考,但纯粹的形而上使人感到云山雾罩,丧失了散文本来的性情。黑格尔说:"存在的就是合理的。"散文的存在,是散文本身具有的文体责任感和艺术资质所决定的。

我看一九九九年的散文，滞后的还是散文批评。我尽管不能说出些什么，但独守在一片清纯的散文天地，风檐展读，独看散文到天亮，这种滋味也挺滋润的。

1999年11月26日，北京东城区和平里

工业的声音

让人耽于怀想的大都是自然界的声音。小溪潺潺，松涛阵阵，鸟鸣啁啾……而现实中，特别是工业文明所带来的种种汽车、机器隆隆的轰鸣声，总使人在那飞扬浮嚣的尘烟中，感到嘈杂之至，头疼欲裂。但在一个夜晚，在地处乡村旷野的新集，我却例外了——寂静的春夜，田野里的咕咕蛙鸣也许会像春水一样漫漶，但我仿佛听不到了。我听到的是一阵巨大的、错综复杂的机器的吼叫。这种真正的从土地深处冒出来且有无限穿透力的声音，像是一粒粒春天的种子在我心田里播种、复活、发芽和茁壮成长，我感受到灵魂的震撼、呼叫和奔腾……

在祖国雄鸡般精神着的版图上——新集，甚至连一根鸡的绒毛也不是。八公山下，淮河之滨，五千年的大地，五千年的历史一直静静卧躺。当然，与中国大多数乡村一样，这儿也有过一个美丽的传说，说是远古的时候曾有一只凤凰栖落在这儿。凤凰不见了，却留下了一个好听的名字——凤凰台。“古代的罗盘/现代的坐标/聚集成一点/占卜风水的术士/勘探煤田的专家/都选中了这里/于是/井筒像一把钥匙/开启了紧锁的墓门……”一位参与这块土地开发的青年诗人这样写道。是的,是一群不速之客打开了墓门,但他们的“盗宝”,绝对不是盗取那令人垂涎的金银财宝,而是与苦难的普罗米修斯一样,盗取温暖人间的天火——煤!风水罗盘与勘探机械、荒诞与现实、传说与神奇就这样巧妙地联系在一起了。其实,当具有传奇色彩的刘明善——新集煤矿的那只领头的“凤凰”,高大坚实的身躯第一次伫立在这里时,他的眼睛神奇地亮了一下,就毫不犹豫地跨上了这只火凤凰——真的应了“凤凰不落无宝之地”那句民谚?

沧海桑田,说是经过了亿万个年轮,而这里桑田变成煤海仅仅用了三个春秋。数字有时候是枯燥的,在这奔涌的煤海中,数字却十分生动,它发出了中国煤炭工业史上令人唏嘘不已、至为洪亮的声音:八百人干出了一千人的活,四年完成了十一年的工作量,一秒钟创造出了二十五块钱的经济效益……

当人们怀着诧异的心情,眼看着当年的荒田上很快就矗立了一座座煤矿,变成了厂房,变成了整齐的街道和楼群,目睹着这儿咕嘟嘟地从地底下冒出,一车一车黑龙般地运向大江南北的煤炭——源源不断的乌金温暖无数心灵的时候,人们当然会认为这是一种奇迹。但我感到,这块土地发生的最为本质的变化,是新集人随着火凤凰啪啪地掠翅,改变了这块土地上最为原始和古老的声音:青禾的田野,青蛙还会咕咕地鸣叫;金色的太阳里,小鸟也还会叽叽歌唱;清亮亮的河水依然会哗哗流淌。但另一种更为长久的、呼呼啦啦不停转动的采煤的机器声,嘭嘭哗哗的放顶煤的撞击声,从此便成为寂静的乡村夜晚伴随他们的最为深沉的催眠曲了。曾有孤寂、悠闲、守土安贫的谛听，随之被工业的巨大喉咙丝丝咀嚼、反刍、唾弃。就是现在，即便在这样的春夜，我躺在床上还能想象得出来，祖祖辈辈、世世代代生活在这里的乡民，在第一天早晨陡然听到这些庞大的声音的神态：新鲜、突然、不适应、寝食不安……他们一定是用惊奇和怀疑的眼光打量，然后又无可奈何地接受，这声音是那么不可阻挡，永无遏止地回响！而面前，食品也一天天丰富多彩，人一天天多起来，且脚步扑踏，来去匆匆。“咦！土地还是这样的土地，浑身怎么就会被搅得热血沸腾呢？”他们适应这种声音的结果，就是心眼活泛起来。在这种声音的诱惑下，很快“新集人”就豪迈地嘹亮在他们的嘴边。他们就开始试图用这种声音接触天南海北的人，在一些钦佩的眼光里，变得更加豪放、有力和自信……

“人类的事物次序是这样的，首先是森林，接着是茅屋，再接下去就是村庄和城市，最后是学院。”有个叫维科的洋人曾这样告诉我们。我们很多人已不习惯在闹市里倾听机器声了，但人类秩序的确不可以颠覆。此时我不知道，新集这块土地上产生的工业声音将意味着什么。但有一点是可以肯定的，那即如斯宾格勒的“一个文化的每个青春期事实上就是一种新的城市类型和市民精神的青春时期”。工业的声音，无疑是喂养一个民族必不可少的音乐和乳汁。我发觉在新集，在这样的乡村田园，这声音除了游移着一种现代化气息之外，它从广袤无垠的乡村尖锐地传到远方，竟显得异常地悦耳和嘹亮，绝对充满着青春期的风华正茂、蓬勃向上的生命力。这种发自大地深处的轰鸣，还使人感到，哪怕它最终会疏离乡村，融入都市更为巨大的工业浪潮里，但时间不管走到多远，它都不会湮没——我就从心里喜欢这种声音了。在这样的春夜，我相信并愿意这声音更加持久和永远。

1999 年 12 月 2 日，北京东城区和平里

兔子，跑吧！

——说说庆邦

1. 中原大地出了个作家刘庆邦。想说说庆邦——事情拖得很久了。说说庆邦，说吧！中原大地那一块美丽富饶的土壤，那儿流淌着滔滔黄河，无边无垠的大平原滚涌着金色的麦浪，还有村庄和池塘……那是我们民族生存的摇篮啊！现在，庆邦就喝着母亲河的河水，在那个摇篮里长大了——男性，姓刘，一九五一年生。

2. “那里的父老乡亲，河流、田陌，秋天飘飞的芦花和冬季压倒一切的大雪都像血液一样，在我记忆的血管里流淌。只要感到血液的流动，就记起了那块生我养我的土地。”多少年后，庆邦动情地说起过故乡。而那块黄土地，给他童年涂抹的却是一层灰色。他九岁丧父，由于父亲在冯玉祥部下做过旧军官，因而在“阶级斗争天天讲”的年代里，他刚一懂事，就觉察到了他和母亲以及全家人的脖子上，似乎都套了一根无形的缰绳。拿他的话来说：“社会因此给了我不少的‘优待’，使我们在人前抬不起头来。”是贤惠善良的母亲以女人特有的韧性和无可比拟的吃苦精神，用大平原上的野菜、树皮和杂粮把他哺育成人。文学大师高尔基曾说他苦难的童年是他终生的大学，也使他产生对文学至尊至贵追求的源泉和动力。作家难道都得有个泪水洗心的童年？

3. 庆邦只读到初中二年级。但庆邦写出过一篇《生命的缰绳》。庆邦写这个肯定与童年无关。庆邦说："人类的生命的缰绳是无形的，它往往是一项事业，这项事业就好比是一条缰绳。它通向生命，联结生命，引导生命，并紧紧地拴住生命……"他还说："而自我约束地甚至带点自虐地给自己的生命拴上缰绳，恐怕不是每个人都能做到的。"但我说的不是这个。我是在说，或者是在寻找"缰绳"作为一个词语进入、侵袭、沉淀在庆邦的内心，会意味着什么。大多数的人都让生命信马由缰，说来心里堪凉。

4. 庆邦个头不高，是那种天塌下来，有大个子顶着的小个。无妨。他的眼睛细眯眯的，不大，却炯炯有神。说话和颜悦色、轻言细语的。我开始和他接触时，感觉他有点儿"小妇人态"、女人气。但我显然是弄错了。王安忆说，女读者以为他是个有着男孩子气的作家。孩子气，这多少也是个透着母性意味的词吧？女人的心看来是要比男人细腻、准确。庆邦的孩子气该是他那没有泯灭的童心。据说，这对作家至关重要。

5. 庆邦很能喝酒。二锅头、古井贡、口子、茅台……劣的优的一概来者不拒，半斤八两的没问题。当然，喝酒必是朋友聚会的时候，有人说他醉过。我想他沾酒可能是因为他下井挖过煤的缘故。庆邦初中没毕业便回乡当农民，一九七〇年新密煤矿来到他的故乡招工，他被意外地选上了。那年他十九岁，煤矿给了他一个改变命运的契机，也给了他一个学会喝酒的机会。在井下挖煤的人若不会喝酒，就是“非我族类”，庆邦天生或者锻炼得酒风很正。

6. 谁能像他那样持续长久地写出那么多出色的短篇小说呢？（大意）这话是安忆说的。运气还行，庆邦说。由农村走向煤矿，庆邦说他最大的收获就是享受到了自由恋爱。于是他壮着胆子，开始给一位女工写赞美诗，写类似求爱的信。从大平原来到矿区，面前的一切自然非常新鲜、好玩，阳光灿烂，心灵活泼。他就和一个姑娘满山满野地跑，然后在宁静的夜晚，把白天的所见所感用短句记下，读给小姑娘听。姑娘赞美他两句，他就有点得意。可很快，人家不得意了，批判他是“小资产阶级世界观的大暴露”。这一批，他反而更加得意自己在写作方面的才华，干脆就偷偷写起小说来。他的第一篇小说写的是一位老女工，如何废物利用，勤俭节约，别人瞧不起她，她心里虽然痛苦，但干起事来还像以前一样勤快。小说写好了，无处可投，他便塞进一个用炸药箱子改成的装杂物的破箱子里。一九七八年，全国人都写起了小说，他突然想起了自己的那篇，改巴改巴地抄清投寄到《郑州文艺》，不想竟发了个头条——那姑娘后来成了他的妻子。庆邦写了许多关于女性的小说，那些女性的身上总辐射着一种美好的光晕。庆邦说，这差不多就有他妻子的影子，或者映照着他妻子纯真的心灵之光。他的妻子现在也在一家杂志社上班，生有一儿一女。他写小说，妻子自然成为他的第一读者。夫唱妻和，其乐融融。

7. 庆邦语录：“好的作家不在于他懂得人间多少欢乐，而在于他深刻地懂得人生的痛苦和悲凉，他广泛地心疼怜爱自己的同类，时不时想为人类痛哭，也为自己痛哭。他在心里哭过一百回了，因此他在日常生活中比谁都沉静，都善良。”——这话说来容易，却不容易做到。比如中国的足球，常常是经历了一番大喜或者大悲，雄壮或者凄凉……曲散人尽，绿茵场也陷入了死一般的沉静，可很快却又卷到那尘土飞扬的浮躁当中去了。可见沉静有定数，不然就是寂灭。庆邦的朋友说：“再看看他那内秀沉静的性情，那脸庞上刻镂的风霜的印痕，你会觉得他是条历经磨难和沧桑的汉子，那一脸的斯文是历经苦辛之后的沉静。”沉静，是一种大喜大悲过后的大彻大悟。否则，就什么也不是了。

8. 据说庆邦为儿子很丑地哭过一回。“很英俊的小伙子，长得比我还高，可惜不爱学习。”庆邦每写出篇好小说来，自己就先自得意；说到儿子，常常也是满脸自得。可是当有一次，他听说儿子一门功课只考了五十九分时，他竟当着儿子的面哭起来了，哭完之后，他说他舒服多了。儿子在旁边问他：“爸爸，你怎么啦？”——儿子现在当然也不该淘了。有一次儿子负伤住进了医院，他竟天天守在儿子的病床前。“儿孙自有儿孙福嘛！没准以后过得比自己要好得多。”他竟想通了。有时要是儿子一个人在家，他自己又有饭局，他准得将吃剩下的菜什么的，打包带回家给儿子，儿子好像挺喜欢吃排骨肉的。

9. 庆邦写了多少篇小说？长篇有《断层》《高高的河堤》《落英》；其余都是中短篇，结集的有《走窑汉》《心疼初恋》《刘庆邦小说选》，几百万字吧？……人性的美、灵魂的美、善良的美、悲剧的美，庆邦小说的基调总是或淡淡或凄凉地美着，总溅射出一束美的心绪和光芒。远年旧事、近时人物，只要它们悄悄地钻进了他的小说，他就给它们赋予一种艺术的信念。另外“复仇”好像也是他小说里经常出现的、经久不衰的一个主题。我想，要是有细心的人，搜罗他小说里复仇者的各种潜意识、手段、方法，特别是分析那些复仇者的动机和目的，挺有意思的，说不定对改造“丑陋的中国人”也大有好处。

10. 庆邦语录：“老老实实地做人，老老实实地写作。”

11. 庆邦称自己一直是个业余作者，白天通常都是待在报社里。其实不仅是“待”，那时他还是报社副刊部的一个小头目呢！因此，他每天都要准时地上下班，甚至第一个早早地赶到单位，干些拖地打水的活。有时他思想一开“小差”，就找个借口在家里待上半天一天的。但这时“小差”往往开得更厉害了，不是想班上是不是有什么事情，就是想着版面会不会出问题……他觉得，挣着国家的一份工资，自己躲在家里写小说，总不那么光明正大。因此，平时在单位，只要一听到有人喊他“作家”，他就大姑娘似的脸红红的，很不好意思，坐在桌子上支棱会儿。人家问：“庆邦又在构思什么大作？”他更是一脸的尴尬：“是，不是……”这上班的结果就是编稿子也编出了瘾，读到一篇好稿子就激动得不行，又是发表，又是推荐，晚上还把这稿子带回家，让妻子、女儿一起欣赏：“看，人家写得多好呀！”在副刊的几年，他编发了几百万字的作品，也和作者们建立了一种割舍不断的友谊。作者找上门来，他必定会客气地陪着说话，或是从家里拿来一瓶酒，说：“喝呀，兄弟。”

12. 秋天和妻子去了一趟田野——他们沿着田埂往里走，刚进稻田，那浓郁的稻香就把他们包围住了。他似乎看见，香味如吐雾一样，随着上升的地气在稻田上方蒸腾、弥漫，只要他呼吸着，香味就一直扑进他的肺腑里，渗进他的血管里，唤起他保留在记忆里的某种香味，唤起那流逝的年华，让他有点儿走神，禁不住叹一口气……从田野里归来，他浑身有说不出的轻松，心里温爱无边。路边有一丛野花，他掐了几朵，攒成一束，别在妻子发卷的卡子上，一朵粉红，一朵大红，一朵绒红，还有一朵蜡白，然后对妻子说："你真像个新娘子！"妻子羞涩地笑了。（根据《秋天的田野》改编）除了爬山、郊游，庆邦还喜欢冷水浴，喜欢跳舞，喜欢吃砂锅肥肠。"长亭外，古道边……"他喜欢歪着脑袋唱这歌。

13. 这样，他的写作时间就梳理得比较清楚了。他的办法是早睡。下班回到家里，由于一天工作的劳累，他电视也懒得看，于是就上床睡觉去。早睡，这样他就可以早起了。因此几年如一日，他的小说都是早上四点起床写一点，逢上星期天躲进办公室写一点，节假日突击写一点写出来的。因为这"三点式"，久而久之养成的习惯是，如果给他一整块的写作时间，他反而别扭，写了一段时间就要停下来，到太阳地里、绿草丛里踢踢脚、伸伸腰，转悠转悠，或是做些别的什么事情，然后回到房间里才可以写小说。"玩命地写东西没意思，得细水长流呢！"说完，他背起小挎包，关灯，锁门，走下楼梯。

14. 曾流行一个时代的那种褪色的军用小挎包，小挎包在他身上总是愉快地蹦跳着，好像里面也从来没装得鼓鼓囊囊。装着什么呢？朋友私下总会猜想着。在一次创作笔会上，他讲起了小说创作。他的想法挺古怪的。他说他发觉"稿"字的另一种解释是"谷类植物的茎"，他说这种解释好，让写稿的人觉得很轻松。这回扯上的庄稼是"种子"了。他说好的短篇小说就是由一粒好的种子派生出来的，短篇小说的种子是有可能生长成一篇短篇小说的根本因素。这好比农民种瓜，有土地，有肥料，季节也正当时，但要是没有了种子，一切都是白搭。种子的潜质决定了小说的发展前途。一提种子，他心里就感受到饱满、圆润、孕育、希望和生机，种子是多么美妙的东西啊！哈哈！他的小挎包里装的就是小说的“种子”。

15. 庆邦老实地承认了一回：从煤矿到北京这一步棋他是走对了，这步棋对他的创作很有好处。从农村到煤矿，他可以回过头来看农村；从煤矿到北京，他又可以回过头来看看煤矿。汪曾祺说小说就是一种回忆，只有离开那地方才能形成回忆和艺术构思。在京都，他还可以和全国，甚至和全世界对话。实在，庆邦出道时，即与刘恒、刘震云有“北京三刘”的说法，如果不在北京，也许会有其他说法，但肯定不是“三刘”。当然，这不是最主要的，主要的是：“在此之前，我只知道农民的负重能力和生命力的强大。到了煤矿才有机会看到另一层天地。”这层天地叫庆邦身心和灵魂都受到了震撼。因而，得知平顶山煤矿发生重大瓦斯爆炸时，他背着那个小挎包就奔赴现场，发出了《生命悲悯》的呐喊；听说一些地方煤矿职工生活陷入了贫困的境地，他顾不得寒冷，跑到八百里秦川访问了二十多户煤矿人家，在报纸上发出吼声：兄弟姐妹别趴下！这些，肯定与小说无关，但与心灵、责任大有关系。

16. 一九八五年，也是从煤矿走出去的著名作家陈建功，看了庆邦的小说《打围》后，曾和他开玩笑说：“你呀，可以吃文学这碗饭了。”那时候庆邦在《煤矿工人》和《中国煤炭报》已经有六年之久的编辑生涯了。

17. 庆邦可能说过，一旦开始写作，他就像急于下蛋的母鸡找到了窝一样，显得踏实多了。

18. 偶尔来一段忆苦思甜。有一次他对读中学的女儿说了他中学时代的事：母亲和弟弟、姐姐、妹妹们节衣缩食地供养他读书。秋季的一个星期天，他要往学校背粮食，但家里一点儿都没有了。地里的庄稼还没有成熟，母亲东借西借的又借不到。望着天一点点地黑下去，他失望极了，闷闷不乐地到了学校。在学校里，头天晚上没有吃，第二天早上也饿着，天下着小雨，他感觉到身上直发冷。课间休息时，同学们一窝蜂跑出去玩耍，他就傻坐在教室里。这时有一个同学告诉他，说外面有人找他，他出去一看，是妹妹。妹妹靠在一棵树上，一见到他，就胆怯地从湿衣服里掏出了一个黑毛巾包。你猜，那是什么？是红薯！还没长大的红薯！热红薯！妹妹说，这是母亲从自留地里扒的。他饿急了，抓到手里就吃，又干又面的红薯，差点儿噎死他。事后他才知道，妹妹为了送红薯，跑了几里路，在雨里淋了几个小时。“明天再想想办法！”多少年后，庆邦还记得回校的那天晚上，母亲追在他身后说的话。他还想到，妹妹当时也是正当上学的年龄。

19. 没有电视的日子里，庆邦就要妻子大平讲故事，然后表扬了一回大平：“你讲的故事很好，我都‘看’见了，比电视好看。”

20. 命该享受。庆邦说。他说的“命该享受”是指精神上的，进一步说是指读好书。庆邦说每读一回好书，就让他的灵魂放飞一次。文字的美、意会的美、深远的美，使他的生命受到一次异乎寻常的洗礼。读书韵味长，但他又认为：能享受好书是一个人的命，是天性使然，勉强不得。

21. 我想,该是某个秋天的黄昏吧,庆邦吃过饭,突然对妻子说:“我要是不写点小说,活着就没有什么意思了。”——应该交代一下他的妻子了,妻子姚卫平,笔名大平。大平吃了一惊,说:“你有家,又办报纸,有许多事情可干,怎么能说不写小说活着就没有意思了呢?”庆邦大窘,觉得一时难以对妻子说清。后来想了想,他写了篇《心灵的景观》发表在《中国妇女报》上。他想把话说个明白。即便是优秀的小说家,可见夫妻间要想理解、沟通、和谐也要动一番心思,外人就不必说了。庆邦写孙少山印象记,说少山见人写他是“老实人”,心中便窃笑,庆邦亦笑。弄文学的人本不是一眼就能看透的,另一个作家朋友说。

22. 这话还是王安忆说的:“他没有什么野心,他很甘于平凡地将他的‘小世界’垒好,燕子衔泥似的,一口又一口,他是一个过日子很仔细的人。”请大家注意一下庆邦的“小世界”吧,那里很平凡,却也很灿烂、很辉煌。

23. 美国一位小说家写过一部小说《兔子,跑吧》,现在我囫囵吞枣,把这话送给庆邦。我说:跑吧,兔子!

24. 庆邦属兔。

1999 年 12 月 3 日,北京东城区和平里

写给二〇〇〇年

早年很是羡慕能写“元旦抒怀”“新年寄语”的人，总觉得那是一群心存高远、胸怀韬略的人。往往在那时候，我就抄上一部长篇小说在假日看完——不知道这是什么心理作祟。但好处也是有的，林语堂的《京华烟云》、德莱塞的《美国的悲剧》、哈代的《德伯家的苔丝》就是那样看完的。转眼自己就是三十过五，直奔四十岁的人了，读那些长篇此时却全然没有了兴趣，剩下的只是盯着二〇〇〇年的数字发呆。

就觉得二〇〇〇的数字像是一只鸭子游凫在波光粼粼的水面上，那零拖着，给人一种生命的无穷无尽之感。二〇〇〇的数字太大、太老又太古，那零就像是一串长长的省略号，在速度上也似乎慢了一个节拍，不像一九几几年累加起来是那么快。当然，这是毫无根据的错觉。二〇〇〇年较为实用的好处是人们利用现在的年龄，再加上出生年，就是它了。对于数学学得不好的人，极其简便，省去了许多的累赘。由此看来，简便就是二〇〇〇年的生存法则：出门以车代步，进门以电视和因特网周游列国……

前些天在晚报上还读到一篇文章，说是纸书也要被网络代替；电视上另有一则广告：某个人蹲在一个荒岛上，手持一个黑匣子就如同生活在人群之间，生活的节奏自然是慢不下来了。现在的旅游也早就有了这种征兆：这个景点停车三分钟，那个景点停车五分钟，像是赶鸭子下河似的。说得再危言耸听一点，恐怕要跨进二○○○年的人们，忙得喘气都会像那“二”字后面的“○”，冒鱼泡泡一般。

对于二十世纪六十年代出生的人，二○○○年大都意味着人生过半，如日半空，月满半墙，如花半开，半掩柴扉，如酒半醉……人生一半正好。这正好的魅力就在于如同小男人偷情，舔了佳人闺房的窗纸，那纸欲湿未湿、欲破未破的。看窗内是花容月貌，闭月羞花；站在窗外的是情天恨海，欲火中烧，如猫爪子挠心。这“正好”既没有两小无猜、青梅竹马时代的清纯，也不似看一根老黄瓜脸、烂菜帮子的腰，看得老脸无光。可且慢，这些恐怕都成了二十世纪的老皇历、古人心态、世间滥情了，徘徊在二○○○年门槛边的人类早就胸有成竹了。二○○○年如一只乘风破浪的客船迎面而来，停船、下船、上船，不由分说就将你拖上那趟客船，四下环顾，哪里还有白居易眼里“犹抱琵琶半遮面”的小女子？

二○○○年因是农历庚辰年，现代的一些女子为这“龙”年的到来，正幸福得乐不可支。大报小报上不是经常看到一些女人为着二○○○年的到来，忙着身怀六甲，要如定点的时钟，让“龙子龙女”们全生在正点上吗？据说有一位身怀双胞胎的孕妇，还央求现代科技，将她的两个孩子分别生在两个世纪。千禧之年，千载难逢，这就沾了二○○○年科技和现代的光了。詹姆斯·莱佛说女人“穿七十年前流行的时装，妩媚；穿一百年前流行的时装，浪漫”。其实女人穿再好的时装，也远不如这世纪之交生孩子妩媚和浪漫，套用世纪末的流行语，叫作“哇，好酷”。但生在二十一世纪的孩子睁眼一看，最怕的是森林成了一个遥远的神话，蓝天在一天天减少，沙漠在日日逼近……早在一百年前二十世纪即将来临时，据说有人对“遥远的千年”作过一番畅想，预测二十世纪城市将是灯火通明，天空中布满了“飞翔的机器”，蓝图现在真的变成了现实。城市果然亮了起来，天空中布满了飞机、卫星，甚至飞船……可人们也不得不痛心地看到，那些飞翔的机器中还夹杂着屠杀人类文明的飞弹。曾几何时，这些飞弹还在人们的耳边呼啸，残酷地杀害着一些平民……

看二十世纪的月亮清明，看上二十世纪的月亮昏黄，看二〇〇〇年后的月亮呢？太阳、月亮，月亮、太阳……人们只会觉得时序颠三倒四、朦朦胧胧，如时下孩子们手中正玩着的卡通片。我们如果说，生在二十一世纪的孩子是幸福的，那么能进入二十一世纪的老人是幸运的，而迈进二十一世纪的中年人却是大大地辛苦了。人到中年，精力充沛，思想旺盛，一方面要将以前的一半丢掉，却又难以卸下身上背负的那沉重的世纪包袱；一方面还要接受新世纪的科技、文明及新的一半……人到中年万事休，可这时竟连“休”的权利都没有，一切必须要从零开始，必须买到一张新世纪的船票，为着那些生在“正点”而幸福的孩子和幸运的老人，必须弯弯腰，背负一种责任；蹦一蹦，摘取一些思想的果子；甚至要阻止那些制造罪恶和恐怖的“飞翔的机器”……

但二〇〇〇真的是一个对谁都不会太坏的数字。二十一世纪的太阳照样还要从东方地平线升起，月亮照样在西山落下，许多的事情还是人类自己的事情。那一部长篇，我们还是要慢慢地翻着——这，就是我们需要积极与平和的地方。

1999 年 12 月 14 日，北京东城区和平里

雪的哲学

上苍对于大地的关爱，雪是它最为朴素、细腻和真诚的语言。你看它，一片片一片片地从天国纷然而至，很快就给大地一身缟素。“女要俏，一身孝。”雪天雪地的至诚至孝，一般都会获得丰厚的回报。“丰年好大雪！”人们总会这样说。

说这话的不像行吟诗人，让激动溢于言表。他们大都非常珍惜雪给予他们的难得的闲暇，这时候待在屋里偎着火炉喝着烧酒。一年里所有的庄稼活他们已抢在大雪来临之前做完了，大地幸福得宛如等待分娩的宁静产床。他们担心细菌、病毒、害虫，正渴望雪来一次彻底的消毒——浑天浑地，寒冷冰凉的白雪映照在他们饱经沧桑的脸上，此时折射出了一年四季他们少有的温暖、慈祥的光泽。村庄被白雪簇拥，田野被白雪覆盖，他们也会偶尔出门，走在有着齐膝深大雪的田埂上，那脚窝深深的、坚定着，表明他们身体的健康和强壮。

有了这种检验，他们也会动点儿孩子气，和孩子们一起走到村头的晒谷场上，堆起一尊雪人，还有他们深爱的牛、狮子、猪什么的动物。一双抚摸过稻子和麦子的粗糙的手,竟是做得非常形象和逼真。他们开怀大笑,嘴里哈出的热气如池塘蒸发的袅袅水汽。

在早些时候,他们就曾留意人家屋檐上的霜,从中他们就会分析和盼望着:天该下多大的雪呢?“各人自扫门前雪,莫管他人瓦上霜。”其实这时候对门前的雪他们也不会认真地打扫的,他们希望那雪大些,更大些——冻死害人虫,全无敌。

“扫雪”是另一种人类要干的事。这就是上苍一种较为公正的分工了。它知道这群让钢筋、玻璃喂养大的人们对季节越来越反应迟钝,甚至不断机械地抵抗着,“四体不勤,五谷不分”是一种更为古老的“病毒”,于是它分派大雪嘻嘻哈哈、顽皮地从天而降,白花花的美丽、白花花的陷阱设在路上,让人们懂得一些寒冷,知道生活被“阻塞”的滋味。同时它还希望人们不要老是猫在屋子里,该出来活动活动筋骨,领略一下掌握扫把、铁锹这些逐渐陌生的工具的感受……懒惰不怎么要紧,光滑出溜的雪地里,自己跌倒了,自己爬起来,雪早已将大地收拾得干净了。

我看到雪天里人们倾城出动,手握铁锹和扫把,满大街地铲雪、扫雪,如蚂蚁般的汽车像甲壳虫一样在路上蹒跚。白雪纷纷扬扬,漫天飞舞地来到他们中间,和他们愉快地交谈着,讨论一些很冷且很脸红的哲学。

2000 年 1 月 6 日,北京东城区和平里

容膝斋随笔

一

人从哪里来,又向何处去?人总是在一脸严肃地诠释着死亡。人活着愉快,真的也关系到对人生深刻的悲悯和痛苦的爱恋。艺术家最不能例外。

二

其实做文人、作家不难。文人、作家、艺术家自不比铁匠、瓦匠、裁缝及其他职业的人优越和另有神秘的命运。感觉他们伟大,是因为你仰视他们的缘故。

三

缪斯是一位妓女。或者说,一群好色之徒尴尴尬尬否定自我原罪,当不比出卖肉身的妓女高尚。

四

每个人都有一颗爱心,世俗尘浊的包裹所谓明珠蒙尘。人生,却要如剥竹笋般层层地揭去笋衣,表露自己的明净心性,方能高风亮节,一竿万丈。

五

艺术作品浸透作者的人格和感悟,更有天骨。懂得世故没有关系且可以为之幸灾乐祸。

海明威死了,“再也看不到像他这样的人了”。

六

说艺术的最高技巧是无技巧不是很玄。技巧总是伪善的。诚如人生之用手腕,有手腕总让人感到雕琢,拙劣至极。

七

艺术家的自身生命体验首先总见诸感觉，人之初、童年、少年的经验会贯穿艺术家们的一生，并调和成一种具有生命的氛围，辐射出一种光晕。

八

禅宗讲“立地成佛”，主要讲在感性的观照下领悟真理，有质感或可触摸的就是感觉。这里，语言是一种隔，一种无法打通的隔。因而世上就有人说话不得要领，有人干脆“述而不著”。

九

胡适说历史是一个任人打扮的小姑娘。实际上准确的说法应是：历史是娼妓，现实是妻子，未来是情人。

十

拥戴你的人，能让你获得一定的物质支持与鼓励；反对你的人，却能给你足够的精神动力。所以既少不了好朋友，也少不了坏朋友。这叫一手抓物质文明，一手抓精神文明。

两手抓，两手都要硬。

十一

“倒车,请注意！倒车,请注意!”有一年全国都是一片倒车声,果然全国经济一片大萧条。

后来,汽车上不装那玩意儿,经济也就上去了。

十二

我与大地对视,鲜花的芳香在身旁四溢……

十三

“痛则不通,通则不痛”——这句中医学上的话同样适用于河流和道路。河流和道路阻塞,行不了汽车和轮船。这话还适用于新闻媒介——“疼”得舌头发僵,常常就连话也说不顺溜了。

十四

“形而上者谓之道,形而下者谓之器,化而裁之谓之变。”(《易经·系辞》)可在人们眼里“化而裁之”,味道就变了。外国的东西谓之道,中国的东西谓之器,现在是圣诞节赏“月”,情人节派对,愚人节里愚人又愚己。

十五

“过街的老鼠，人人喊打。”那是因为过街的老鼠没用。不过街的老鼠就没人喊打了——它躲在阴暗的角落挖墙脚，人们往往听之由之。

十六

很喜欢“尿急了的人”这句话。因为尿急了的人到处找地方撒尿，样子憨得可爱。最可怕的是那种勒着裤带，憋着一泡尿，心里骂大街，脚上却在使“绊子”的人。

十七

大人物与小人物的区别：大人物在荒山野岭撒一泡尿，叫作“皇恩浩荡”，小人物叫“野狗撒尿”。

十八

幸福的人总是踩在巨人的肩膀上，不幸福的人总是生活在巨人的阴影里。

十九

有些评论套用一句话叫:亮开你的舌苔或空空荡荡。你听王朔批评金庸,就是因为看他的书看不下去——等于没看。“不看”能洋洋洒洒写出鸿篇评论者有之,煞有介事写序言者有之。其情形很类似于“乌鸦与狐狸”的故事。狐狸要乌鸦嘴里的那块肉,便变着法儿让乌鸦说话——掉下来了一块臭肉。

二十

忘记历史,就意味着背叛。对于缺乏记忆的人,我觉得最好的办法是学那野蛮人给他两个耳光,让他长长记性!野蛮的反义词是文明,文明要打的正是野蛮。

二十一

某沿海城市的街道上到处矗立着“灯的世界,光的海洋”的路牌广告,下面却写着“爱护路灯,人人有责”。这倒很像目前社会的状况,我们无所不在地张扬繁华,也面临着素质教育的提升。

二十二

炒作。孩子们说,不要老是炒饭吃,总要做一点饭吧!别糟蹋了大米，暴殄了天物。我听了这童心绵绵的话，心里怵然一惊。

二十三

“华丽的外表掩饰的不一定是高尚的灵魂，褴褛的衣衫包裹的不一定是丑陋的心灵。”人们说这是真理，但也是废话。真理有时就是这样的废话。

二十四

人生的幸福原本就是自己制造出来的。一位作家朋友告诉我，她打麻将得出一个人生结论就是——自摸和牌好！

二十五

食文化——一位朋友说，吃大菜如明媒正娶，尝小吃是偷情，那特别嗜好的一道菜却和古代才子喜好寻花问柳、嫖娼宿妓差不多。这位朋友最嗜好吃的是臭豆腐。每每看他吃臭豆腐，我都当他是寻花问柳了一回。

二十六

“口号”和民谣是时代的晴雨表。当一个时代的口号铺天盖地时，社会肯定出乱子；而民谣四起的时代，那社会肯定也很糟糕。口号缺乏精确的界定,教人盲目;民谣形象则过于活跃,让人看到牢骚。

二十七

马克思抨击文化专制时叹息:“……精神只准披着黑色的衣服,可是自然界却没有一枝黑色的花。”那是睁着眼睛的缘故,如果闭着眼睛,我们就会发觉满世界盛开的都是黑色的花。可见关键还在于眼睛——眼睛是心灵的窗户。

心灵的黑暗才是制造“黑色花朵”的刽子手。

二十八

听来的话:“你也不是报纸,捕风捉影的!”“你也不是警察,随便打人!”“你也不是工商,随便吃喝!”……这些话关系到社会风气,更关系到政府形象。

二十九

夏天是女人的季节,女人蝴蝶一般翻飞在阳光的白浪里,叫人眼花迷乱。我的目光追逐一只只蝴蝶,发觉她们在散发一张张透支青春的讣告。

三十

在小城的冷饮店里，他看到一位披头散发的疯女人微笑。他友好地递上一杯冰淇淋，两人对饮而坐——于是疯女人天天来，谣言四起。

“冷饮店真是冷啊！”疯女人笑着说。

三十一

家园被蹂躏得一片狼藉，西瓜被送上断头台，人们拍着它那绿色的脑壳，说：“真是爽快！”然后举起雪亮的刀，“鲜血”四溅——夏天因此诞生了刽子手咀嚼痛快。

三十二

屋檐上的蜘蛛牵来阳光的丝线，织出了一张硕大的网。我发觉那网竟印在了我们的身份证上——真可谓“天网恢恢，疏而不漏”。

三十三

人总要弯弯腰，捡去路上的石头；也总是要蹦一蹦，摘那树上的果子吃。

三十四

有幸生活在二十世纪与二十一世纪之交。似乎二十世纪全世界的人都干了见不得人的事,因此不管“O”与“一”有什么区别,都忙着庆祝新世纪了。这回人们全把“宝”押到了二OOO年上了——人类仿佛输红了眼。

三十五

人生不是草稿纸,写错了用橡皮擦子擦掉重来。但这回可以了——生在世纪之交的好处就是可以把人生的半截一股脑儿全丢到二十世纪。这个世纪,可以一切都将从零开始。

二OO二年时,我作如是想。

三十六

人生是要打总分的。因此,我想把上苍布置给我的每一份作业都做好。身体、道德修养、知识、业务技能、责任感……有一天,我对儿子说,我也有做不完的作业。

三十七

一则关于蝴蝶的寓言:

从前有两只幼虫，其中一只喜欢踩着其他的幼虫往上爬，爬呀爬的。当它爬到顶端时，忽然面前一只蝴蝶飞了过去。它抬头一看，那只蝴蝶竟是它从前的朋友。它爬到了顶端看看面前竟然什么也没有，沮丧极了。

小爬虫总是令人沮丧的。

三十八

自由无疑是在人们筑造的那城墙的外面。失去自我，人无法自由；但过于自由，也就失去了自我。

因此说，自由是相对的，这话我信。

三十九

春天的天空，干净明亮。我发觉大地上鲜花喧闹，水珠不知道到哪里旅游去了。

四十

钱锺书在《围城》里说：女人的职业就是看守她的丈夫。如此说没有丈夫的女人，就等于失业。

四十一

我看当代文学就如同看时装模特儿表演。所不同的是，模特儿穿的还是衣服，而我们当代的某些作家则是赤膊上阵。

四十二

喜欢冬天的大雪。删繁就简，使人眼睛明亮。

四十三

浮躁虽然轻浮了些，但也会产生一种幸福的躁动；寂寞尽管会爆发出什么，但也能叫人嗅出一潭死水的气息——不在沉默中爆发，就在沉默中灭亡。

四十四

生活布满了诗意。可惜现在我们看不到，看到的都是面目可憎的人。

四十五

好的婚姻如同合脚的鞋子。穿上这双鞋，纵然一生都是大雪，也不会被冻伤。

四十六

“口”字加一个“共”字就是“哄”字，所谓共同语言难免不是“哄哄”。

四十七

钱来得明白，用得也明白；来得不明白，用得也不明白。

四十八

活着，以散文的心情——散淡、文静的心情。

四十九

炭说：人啊，不要说我性情太黑、太冷；
那是因为我把所有的温暖都给了你们。

五十

领袖，就是人民的公仆。
是领袖，就应该不时地为他的国家和人民洗洗领子和袖子——那可是最容易脏和破的地方。

五十一

在风中,饱满的稻穗点头哈腰,虚空的稗子趾高气扬。唯有大地的沉稳却布满了尘土。

五十二

我不害怕真理,因为我接近真理;只有远离真理,才会害怕真理。

五十三

我行我素,天马行空;
无障无碍,天地圆融。

五十四

钟说:当被人们敲响的时候,我心灵的苦难到处流传。

五十五

人声鼎沸的地方没有声音,眼睛密集的地方没有眼光。

五十六

一切敌人就是自己的欲望。每每消灭自己一个不良的欲望，我就体会出我心灵子弹的力度。

五十七

在庄稼地里走过，你就会发觉稗子、野草之类自己疯长，真正的庄稼却要让人付出艰辛的劳动——良种的生命力更为脆弱。

五十八

写作是一种进入的行为，一种从外部进入内部的行为。写作的啰唆和不得要领就表明了这点。

五十九

晓人以理，动人以情，不要授人以柄。

六十

在黑夜中没有光时，感觉黑夜只在周围；一旦有了光，黑暗却溢满了无边。

六十一

信仰对于有德的人来说，是一种德行；对于无德的人来说，却是一种比无知更为可怕的极端和偏执。

六十二

我好像说过，口号式的语言说服力很糟，因为它往往缺乏精确的界定。我的上述口号式的东西，大家读着千万别当真。

但你喜欢其中的一条，我就满足了。

2000年1月9日，北京东城区和平里

南腔北调

在一篇叫《人像一根麦秸》的文章里，我曾简略地说过南人和北人对庄稼，比如说对待稻子和麦子的态度，从中当然可以看出两种不同的人生态度或者说是生存哲学，但我不是说这个。有一次，我在北京与一位老乡闲聊——他在北京差不多待了半年，却操练出一口还算纯正的京腔京调，我很是羡慕也很奇怪，半是认真半是玩笑地对他说："你呀，在梦里说的话总是乡音吧？"他可能从未想过这个问题，当然也没有听见过自己的梦呓，便一下子愣怔住了。倒是坐在一旁的一位老诗人锦心绣口，立马出口成章，叹道："梦里乡音犹未改！"

我的家乡在地理位置上说起来首先就让人尴尬——地处长江以北，淮河以南，正是人们在地理书上认知的江淮之间的缓冲地带。长江以南的人民一般都喊我们是"江北侉子"；而淮河以北呢，他们又毫不客气地称我们是"南蛮子"，其语气斩钉截铁，言之凿凿。本来嘛，中国地理学上的南北分界线就是以秦岭、淮河划分的，你们不是南方人，是什么？况且，我们是以吃面食为主，你们吃的是白花花的大米；我们能咬一口生大蒜，你们能咬吗？——每年五六月间，江淮之间一般都有一个阴雨连绵的梅雨季节，届时，那里的土墙壁湿漉漉的都能生长出霉斑来。这样尴尴尬尬的季节在真真正正的南方或北方就没有。共有的是那里到了冬天，也是朔风劲吹，满目萧瑟；到了夏天照样赤日炎阳，土地生烟……那里既长不出大南方那样茂密的森林，也见不着大北方的茫茫沙漠，却偏偏南北气候兼而有之。难怪人们说话就总是南腔北调的了。生在那里，一生辗转北京和南京而作《两都赋》的张恨水对自己的故土大概也深究过，他曾在家乡的老书房门前写了一副对子："两间东倒西歪屋，几个南腔北调人。"南腔北调——有时候我也干脆这样回答听不清我口音的人。

我想我这样近乎自虐的回答是较为准确的。因为"南腔北调"在我们那儿本来就是一句骂人的话。这两种滋味差不多我都尝过——小时候到南方的亲戚家里住过一阵子，回到老家不知怎么的，我竟变得口音绵绵的，惹得家里人就骂我："南腔北调的，烧包！"仗着年龄小改回来毕竟容易，不到一个月的时间便又是乡音袅袅了。再一回，是第一次在北京待了一年，因为交流的必要，我硬憋着改掉了不少乡音，但回到老家却一时转不过"舌头"来，竟遭到不少诧异的眼光。遇上朋友，婉转一点地说："你的普通话学得不错嘛！"更有性格爽直的干脆张嘴破骂起来："别南腔北调的，好不好？"好好。我学普通话底气本来就不足，立马改口就是一嘴乡音，居然顺溜得很——无法两边去费力讨好，就让我一口乡音从此让再好的牙膏也洗刷不掉吧！这样在外碰上朋友抱怨我口音太重，我反倒学会了振振有词：毛泽东不是说了一辈子的乡音吗？普通话只是普通人说的话而已！

乡音这东西是一方水土成就的，仿佛由一方茶叶日浸月泡圆润而来。这就像我们那里“南腔北调”地既种稻子也能种麦子。那麦种撒在肥沃的土壤上就长出肥硕壮实来，落在贫瘠的土坑里就小不点、矮矬，这就叫作命——南腔北调人的命：“麦地/别人看见你/觉得你温暖，美丽/我则站在你痛苦质问的中心/被你灼伤/我站在太阳/痛苦的芒上/麦地/神秘的质问者啊/当我痛苦地站在你的面前/你不能说我一无所有/你不能说我两手空空……”

诗坛上刮过这样一阵凶猛的“麦黄风”，其始作俑者——海子就出生在我们那块被人称作是南腔北调的地方。我们那个地方，稻子大片大片地长在泥田里，麦子很少量地散漫在山坡上。如今，海子已安详地睡在麦地里，但他对麦子的钟情和特有的那质朴坚定的语气，想想，怕是纯粹吃麦子长大的北方人和大米饭喂养成长的南方人出乎意料的吧？

2000 年 3 月 22 日，北京东城区和平里

这趟车上

庚辰年春节回老家，在一位朋友家门前看到一副对联："这趟车，那趟车，昔日总是搭错车；此年头，彼年头，今朝恰逢龙抬头。"朋友以前时运不佳，这回好像爽气多了——联语中有点自嘲，还有些得意。

引这副对联比喻"百年百篇优秀散文"评选，是觉得这活动在以前是不可能的。因为那时"运动"得厉害，搭错车现象屡有发生，人左右不了自己的眼光。尘埃落定，将拥拥挤挤坐在二十世纪散文这趟车上受人尊敬的德高望重的长者或老弱病残者全接下来，单独开一溜小车，也挺爽气。这趟车上有一直醒目坐着的如鲁迅、朱自清、冰心，也有"病"得不轻的如周作人、张爱玲；搭错车者当是很多，我特地想到了张恨水，"鸳鸯蝴蝶"的帽子曾经忽视了他的全部创作，"小说大家"之称又遮盖了他的散文。其实他的散文也是不错的，这回我选了他的《山窗小品》。

在百年这么一个大的时空，看这趟"车"上的散文想必应该客观，但一些熟悉的面孔总要沾点光的——现在的散文是越作越长了，我还是喜欢以前的篇幅。愿他们一路走好。

为《散文选刊》推荐《百年百篇中国散文经典》作

2000 年 4 月 17 日，北京东城区和平里

词语如花

——流逝的岁月或者词语(之一)

检　讨

语言是人类用来表达意思、交流思想的。海德格尔说:“语言是人口开出的花朵。”就使人看到春天花朵盛开的样子,有种和风细雨式的大雅。令人想到相类似的说法是“和气生财”——在《现代汉语词典》中语言的解释就是:人类特用来表达意思、交流思想的工具。这“工具”与“和气生财”都是中国式的俗气,但很实用。“财”与“花朵”尽管在审美上距离很大,却使我们在感觉到愉悦的同时,感觉到一种富有。

刚兴“公务员”(这也是一个词)那阵子,我参加过一个公务员培训班。领到一本《写作实用手册》,上面大讲特讲怎样写通知、调查报告、贺信、悼词,都是些新八股。不觉得像花朵,倒像是乡亲们抖搂的陈芝麻烂谷子。如果硬要说是花,那就是培植园里培育出来的“千人一面”“千人一腔”的纸花或者塑料花。那种鲜花盛开、心花怒放的快乐是没有的。我认真地翻过手册，关于怎样写大字报和检讨都没有了。不知道这两种文体为什么没有收录？我想如果这两种要算是花，大字报就像一朵罂粟花，检讨是什么呢？——带刺的玫瑰？

少年时代，我感觉写检讨是社会上家常便饭的事。几乎天天都听说有人写检讨。“地富反坏右”分子就有着检不完的“讨”。我也写过两次：一次是小学五年级时，学校排演《沙家浜》，我演郭建光，还有一位漂亮的女同学演沙奶奶。老实说我很乐意和她一起演戏，但班上一位男同学却不乐意了，笑话我——也是少年气盛，结果先生要我星期天到校排演，我却跟随那男同学上山打柴火去了。晚上回到家，妈妈告诉我，“沙奶奶”带着先生来找我了，妈妈还打了三个溏蛋给先生吃了。“先生没说什么，叫你明天写一份检讨带到学校去！”妈妈说。我自知理亏，第二天上学就写了份检讨，直奔先生的房间。先生正在搓衣服，头也不抬，就叫我自己念。我怯怯地念完，先生笑着用沾着肥皂泡的手戳了戳我额头，说：“你呀，宣传毛泽东思想不积极！”接过检讨，揉巴揉巴就扔进垃圾桶里去了。

结果，先生还是将我从“指导员”（郭建光）贬为了“叶排长”。

幸好遇上的这位先生是一个女的，只贬了我的“官”。要不然，一顶“宣传毛泽东思想不积极”的帽子就够我受的了——要这样，恐怕后面叙述的一些词语也在我人生的词典里消失了。

还有一回写检讨发生在初中以后。我上学时要经过一条公路，正是春天，公路两旁栽的白杨树齐崭崭地绽放着新芽。树干的下半截都涂了白石灰，很清新的样子。但就在这时，我看到一棵树苗被猪拱倒了。心血来潮，我上前就要扶起那树——说时迟，那时快，就在那时，一个人一个箭步冲上来，大声吆喝一声："谁叫你弄树！谁叫你弄树！"不由分辩就将我推推搡搡，拎小鸡般地弄到他公路旁的屋里，要我写检讨——承认破坏植树造林。孤助无援，百口莫辩——我只好按照他的意思写。那人接过我的检讨，立马锁进办公室的抽屉里，说是要交给学校和先生。说完，狠狠地瞪了我几眼。

记得有一阵子，在学校里我还一直担心先生会追查这件事，叫我写检讨。一旦先生在课堂上点我的名，我立即浑身悚然，但是居然没有。一学期过去了，两学期过去了……我的心渐渐踏实了下来。但那被侮辱和损害却在心灵上烙下了深深的疤痕！——幽默的是，我后来在县府大院工作时，那人却天天来上访，我还热情地接待过他一回。但他与先前似乎判若两人，他已不认识我了。谁也没有提起此事——有人说他疯了。

再不见他，足足就有八年了。

我儿子也已经八九岁了，在读小学三年级。有一天放学，我不知怎么条件反射似的，问他："徐未，先生叫你写过检讨吗？""什么，剪——刀？没看见呀？"儿子说。

我不由得喷饭。

语言如花，是一朵惹人发笑的花。

推　荐

"推荐"这个词语现在还在用。比如我刚才还向一家杂志社推荐了一篇稿子。那稿子告诉我，“稿”是谷类植物茎。念gǎo，如果他的文章发表了，就将这稿费寄给土地或者河流，我做不到。于是我就想推荐给别的杂志试试。

在《现代汉语词典》（商务印书馆，一九九六年修订版）上“推荐”的解释是：“把好的人或事物向人或组织介绍，希望任用或接受。”我看了吓了一大跳。我原以为“推荐”是中性词，看来词义大好。这就不好意思了。我在电影上看到黑社会的一位“二头目”，将自己的一个兄弟推荐给“黑老大”，让他去杀一个人，说：“我推荐一个。”还有一回，在一部什么破烂电视剧上，看到一个流氓将自己的女人奉送给另一个流氓，不怀好意地笑着：“我推荐的这个女人，够味吧？”——这“推荐”的可都不是“好的人”或“好事物”——还比如抽鸦片烟的人，弄到一种“上品”大烟推荐给朋友。“大烟”可也不是什么好的事物。

但我们还是看见“推荐”的词语，在那个时代如喇叭花一般嘹亮着。那时候，小学进初中要推荐，上大学要推荐，当兵要推荐，知青返城要推荐……“推荐”无处不在，无处不有。它濡化了一个时代的人际关系和心灵，也“推荐”出了一些人肮脏的内心。

我的家庭世代贫农，更没有什么“不好”的社会关系。我的学习成绩不错，在小学时我一直当班长，推荐我上初中应该没有问题。比我大两岁的姐姐，是父母为了照应我，让她跟我一起一个班读书的。她的学习成绩也不错，上初中会考我和姐姐的分数都达线了——也差不多就在我们等着录取通知书时，校长和大队革委会主任到了我们家。他们告诉我父亲：“你家啊，两个学生只能推荐一个上初中，家里看着办吧！”——听他们那口气，我们家要只有一个念书的，好像就更没戏了。

那是一个薄暮时分。校长和大队革委会主任开始还和父母有说有笑的。父母亲因为他们的到来，受宠若惊的，好像都很高兴。杀鸡、称挂面、打鸡蛋，好烟好酒地招待了他们一番。吃过饭，俩人差不多同时抹了抹油嘴，就说出了上面的那番话。我发觉当时的空气立即凝滞了，父亲的脸一下子就阴沉了起来，在煤油灯下拉得老长老长的。接着，就一阵叹息。磨蹭了好长时间，犹犹豫豫的，我终于听见父亲发话了："那，那，就让男伢念吧！"

事情就这样定下来。我被"推荐"了——

这"推荐"从此改变了我的一生，也改变了姐姐的一生——因为姐姐以后只得成天面朝黄土背朝天的，和那些没有被"推荐"的小伙伴一起，只能看牛、打猪草、扒柴、摸鱼了……姐姐心灵手巧，脾气很犟，也很要强。在方圆几里，她的事迹到处传扬。比如说，她插田插得快且直，她扒柴扒得多且挑得重。姐姐成了村庄里种庄稼的一把行家里手。为我，也为了我们家流汗流泪，她打发了整整一个如花似玉的少女时代。

现在我无法想象，当年如果"推荐"了姐姐，我会变成什么样。父亲当然也不会认为姐姐是"不好的人"才不推荐的。而我每当想到这事和看见我亲爱的姐姐，我内心总是歉疚的。在我的心目中，姐姐可是一位最好最好的人啊！我在心里一直"推荐"她。

先　生

"东京也无非是这样。上野的樱花烂漫的时节，望去确也像绯红的轻云……”这是鲁迅先生写的《藤野先生》一篇文章的开头。很久我都沉浸在这种“开头”里，是因为在我的家乡，先生无论男女“开头”就是专称“老师”的。那时候不像现在这样，在大街上随便碰上个男人，就可以喊声：“喂！先生，你好！”——在我的家乡，乡亲们一提起“先生”，立即就会肃然起敬，除此就缄默其口，或××同志或干脆直呼其名的（大名小名均有）。

因此我读书时，母亲嘱咐得最多的话就是：“你可要听先生的话哦！”

我的确很听先生的话。这种习惯保留到初中读到《藤野先生》，我竟觉得先生就是一丛樱花，烂漫得很——尽管那时候我并不知道樱花是日本的国花。

上初中一年级时，班上新换了一位教语文的先生。这位先生除了按部就班地上课文，教我们一些中心思想、段落大意、造句、关联词之类的以外，还喜欢在课堂上摇头晃脑地背一些唐诗、宋词。其时我已经由班长变成了语文课代表，因为“工作”上的关系，我与他的交往就多起来。唐诗、宋词像一瓣瓣沾着露珠的花朵，倏而摇曳在我贫瘠的心灵上，使我感到了学习的美丽，枯燥乏味感随之消失殆尽。先生看到我非常喜欢唐诗、宋词，就给了我一个笔记本，教我每天抄一首诗背下来。因此那时我就学了不少的唐诗、宋词进了肚子。

先生的家住在远离学校三十公里的乡村平原上。那里没有山也没有地。一望无际的平原大畈都是稻田，最缺少的就是柴火（那时还没有液化气之类的）。先生毕竟是先生，他竟在乡下带头烧起了煤。也不是正经的煤，央人买来一些无烟煤烧不起，先生也舍不得用,他就到处找铁匠铺,将铁匠打铁燃烧过的煤渣子运回家,然后碾碎,掺上一些原煤,用水搅和一番做成煤球在太阳底下晒干后烧。这当然是既节约又实用的了。因此先生的另一项工作就是到处找铁匠铺,与铁匠要煤渣子。有时也给几毛钱——在我们那里,尽管铁匠铺多,但没有人充分认识到煤渣这种用途,大都拉着铺路去了。

我的父亲就是一位铁匠。先生有次家访知道了,差不多欣喜若狂,顾不上客套,就对父亲说:“那你给我!给我!”

父亲当然是给了——先生的话,父亲历来是奉若圣旨的。

但很快,语文先生的这项“发明”就在我们学校里传开了。因为既省事又免去了打柴火的辛劳,于是差不多所有的先生都燃起了煤灶。父亲的铁匠铺因此也更加红火起来。隔三岔五的,总有先生去拖煤渣子。我们自家一直烧柴,煤渣无用,又做了顺手人情,父亲并不觉得什么——后来语文先生去拖,教数学的先生也去拖,我也没觉得什么。但我发觉同学们的眼睛都怪怪的,开始慢慢疏远我。可惜当时我觉察到了,但并没有深想。

却是多年后在京城遇上我初中的一位同学。我们回忆起中学时光,谈起我们的几位先生,那同学突然告诉我:“你知道你为什么在初中就偏重文科吗?是因为教数学的那位先生对你有意见,放任了你……他的煤渣子拉得少吧?”

我骇然、恍然。

这里值得一提的或者说我特别怀念的,是我读小学的那位女先生,也就是“扔”了我检讨的那位。在我的记忆里,她对我非常地友好。有时我的衣服破了,她还会叫我到她的房间,亲自给我缝补。还送过我一支当时非常稀罕的自来水笔。记得她总喜欢下午放学后，在班上念上一段《追穷寇》的书，这使我在很小的时候就对小说产生了浓厚的兴趣——她好像一直是“先进劳动者”——多少年后，我在县城工作时，遇上她开政协会，我喊了声先生，兴致勃勃地说起我的名字，但先生居然一点反应也没有，恍惚得很。她说：“不记得，不记得了！”害得我的心一下子就掉进了冰窖里，兀自叹息一声，竟一时再也找不出话来。

先生本就是先前就陌生着的人吧？后来我想。

“三八线”

有一段时间，一首《同桌的你》的歌曲十分流行，我也很喜欢。我的喜欢不是觉得那歌词写得怎么好或是唱得怎么好，而是那种情绪使我感受到了一丝淡淡的忧伤和莫名的惆怅，让我想起我的枯燥乏味并在心灵里烙下了累累伤痕的校园生活——想起我的同桌。

一条深深的“三八线”立即在我心里隐隐作痛。

现在我当然能理解“三八线”这个词语了。我知道那三千里秀美江山，至今还让那条线人为地分成了两种制度、两个地域和一个错误。“板门店协议——三八线”，这个歇后语大家都知道。但当时我尚懵懂，朦朦胧胧地以为“三八线”就是一条关于女人的线——“三八妇女节”嘛！另外，我们那里骂一些人也叫“三八”（类似于二百五）。学校里只要是男女同桌，都画了这样的一条线。男生讨厌起女生来，就大声奚落她们说：“三八可不是什么好东西!”

我的同桌就是一位女生。她家住在街上,父亲也是一位教书先生,家境因此还不错。在读小学时一些学习用品,她就没少给过我。班里的同学每次看到她从桌肚子里偷偷塞给我铅笔和草稿纸之类的,就哄堂大笑。但她满不在乎,她不害怕。

学校要演戏。先生叫我扮演郭建光,她扮沙奶奶。有时不上课就排演,我们都高兴。我唱“沙奶奶,你待同志亲如一家”,她就唱“同志们杀敌挂了花……沙家浜就是你们的家”,配合默契,演得极得先生的赞赏。一下课,我们排戏的教室门口和窗子上就晃动着许多看热闹的头和眼睛。同学们叽叽喳喳的,就有人喊:“不怕丑！不怕羞!”……现在我已经忘记她的表情,反正我的脸当时唰地一下子就红了。其结果就出现了我前面说的“逃戏”而写检讨的那一幕——只是直到现在我也不明白我被贬为“叶排长”,她也再没演“沙奶奶”而改演“小凌”是什么原因。但戏还是在公社上演了。

我们一起进了初中,阴错阳差地又成了同桌。她担任学习委员,我担任语文课代表。但我们桌上也出现了一条“三八线”,这线是我画的。

晚上自习,没电灯,就点汽灯。白炽炽的光亮就照着桌上的“三八线”,很不雅观。带班主任的先生发狠心要消除男女之间的隔阂,排位时故意一个女生配一个男生。班上三十二张桌子都是一男一女地搭配着。但不几天就出现了“三八线”。于是先生就要求我和她带头擦掉“三八线”,在先生咄咄逼人的眼光下,我们真的消灭了“三八线”。但班上的同学们立即又笑话我们,笑我们是一对，细伢秧子不知羞。一上学放学名字连着喊，吓得我赶紧用红粉笔又画上了一条，手规规矩矩的，绝对不超过那条线。

但事情并没有结束。汽灯没汽油，几个班干轮流添。凑巧汽灯就悬在我们座位的头顶上，轮到我添油时，我开始将脚拘谨地站在自己的位子上。但几个男生看见后，嘻嘻笑开了："你没出息，不像个男子汉！有本事就站她的位子上！"我一愣，像是受了惊吓的牛一"撅"蹄，就将一双泥脚踩到了她的位子上。擦干净自己桌上的泥巴，在同学们众目睽睽之下，我望着她桌子上的泥巴不敢擦。一会儿她进来，小书包摆上桌子，又吓一跳地赶紧拿下来，默默地拿起一张纸，慢慢地擦着那泥巴。

那天，我看见一颗泪水盈盈地在她的眼眶里直打转。突然，我感觉我的灵魂像是被鞭子抽打了一下，无地自容了好长时间。

我很想就此事向她道歉。但很快恢复了高考和中考制度，同学们一个个都像是在森林里玩了好久而迷失了的孩子，一下子就找到了一条出路，一猛子就扎进了作业和课文堆里去。"三八线"尽管还在，但同学们都平静下来，努力地去经营自己的小巢。

也就在那年，她考上了中专，走了。

同学八年，最后我们实际上连一句话也没说上。后来，我一个人常常咀嚼起"三八线"这个词语，就感觉总有一朵花在眼前缤纷摇曳着，是什么花呢？想了很久，我突然想起了菊花，它如菊花一样葬送了我们天真无瑕的友谊。

下放知青

“知识青年”上山下乡运动三十周年的时候，在热闹的媒体上我看到一组数字——据一位“一直在国家主管上山下乡部门工作”的同志回顾，一九六一年知青上山下乡的人数是二百六十万，是那场运动中最多的一年。这该是一个很大的数字了——但下放到我们生产大队的知青，稀稀拉拉的只有那么三四个人。有上海知青，更多的是离我们只有一百多里地的安庆知青。知青下来先是分配到县里，县里又分到区里，区里再分到大队，大队再分到生产队。层层分拨，知青就作鸟兽散了。

我们生产队住进了两位知青——那时我少不更事，跟在大人后面去看，这样才听到“下放知青”这个词语。但我们语文课本上没有这个词，我压根儿就不知道“下放知青”是什么意思。只是感觉那两个人的确跟我在乡下见到的人不一样：白白净净的，头发油黑发亮，说话（普通话）也跟我们不一样，很好听。那两个人就住在我家隔壁的队屋里，队里为他们搭了一个锅灶。两人也烧饭，烧饭的时候，队里就安排人家轮流着送菜给他们。在我的印象里，他们好像没有干过几天正经活——一个被学校请去做了先生，另一个不是待在家里看书就是回家又回来，成天在路上。

他们都有名字，但没有人喊，就喊他们叫知青。

在我的记忆里，这些知青好像与牙膏、牙刷、肥皂，还有狗这些词语关系最大。那时肥皂是紧俏物资，乡亲们洗衣服也少不了它。于是知青们回家一趟就带回一些，甚至成箱成箱地满队里送，送得大家都很尊重他们，不让他们干活（这也是一种后门）。而刷牙，乡亲们起始根本就没有这个习惯。而他们偏偏又是每天起得最早的人，每天早晨看到知青端着满满一缸子水，弄得一嘴的白沫子，乡亲们就很奇怪。于是知青就教他们，说些卫生、习惯之类的话。乡亲们还不太懂这些词语，但慢慢地，乡亲们就有刷牙的了——别看这事小，在偏僻的乡村，这不亚于一场卫生革命。要说起来，这就是知青对农村的一大贡献了。

再说狗。在当时的农村，好像还没有“狂犬病”这个说法。几乎是村村有狗，家家有狗。那些狗成天到晚乱吠乱叫的，鸡飞狗跳的几乎成了乡村一景。但事情渐渐有些蹊跷：乡亲们发觉那狗越来越少了。开始乡亲们还没有怀疑到知青身上，也是活该出事——有天晚上一个小偷去偷知青。结果发觉那队屋里聚集了一群知青，大铁锅里狗肉被煨得咕嘟嘟直响，狗肉喷香的，弄得那小偷也馋得直流口水。于是等到半夜，知青们喝得醉醺醺时，他就进去偷狗肉吃，偏偏让一个半夜起来撒尿的知青碰上，仗着酒劲就打小偷，那小偷扯着嗓子叫。结果惹得一队里的人都起了床，捉到那偷狗肉吃的，又抓住了偷狗的，乡亲们这才明白，那些狗都让知青们偷偷打死，吃进肚子里去了。

养一条狗还知道看门，养着你们知青却干起了这个勾当！乡亲们悻悻然——但实际上知青们偷狗是讲究章法的，都是这队的偷那队的。他们是知道兔子不吃窝边草的。

与知青有关的一个词有一条叫“高压线”。意思是碰不得，碰到就死。这主要是指女知青，有一年有个大队的大队长就碰了一下上海来的一位女知青——那女知青想回城，找到了大队长，也就一天一夜的时间，大队长就推荐了她。但不知怎么她最后也没有回成。于是她就把大队长给告了，结果大队长被民兵小分队（又是一个词）给抓住了。公社召开“万人批斗大会”，大队长被绳子捆着，低着头。台上依次出现了五名女知青轮流批斗，每人都不用稿子，声音洪亮，悦耳动听。大热天的，乡亲们在台下坐着，汗流浃背的。个个都摇头，说：“鲜花插在牛粪上！不值，不值。”只是不知道是说那大队长，还是说那女知青。

真的也有女知青嫁给当地农民做媳妇的。那女知青也是上海人，很漂亮。我就见过她。乡亲们不知是出于嫉妒还是什么，经常当着她的面说：“鲜花插在牛粪上。”她就头发一甩，说：“广阔天地炼红心，消除城乡差别。”她后来当了县妇联主任，搬进县城里去了。再后来离婚，回到了上海。

我隔壁的两位知青最终也回到了安庆城。那位热爱读书的知青嫌东西太多，背不动，见我喜欢读书，就将他的《钢铁是怎样炼成的》《牛虻》《金光大道》等等一大堆书一股脑儿给了我，他很喜欢我。

在这些书里，我慢慢读懂了“知青”这个词，闻到了一股知识的芳香。

社　员

“公社是棵常青藤，社员都是藤上的瓜，瓜儿连着藤，藤儿牵着瓜，藤儿越长瓜儿越大……”在我的印象里，似乎没听见一首歌能将农民与基层政权这样淋漓尽致、富有哲理性地联系起来，且唱得这么欢庆，以致现在，我在繁华的都市里哼起这首歌，眼前还会呈现那肩搭白头巾、手里捧着一捆麦子的社员的宣传画，恍惚回到丰收了的农村，看到社员们热火朝天收割的场面。

低头不见抬头见的乡村，无论你叫旺牛、金锁、福贵，还是叫银莲，那时候都拥有一个共同的名字——社员。像旺牛他们三个叫男社员，银莲就叫女社员。那时候，“巴黎公社”的名字成天地响在公社大院里的广播喇叭里，社员们都以为巴黎就是“巴泥”。男女社员们聚集在一起，无事时就编排一些故事。问你家住在哪里呀，就说：巴泥公社黄土大队草包生产队——“三级所有，队为基础”。那时公社、大队、生产队说的就是这个。但是你千万别得意，他们编排的这个是咒人的——因为在我们南方，人一死，一般并不急于安葬，而是先厝上三年，那“厝”就是用稻草包着棺材，然后搁置到黄土岗上。答应的人一旦醒悟了过来，就骂：“好啊，你编派人民公社骂人，反动！”社员们吓得就不敢喘气了。

当时成立人民公社是一件惊天动地的事。挂牌时敲锣打鼓，红旗招展的。社员们都认为进入人民公社，就离共产主义不会太远了。

社员们都以为自己是一朵朵向阳花啊！

公社既然有社员就有小社员。我曾经就做过小社员。关于小社员也有一首歌：“我是公社小社员呀，手拿小镰刀呀，身背小竹篮，放学回来去劳动，割稻、插田、拾麦穗，越干越喜欢……”公社的广播喇叭里，每天一早唱完“公社是棵常青藤”之后，唱的就是这首歌，害得我们每天天不亮就得起床，跟随着大人们一道下田出工，然后上学。下午放学回来又去田间劳动，与大人们一起顶着星月回家。

割稻、插田、拾麦穗……“越干越喜欢”谈不上，但这些活我们都干过。我们那里没有麦穗，拾的是稻穗。每天放学回来，我们就真的挎着小竹篮去田间拾稻穗。秋收季节田野正被社员们收拾着，但老实说，因为是“大呼隆”（这也是一个词）生产，田间里收拾得非常潦草，因此我们这些小社员真的就会拾到不少的稻穗。拾到稻穗后，一般我们都自觉交给生产队的保管员。开始保管员连看也不看，就扔到生产队的稻堆上，后来就变得复杂起来——保管员先是过秤称一下，然后又问这些稻穗在哪些稻田里拾的。小社员们一般都不会撒谎，就说是在哪块田哪块田里拾的。结果，队长就查出那一块田是哪几个社员割的，就罚他们，扣他们的工分。这样，一下子就闹得人心惶惶，大社员对小社员也不那么客气了。

不久，出现了一件更为严重的事。我的同学，小社员王天乐拾了一筐稻穗带回家，不知怎么让人看见了。这还了得？事情反映到队里，队长连夜就主持召开了社员大会，召集队里所有的社员聚集在队屋“斗私批修”，深挖王天乐的“私心”。王天乐耷拉着脑袋，哭丧着脸，站在人群中间可怜巴巴的，说：“我都几天没吃上饭了，这点稻……”话还没有说完，就被队长粗野地打断了：“这不照（行）！小小年纪，私心这么重，长大了不成‘反坏’，也是‘地富’……”批斗了他一晚上。王天乐的父母赔了一万个不是，结果形成的决议还是扣他家的半年口粮。事情不知怎么闹到了学校，一顶“私心”的帽子从此将王天乐压得在同学们面前就抬不起头来。幸好他有一个叔叔在城里当干部，后来他便转学了。

王天乐的事情发生后，队里就不让我们拾稻穗了。偶尔出工，也是跟大人们一起割稻、播田、拾粪……活计是越来越重了。那时我不知怎么被队里看上，捞了一个记工员的差事。每天下午放学回来，我只要到田间给社员们记记工分，再不然就干些写标语口号、大批判稿之类的就可以了。这差事社员们都特看重，有时队长一高兴还给我记上一点工分。我成了一名真正自食其力的公社小社员了。

王天乐却因祸得福，不用当小社员，就一门心思地花在学习上。因此他的学习成绩就一直出奇地好。一路初中、高中地考到了北京。后来在北京时，我们还聚集到了一起，谈着、谈着，不知怎么又谈起我们那段当小社员的经历，慢慢地，大家竟哼全了这首歌。

男女关系

前天我在网上看到一则民谣，说现在男人有五种："一种是家外有家；二种是家外有人；三种是现找现抓；四种是下班回家；五种是下班回家，女人不在家。"这说的就是男女关系。把男女关系概括得如此层次分明，表明社会的开放程度真是很"高"了。而曾经"男女关系"是非常暧昧的词，那时候只要沾上这个词，人也就变得暧昧起来，而背后更有人戳脊梁骨。档案里保不准还会写上"男女关系不正常"或者"作风不正派"之类的鉴定，走运一点的也要弄个降职使用。不像现在有的地方，一见面就问："你换了没有？"直截了当的，理直气壮得很。

那时候城乡的物资都比较匮乏，肥皂、煤油、猪肉……都得凭票购买。而且凭票也不一定能买到。有时候在食品站买猪肉就要排一个早上的队。食品站、供销社的工作人员因此那时候都非常吃香，得罪不起。当然事情也有例外。在我们那条小街上，就有一个女人（当时还是姑娘），就没有她买不到东西的时候——她叫高秀梅，是我们邻近一个大队的。记忆中她长得非常漂亮，穿着也与一般乡下姑娘不一样。只要她一出现在集体排队购物的场合，乡亲们立即就叽叽咕咕、神经兮兮的。但眼光无可奈何而又非常羡慕地看着她从柜台里接过猪肉、肥皂什么的，笑嘻嘻地走开。久而久之，她带来的结果是公社供销社、食品站的工作人员像走马灯一样换来换去的。问什么原因，大人就神秘地说："男女关系呗！"

都说在男女关系上倒霉的是女人，其实也不尽然。起码高秀梅开始就不是这样的。高秀梅利用这男女关系，摇身一变，后来居然就被招工进县剧团当起了演员。只是她长得娇滴滴的媚眼动人，一上台一点工农兵的形象也没有，团里只是安排她演演配角跑跑龙套，说她没长着工农兵的脸！——但偏偏这张脸就让一位回乡探亲的军官看上了。于是看亲、相亲，俩人闪电式地就结了婚。高秀梅仿佛一下子找到了一座靠山，不演戏就不演戏，她就成天待在剧团，凭着自己的美貌和特殊的地位，她在县城里办起事来如鱼得水。一年下来，既让自己的弟弟当了兵，又把父亲从农村弄进了剧团看大门，剩下的就是为亲妹忙招工了——不想，这一下就惹出了一件事来。

仗着她与负责招工的那个单位的人事组组长熟悉，她写了一封信，叫妹妹去找那位人事组组长。当时人事组组长尽管官不大，但权力很大，当年也曾暗暗垂涎过高秀梅的美貌，但一直苦于没有机会黏糊上。没想到高秀梅的妹妹这下自动送上门来了。他发觉妹妹长得远比她姐姐漂亮，就将她带进自己的办公室里，殷勤得又是沏茶、让座，最后就将妹妹“让”到一张凳子上摁住了。结果就可想而知了——要是招工招上了，兴许也没事，偏偏招工也没有招上。妹妹这下急了，哭着向高秀梅说了这一节，把高秀梅气得白眼珠直冒，她要去告他。

前面说过，那人事组组长虽然官不大，但在县城里却是一霸，有权有势的。要告倒他也不容易，但高秀梅咽不下这口气。也是心血来潮，她决定铤而走险，自己去告——那时军婚仅次于女知青，也是一条“高压线”。高秀梅这一告，立刻就惊动了县革委会和武装部，一个组长居然利用职权破坏军婚，这还像话？她这一告，人事组组长又闹出了许多的“男女关系”——很快就被送进了监狱，判了徒刑。高秀梅帮妹妹出了一口气，正值高兴的当儿，一时间，县城大街小巷不知怎么传出了她的种种绯闻。人们说苍蝇不叮无缝的蛋，高秀梅早就是一双“破鞋”，肯定是她自己不正经，勾引了人家，不然她办事怎么那么顺溜？再说她既然被人家强奸，就没有资格做军人的妻子了。风言风语地传到军官那里，军官一怒之下，就提出了离婚。

高秀梅万万没有想到事情会弄成这样，一下子就慌了神，成天哭哭啼啼地左一封信、右一封信地向丈夫解释事情的原因。可是军民两地长久分居，远隔千山万水，再加上组长被判刑又是真的，丈夫哪里还会相信她的话？结果还是离了婚。

离婚之后，高秀梅日渐憔悴。高秀梅急匆匆地很快就找了一位工人结了婚，又从剧团里调出来，随丈夫进了那家工厂当了工人——要说起来，高秀梅是因男女关系而沾了光，最终又因为男女关系而吃了亏的。可谓是成也萧何，败也萧何。

2000年4月19日，北京东城区和平里

妙峰山,一个又美又妙的名字

妙峰山,一个又美又妙的名字。

那刚刚落过的一场春雨,似是钻进你的肌肤里去了。你出落得如此凝脂柔嫩,落落大方。像是一位勤快的村妇,挎着一竹篮子粉红的桃花,遮掩不住的清香随你挥舞的水袖四溢,你细白的指甲透泻出收藏了好久的阳光的气息。你的声音就是鸟的声音,半掩半敞的胸襟浸湿着青草的乳汁。谁家的白羊咩咩地叫着?是谁头戴方巾,唤着那新生婴儿的乳名?

妙峰山,一个又美又妙的名字。

那刚刚旋刮的一场狂风,撩起了你一袭淡淡的袈裟。你的眼睛幽幽的像一口深潭,忧郁不过是那随风消逝的雪粒。你双手合掌,树叶的窃窃私语犹如喃喃诉说的禅话,落地的松针似你在自己肌肉上刺刻着经书。松树一行行地默诵,笃笃的木鱼声就是你的功课,你的手势就是那袅袅不绝的香火,随风,逐雨,随着漫天的雪花普度着芸芸众生……

妙峰山,一个又美又妙的名字。

那刚刚抛洒的爽朗的笑声，像是亲人温情的抚摸，你绿绿的树林是你的秀发飘逸，心灵的梳子细细密密滑过了你的发际，那茂密青草似的睫毛紧紧地闭着，一定是锁住了闺中女儿的秘密。是谁将许多的鲜花别在你的身上，叫人看见一些心思在那花蕊中颤动？一条明亮的小溪早已流走，又是谁掬捧了一把幸福的泪水？你的激动就是那座峰的激动！

妙峰山，一个又美又妙的名字。

那刚刚擦拭过的一阵扑扑踏踏的脚步声，像是一只蛮横的梅花小鹿，砰砰地就撞进了你的宁静花园。是谁踩翻了你的竹篮，合起了你的一卷经书，还要夺走你的一束心事？——呦呦的鹿鸣，原不就是为了一个不再“回头”的理由？有人采摘了大把大把的新叶，要焙干作成那“客来茶当酒”“能饮一杯无”的唐诗。是谁在一旁悄悄地研着一钵浓浓的墨汁，侍候着那名字叫“峰”的丈夫？

原来都是你——

妙峰山，这个美丽而又绝妙的名字……

2000年4月21日，北京东城区和平里

余杰的疲惫

尽管我向来以为"才子"与"艺术家"之间有着本质上的差别,但我对素有"才子"之称的人还是十分钦佩的。余杰"横空出世"即有着"北大才子"与"大陆李敖"之说,他的书由于一位书店老板的关系,除一本《尴尬时代》外,其他的我都搜罗齐全并且认真拜读过,《火与冰》《说,还是不说》《铁屋中的呐喊》《想飞的翅膀》……但老实说,读着读着,我就对这"才子"的称呼迷惑了,套用余杰君的书名,竟真的陷入了"说,还是不说"的境地。这情形说来真是奇妙。

李敖自诩五百年来汉语言写作写得最好的作家,第一是李敖,第二是李敖,第三还是李敖。当后来香港凤凰电视台的主持人杨澜去采访他时,他竟又改口称:中国五千年来汉语言写得第一的是李敖,第二是李敖,第三还是李敖。"文化顽童"的形象跃然纸上。但也许他的一些伟大的篇什我没有读到,读他诸如《我来揭文人老底》之类的文字,却实在看不出他磅礴的才子气来,倒是有不少的学究气,甚至匠气。这说得好听一点儿是“博学”,说得难听些便是“文抄公”。如果说,一星点儿思想的亮点用史料串起来便是才子做派,那至多也只能证明我以为的“才子”与“艺术家”差别的命题尚属正确。余杰有幸被称为“大陆的李敖”,果不其然,他的文字与李敖的才子气也有着许多相似之处。至于“独裁导致压迫,独裁导致卑躬屈膝,独裁导致残酷,最可恶的独裁导致愚昧”这样一类近乎真理式的独白,让人看出来的也只是一种“斗士气”。还有他大量的1、2、3式链条状的文字(我也写过)——我觉得可以叫作“余杰体”(因为他用得最多),这种札记式的东西在早年张中晓以及现在的周国平等君的文字里也能见到,而对于余杰自作“熬心煮肉”状,但用苦水浸泡的文字实在太少了——少得几乎没有自己的语言。

与余杰提及的索尔仁尼琴不同,索尔仁尼琴们作为曾经专制文化时代的受害者和见证人,他们的文字叫人撕心裂肺,还不仅仅在于他们那横溢的才华,更多在于他们思想偏激的理由和切身的生命体验,是真的勇士才“敢于直面惨淡的人生,正视淋漓的鲜血”——而余杰君的关于苏联解体后“出土文物”般作家的认识,却大多过于隔靴搔痒,顶多只是不厌其烦地告诉人们一些事实真相。当然也有对专制文化的一种抨击,但可惜这种抨击只是落入了“站着说话不腰疼”的嫌疑里,乍一看锋芒毕露,细看也只不过是隔岸观火,人在天涯。余杰在《旷野的足音》里有一句话倒很地道:“针藏在棉里才能起到真正的作用。”我真希望有着才子气的余杰应该这样,别浪费自己难得的一些才华。

《那塔，那湖》应是余杰君的一篇充满着艺术性灵的文字：“……我来之前，这里曾经很灿烂……我来之后，时光已经凋零，如勺海里入夜的荷花，如枫岛上无鸟的旧巢。只有湖还在，宁静如日本俳句里的古池，蕴一池的寂寞，等了许久，也没有等来一只入水的青蛙；只有塔还在，灰尘满面，鬓也星星，落下倾斜的背影，在夕阳的余晖中喃喃地自言自语……”读这种文字，当然可以见到余杰至少是自己真切的心灵感受和艺术表达，他寻找着那湖那塔的一些残存的记忆，在那著名的塔和湖之间徘徊和审视着，读湖之绮丽、塔之沧桑，让人在感觉文字清丽至美的同时，还能看到一个孤独学子行走的身影，领略到一个灵魂理想的吟唱。相较于他的那些连篇累牍的“录 + 评”式的文字，这种文字真的充满了活力和创造性。可是很快，他不屑于这样做了。他说：“最近我已经少有写抒情散文的欲望了，不断写火气很大的文字。”在他认为：“由于时代的需要，人们往往喜欢我的那些‘壮怀激烈’的文字，这些文字说出了‘他们’的心里话。”我不知道他在“他们”上加引号是什么意思，只是可惜这些“心里话”，总听不到他自己的声音。或者说由于缺乏给尚且“昏昏”的人们以深刻的启蒙思想，而更多地透出的是一种叫骂的爽气，更无所谓于创造者因创造而给人带来的生命亮色了。

我说过对于“才子”我是深怀敬慕的话，但我害怕为了像“赶场”一样而赶文章的余杰，会因此而失掉他的那些令人称赞的“才子气”，而流入另一种媚俗的境地。其实这种“录 + 评”式的文字要做，也做得如金圣叹那般，让人感觉出一些“妙”的东西来。否则，叫人看了就如同看见一只乱嗡嗡的苍蝇，叮哪儿也不是地方；

或者像一只夏天的蝉在树上漫无目的地聒噪着，而大大可惜了“才子”的称号——也许，余杰是太疲惫了些。

2000 年 4 月 25 日，北京东城区和平里

民间的傲慢

最好的傲慢不是那种脑袋朝天、鼻孔出气的。那种傲慢大都有着官架子的支撑，官架子一抽，活脱脱的就是一只缺筋少骨的癞皮狗。这种狗多半在得意时，对上摇尾乞怜，对下狺狺直吠。傲慢无礼，是看你使出浑身解数也张罗不出一些“礼”来。最好的傲慢应该是在渭水河畔钓鱼，在辋川别墅里吟风弄月，或者就像诸葛亮那样在隆中草庐，纵使刘备“两顾”依然闭门不出——那最后的一“顾”一“出”，使那傲慢就大大打了折扣。

最好的傲慢大都是民间的。

民间的傲慢也需要一些“底气”——傲慢自有傲慢的资格。诸葛亮之所以能够傲慢，是因为他在“卧龙”时就胸怀韬略，心里盛装了恢复汉室帝业平天下的锦囊妙计，即著名的“隆中对”。否则，傲慢就变成了黄口小儿的狂妄无知了。寄情山水、放浪形骸的傲慢者们，莫过于不仅有酒名更有文名的“竹林七贤”了。阮籍傲慢地拒绝司马昭为其子求亲，嵇康傲慢地写出《与山巨涛绝交书》而高标千古，都有其傲慢的资格和理由。这理由可以分为三类:第一类是对于城市统治者的不满、不屑,不愿意同流合污;第二类是对生命本质的体认,耽于文明进程的缓慢,害怕坠入“高处不胜寒”的境地;第三类傲慢有背景,也有资格,觉得自己就是一匹千里马,而缺少“伯乐”,于是归隐山林,落于散漫,以期守到愿意上钩的“鱼儿”,实现自己真正的政治抱负。这三类傲慢前两类结局大抵都很简单,第一类由于喜欢说三道四,不是被杀就是成为流亡者;第二类归隐山林也就终老山林,穷极一生;第三类就复杂了一些:或是出仕为官,果然英明,或是仕途受阻,转而隐居,再就是那种干干脆脆的沽名钓誉式的“傲慢”。如“翩翩一只云中鹤,飞来飞去宰相家”的假隐士陈眉公,他的傲慢就是一块幌子,只是想博得朝廷的青睐,可谓是以傲慢而“致远”。

中国的人文传统是一为文人便无足观。所以真正的文人其实都是民间的。够得上文人的如曹雪芹、吴敬梓、吴承恩等等,都是流落民间且穷困潦倒的文人。因此傲慢落到文人身上的便不胜枚举、比比皆是——就是那些做过官的文人,傲慢依然是民间深深烫烙在他们身上的烙印,其铮铮铁骨也是民间赋予他们的。曾称“天下才共一石,曹子建独得八斗,我得一斗,自古及今共用一斗”的南朝诗人谢灵运,据传少帝时他就因与权贵不和被贬为永嘉太守,不久他就辞官移居会稽。文帝继位时命他修撰《晋书》,他竟没有完成,后又任临川内史,但他仍傲慢不睬,上司派人捉拿,他竟然起兵拒捕,落得个被杀的下场。这就是骨子里的傲慢招来的。还有一位典型的是唐代诗人李白,尽管他也写过“生不用封万户侯,但愿一识韩荆州”的表白诗,但傲慢的因子还是渗透在他的血液里了,于是冷不丁他就会冒出“我辈本是蓬蒿人”

“天子呼来不上船”“安能摧眉折腰事权贵”的句子，甚至在那个强盛的大唐，演出了一曲让高力士脱靴、杨贵妃研墨的“傲慢无礼”的戏剧，最后落得个“梦游天姥吟留别”，流浪山水——实际上就是流亡去了。

“采菊东篱下，悠然见南山”是大彻大悟后，陶渊明式的民间傲慢。这种傲慢因为有着田园作背景，最能看出一种恬淡的生活态度，更多地透出一种对生活与人生的傲慢。陶渊明出身于官宦之家，他一生只做过诸如参军、州祭酒、县令之类的小官，在做了八十天的彭泽县令后，为洁身避祸就辞职归田了。后来虽然他身受火、旱等灾厄，甚而因饥饿而乞食，但他一生却隐居躬耕，在贫穷和傲慢中死去。这种傲慢的代价不小，却更趋向于民间——他与他同时代的农民恐怕没什么两样。最有意思的傲慢是那“好为淫冶讴歌之曲，传播四方”的柳三变。他也是一位傲慢中人，一旦傲慢起来是遇官不见，遇妓即狎，待“忍把浮名，换了浅斟低唱”时，仁宗皇帝也要他“且去浅斟低唱，何要浮名”，真正是成全了一位傲慢者了。“十年一觉扬州梦，赢得青楼薄幸名”（杜牧诗）的路子，其真正的潜台词当然就是傲慢，官场上乱糟糟的，不如锦衣衾被裹在温柔梦乡舒服得多。正是“且去填词”的官场“傲慢”成就了“何要浮名”的民间傲慢，要不然“杨柳岸，晓风残月”“衣带渐宽终不悔，为伊消得人憔悴”的脍炙人口的千古名句早成了官场上的残羹剩肴了，哪里会出现“凡有井栏处，即能歌柳词”的词坛佳话？柳三变付出的代价是正史无名，得到的回报却是千古一“柳”，摇曳多姿。这未尝不是一种不幸中的大幸。

纯粹的民间傲慢者应该是无声的，所谓大音希声。比如面朝黄土背朝天的农民，见到田埂上走过来一群衣冠楚楚却“四体不勤，五谷不分”的人，只会傲慢地细心莳弄面前的稻禾，对人们递过来的一支香烟也是不屑接的——他傲慢，但他不说。能表现出傲慢的都还是一些有民间倾向的文人。我读近代文学作家作品，就有两首有着傲慢意味的诗，一是周作人，诗云：“半是儒家半释家，光头更不善袈裟。中年意趣窗前草，外道生涯洞时蛇。徒羡低头咬大蒜，未妨拍桌拾芝麻。谈狐说鬼寻常事，只欠工夫讲吃茶。”本也可以傲慢得下去，只可惜那只大蒜咬出了臭味，臭得一塌糊涂。而就不如另一位叫张恨水的了。张恨水也有一首诗：“托迹华颠不计年，两三松树老疑仙。莫教堕入闲樵斧，一束柴薪值几钱?”他的这首诗是在友人要去当官时写的，傲慢得叫友人“莫教堕入闲樵斧”，当然他自己也这样做了。他写小说写得被张学良看中，请他当官，他毅然谢绝了，连一份闲职的薪水也不拿。他无党无派，连办报纸也取了个“中间”的路子，一生只“流自己的汗，吃自己的饭”，做平民的“代言人”，傲慢“傲”出了骨气，也让人体会到真正民间傲慢者的风骨。

2000年5月21日，北京东城区和平里

在水底思想

面对思想者，的确是不能造次的。比如说那尊著名的裸体“思想者”，要是有人以为他并不是在思考什么深奥的东西，而是在思念一位情人，结果如何？还比如屈原，若他投身汨罗江也并非对家国沦丧的绝望，而是刚刚与妻子吵了一架——恐怕那峨冠博带、须髯飘飘的楚大夫形象立即就虚伪得似一朵带污的莲花。不是说这样不可以，屈原要真的与妻子吵架也没有什么，至少他的《离骚》《天问》还会在诗歌的河流里流淌，五月端阳我们还会在水边祭奠他，宣扬他的诗歌艺术。

在北京人艺看话剧《屈原》，我就看到屈原一步一步走向汨罗江的场面。他当然忧愤，但他沉静、坦然，嘴角似乎还挂着一丝幸福的微笑。透明的水浸漫了过来，他并没有停止呼吸。我发觉清凉的水使他的头脑更为清晰、宁静。那江水里也许还有些礁石、水草、鱼藻什么的，但这比水面上的东西要简单多了，水面上流淌的是令他更为浮躁和厌烦的东西。他要在水底思想，那种思想让他归于永恒和满足。“我已经老了，人越老就想得越深，水面上的事情我抓不住了,我在水底思想。”法国那个叫让－吕克·戈达尔讲的话,这时简直就是他的旁白了——尽管他是在岸上讲的。但这话讲得居然很东方,很中国式……陈天华、王国维、朱湘、老舍都曾这样想过,更远的还有李太白。

屈原当然不是为妻子而投水的,老舍也不是。“面壁十年图破壁,难酬蹈海亦英雄”(周恩来诗)——陈天华才三十岁,就更不会是了。他有着更强烈的爱国主义精神,他写《猛回头》《警世钟》时,就已经看出了日本军国主义的野心,为勉励同胞矢志救国,他唯有选择投海。水永不会干涸,他相信他的思想也不会停止流动。果然,不到三十年,日本侵略者就扛着刺刀踏上了我们的国土,陈天华的泪水与海水融汇在了一起,荡起了巨大的涟漪。那咆哮的抗日的洪流,是一种更为汹涌的水……

颐和园的昆明湖由于见证了一群“野兽”的烧杀抢掠,有些漠然和麻木了。当它接纳王国维这位近代中国著名的思想家时,竟一点也不显得惊慌。它甚至目睹了王国维投向它怀抱的全部过程:王国维从人力车上下来了,来到排云殿西面的鱼藻轩,还驻足了很久。它陪伴他抽完了最后一支香烟,它发觉他好像是在选地方。尽管鱼藻轩前的湖水深不过尺,湖面满是松软的藻泥,但已足够他思想的了。于是他潜入水中——将“水面”上的事情丢到九霄云外了。

“汨罗异代沉屈子,昆明湖水化鱼龙。”一代思想者就这样沉到了水底。在水里他会与鱼龙们交谈些什么呢?水面上的人们吃惊了:那时他的学术研究正如日中天,假以年华更是无可限量。但这时昆明湖的水却已无法说出什么了。聚讼纷纭,几成公案,但人们含泪问水水不语，抽刀断水水更流。后来有人将他的死因归为三条：一说丧子之痛加上罗振玉情绝义断；二说他情伤于湖南大藏书家叶德辉在大革命中被杀，恐革命军入京后受辱；三说他是因为中西文化在心灵的碰撞冲突中无以解脱。但不管怎么说，他都是到水底思想去了。面对一个水底的思想者，幽明永隔，岸上的人无法明白他会想些什么。

太平湖，也是一个美丽而明静的湖。但生于斯长于斯的老舍先生恐怕做梦也没有想到，他生命肉体的终结将与这湖发生关系。他为这个城市留下了《四世同堂》《骆驼祥子》，而不久前他的《龙须沟》《茶馆》还在上演。他经历过重庆那度日如年的日子，他不会想到，在自己故乡这个首善之区，竟然一下子就没有他思想的地方了。外面，“文化大革命”正在如火如荼地开展，一种狂妄的思想像一股狂飙猛地扑来，打得他有点儿喘不过气来。但这不是水，是比水更为坚硬的风，他有点儿承受不住，他害怕身子被这风刮得到处乱跑。他需要静下来，他想到宁静的水里去认真思考一下。于是，太平湖就成为他永远思想的栖地了。他仿佛看见太平湖的水延续了他的思想，他舒适了——因为更为狂乱的思想还在后头。

对于一个真正的思想者来说，当一种混乱、愚昧、狂妄的思想压迫着他时，选择在水底思想当然不是一种最好的反抗，但这却是一种如水一般无声、纯洁和清澈透底的反抗。压迫有肉体上的，也有精神上的，更有精神与肉体双重的。他们选择在水底思想，就是一种直接和间接的压迫所呈现出来的无奈和愤慨。有人选择了卧轨、悬挂，那是另一种思想的方式。不如在水底思想来得平静和优雅——这“优雅”溅起的是一种辛酸的泪水，羽化的是一个干净的灵魂。

宁可死个枫叶的红，
灿烂地狂舞天空，
去追问南飞的鸿雁，
驾着万里的长风……

这是另一位也在水底思想的诗人朱湘的诗句。读这首诗时，人们也许会觉得朱湘应该在“飞翔”中死去，但他没有——他没有像差不多与他同时代的徐志摩那样，在空中向人世做一次惊人的“吻别”。他也喜欢在水底下思想，于是二十九岁那年他毅然投进了大江。“惊人的一鸣，羽化了灵魂”，他写过一首咏爆竹的诗，不想就成了他的谶语——世人说他因为生活的困难而绝望，但他坚持要在水底思想，这一点人们也会理解。至于更远一点的，就是诗人李太白了。史学家说他最后在安徽当涂他的族叔李阳冰那儿病死的，但我宁愿相信他是捞水中的月亮去了。“黄河之水天上来，奔流到海不复回”“飞流直下三千尺，疑是银河落九天”……与其说他是思想者，毋宁说他是一位浪漫的思想者更为确切。他喝着酒，看到了水中的月亮，他纵身一跃，于是浪漫主义结束——思想者诞生。

2000年5月28日，北京东城区和平里

散文的事

写作是一种喜爱,关乎自己。“炒作”是一种热闹,是别人的事。

喜欢写作,不喜欢“炒”作——一个人倘若能把关乎自己的喜爱终生地坚持下去,就不简单了。散文的事就是这样的事。

文化散文也好,行走散文也好;大散文、在场散文……其实都是一种炒作。散文本身就是文化,也是“在场”和“行走”的——无论是用双脚行走,还是心灵的行走,都会在场和离不开文化。文化是那根穿起一溜“珍珠”的线,没有这线,那就真的成了“散文”了。散文可以写得大气,也可以写得小巧,而文化无所谓大与小。

艺术是缺憾的美。散文其实就是心灵缺憾的艺术,没有一个完全没有缺憾的人生,也没有一个完整和完全正确意义上的散文。人的心灵有痛苦有欢乐,既痛苦又欢乐,但那心总是活蹦乱跳的。痛心、伤心、欢心、心有灵犀、心心相印、心无旁骛……都是一些鲜活的心情。散文就是这样一些心情。

愤怒出诗人,庞杂出小说。

而散文需要的就是一种散步者的心境——只有心不在焉,才让散文的艺术气韵大打折扣。没有散步者的心境,就做些别的。比如,你想跑马拉松,你就去写小说;你想短跑,你就写诗歌;你想慢慢地走,你就去磨论文……当然,散步的时间过长,也会使人感到枯燥无味。因此不喜欢那长且无味的散文。

昌耀是诗人,但他说过一句话:人生浪迹而已。终老乡里,小浪迹;客死他乡,大浪迹;年少夭殇,小浪迹;寿终正寝,大浪迹(大意)——“浪迹”就是一种行走。他还说,写诗是灵魂的事。真是,灵魂不是每天都在行走吗?可怕的是散文观点的“行走”。

观点“行走”的结果,好像是弄清楚了散文为何“物”。其实,散文既然是灵魂的事,你能说清它为何物?——像风?像水?像花?像树上的一只鸟?

无形的风是散文,

洁净的水是散文,

一朵午荷是散文。

树上的鸟儿何尝不是?

……

重要的是得有一双发现和创者的眼睛,这“眼”可能就是散文的灵魂。

有人说,现在的散文写得太“滥”了:小说家散文、诗人散文、学者散文、新散文、原散文……好像散文就是一块香玉,谁都有怜香惜玉之心。其实写“滥”了才好。没有滥,你怎么知道不滥?一篮子苹果,总有几只烂的。你拣不烂的吃就是——这用不着谦迹。说到底，散文是自己的事，个人的事，灵魂的事。

灵魂的事谁能说得清楚？

2000 年 6 月 5 日，北京东城区和平里

民国的散文

民国年间，风雨如晦。许多事情人们都懒得去说它。但那个时代却是中国文人们不得不去面对和怀念的。因为那个时代，中国文人们兴致勃勃地干了两件成功的事：废除了文言文和改造白话文。这两件事的结果，是使中国文学进入了一个空前的散文写作的时期。

一个普遍的文学认识是唐诗、宋词、元曲、明清小说。急功近利的当代人，已将目前最为活跃的文体定作了"民谣"，但还是独独对民国的散文视而不见。民国可是一个散文的时代啊！散文创作在民国年间就矗立起了一座高峰。随着当代散文写作的深入和无奈，我发觉许多散文不仅仍然无法摆脱民国年间散文的影子，并且还日益地凸现出它们的光泽来。这好像是一件没办法的事情。

这不是悲观，是客观。古风下来，必须说七律、七绝，律也律了，绝也绝了；才填词，填不好词，才有散曲；散曲无法生存了，就出现了"街谈巷语，道听途说"之类的话本，然后必然就会出现文人写作的散文(再或是更为民间写作的"民谣"了)。民国年间有小说,章回体;有诗歌,可再也超越不了唐诗、宋词的高峰了。正改造着的白话诗还稍嫌稚嫩,只有散文才臻为成熟。你看现代散文的定义,也便是那时候定下来的。郁达夫在《中国文学大系·散文二集》的导言中曾说:"若我的臆断不错的话,则我们现在所谓的'散文'二字,还是西方文化东渐的产物,或者简直是翻译也说不定。"白话文改造发轫于"五四",而"五四"就发生在民国,它带来"欧化东渐",也带来了散文,"散文"一词英文为 prose,意为自由而狭窄的。这不要紧。它实际上首先带来的是说话方式的改变,这种改变就成就了一种文体。"之乎者也",改成大白话,就使中国的文人找到了一种更为自由和有别于其他方式的话语,其"狭窄"又让人们无法鸿篇大论,文字汪洋,所以引起散文的繁荣正在情理之中。另外,搜罗这个世纪的散文,我们不得不承认,现代散文的大家也都是民国年间的人,闲适的如周作人、林语堂、梁实秋,"先锋"的如鲁迅、徐志摩,乡土的如沈从文,等等,他们都是学贯中西的大家。他们散文的经典之作,也都是在民国年间写作的。你读鲁迅、郁达夫、冰心、梁实秋,能不想起风雨飘摇的民国吗?就像现在的格律诗无法超越唐诗宋词,当代小说无法出现《红楼梦》《聊斋志异》《儒林外史》一样,散文已经无法逾越民国散文这样一座巍巍高峰了。

民国年间,同时产生革命家和刽子手。它可能影响到了文学,但散文这座高峰横亘在民国,历史要是这么写着,肯定是没有错的。

这个时代是纷纷在寻找最好的说话方式的时代。寻找到了那最好的方式,便预示着一种文体的复苏和繁荣,就会建构起一座文体的高峰。这是文人的信心。

我想,这不是对当代散文创作的一种虚无,套用一句民国年间人士的话来说,叫作唯有明白旧的,看到新的,了解过去,推想将来,我们的文学才有希望。散文需要这种清醒的认识。

2000 年 6 月 17 日,北京东城区和平里

读碟记

碎片(一)

艺术上的依傍无处不在,寻找那种强烈而又明显的冲击却又困难。在这之前,我对基斯洛夫斯基还一无所知。我甚至不知道他是被称为“用电影语言思考的思想家”。但朋友不知从哪儿弄来他的天鹅之歌《蓝》《红》《白》三部影碟,我看着竟一下子着迷而心灵受到了深深的震撼!我几乎一鼓作气、囫囵吞枣式地看完了影碟。我看的顺序是先《蓝》再《红》,然后《白》。我突然看到了三种颜色在作品叙事中的巨大作用。当然更多的是一种碎片式的东西,如时间与记忆、茱丽叶面前不断晃动的一串蓝色的灯饰,始终贯穿在《蓝》《红》《白》中的那一只绿色的垃圾箱,以及那位在阴影处一直未曾消失的向垃圾箱塞白色瓶子的女人——有时是一个流浪汉。“我喜欢观察生活的碎片,喜欢在不知前因后果的情况下,拍下我惊鸿一瞥的生活。”基斯洛夫斯基这样说,也这样做了。

片断与细节

片断，是所感觉出来的基斯洛夫斯基的电影语言。寓意在他那里得到了夸张，故事从而显得简单。生活隐遁其后，而又偏偏成为穿起这些片断的链条——所有的片断都显得那么精巧，叫人无法不感觉它作为细节的真实。一个片断，一个细节。内在的东西无处不在，它关联、紧凑，有着非凡的隐喻，使人觉得没有一处闲置。《红》里一只狗下了七条小崽，沉翻了的轮船生还了七个人；狗跑到了老法官希旦的怀抱里，临走时瓦伦婷对老法官说到了它。她和它都是老法官的关心。一切就这样都充满了象征与暗示。《红》里这种象征的意味就更为巨大：倒落的广告牌、时装模特儿瓦伦婷与奥吉斯特的爱情正朝着老法官叙述的道路莫名其妙地走去……生活惊人地相似与轮回。年龄悬殊的一老一少之间产生着美好的信赖与依恋。而同时，一对年轻人纵然是坐在同一条轮船上，在灾难前竟如同陌路。

形式主义

强大的形式主义充满在三部曲中。艺术之于颜色的强调在《蓝》《白》《红》里透出了一种唯美主义倾向。线条简单明了，颜色基本上就为每部作品定下它的格调。《蓝》中蓝色的天空、蓝色的水、蓝色的服饰、一串蓝色的灯饰……《红》中红色的机票、红色的书、红色的衣帽、红色帷幕、红色汽车……《白》中的白雪、白布、白衣与苍白的脸、白色的鸽屎……形式主义把颜色推向一个美丽的极致——这就已经与契诃夫不同了。这里绝不会因为墙壁上挂了一杆枪而一定要把这子弹发射出去。谁也无法说出那串蓝色的灯饰一定象征着什么，那男孩手中旋转的玩具也不一定有着什么惊人的意义。一块石头有给它扔出去的原因，也就有着不扔出去的理由。还比如《红》中出现的那提着水桶的女人，《白》中的那杆枪……由形式而表现出的具有极端冲击力的审美，给人突然就提供了一个巨大的艺术创造空间，令人猝不及防。

碎片(二)

红、蓝、白……时间，像刀子一样锋利地切割着碎片。时间在《蓝》里一下子就变得紧张起来。茱丽叶失去丈夫和儿子后，高昂的交响曲几乎就一直横贯在她的左右，基斯洛夫斯基没有把她对丈夫生活的记忆表现在画面上(后来她自己无意中在电视上看到丈夫的照片)，但使人感觉到丈夫(音乐大师)在她的灵魂里无处不在。时间既像蓝色的水一样凝滞，又像蓝色的水一样汹涌澎湃。茱丽叶曾三次浸泡在水里，三种不同姿势的传递使她的心灵也许得到了外化，独唱与合唱的音乐便使其达到高潮。当茱丽叶得知丈夫有着其他的女人和孩子，一种东西在她的心灵突然得到复活和消解。“你得时时抓住点什么!”那位流浪街头的音乐家不经意的话值得重视。茱丽叶由于自己的“复活与消解”，倏而开始用长笛和钢琴在向生活抓住什么——就这样，基斯洛夫斯基把人内心的东西同样也给抓住了。不同的是,他抓住它,他倏而就放开了它。由极端走向极端,由紧张走向了自由。

生活与故事

也可以说,三部曲其实表现的不过就是平庸的生活。在《蓝》中,这种症状尤为明显——生活里失去一个亲人不会改变什么:流浪的女人照样将白瓶塞进垃圾箱、流浪的音乐家照样会演奏茱丽叶心里所熟悉的音乐、老鼠照样会生产自己的小崽、母亲照样会看自己的电视、老态龙钟的老人照样会"蹦极",甚至妓女也会依然义无反顾地迷恋自己的事业……生活没有唯一。茱丽叶的错误就在于把爱情和死亡当成了唯一。最终,她还是知道了丈夫不仅有心爱的女友,而且还有孩子,这由"一"而"二"就彻底打破了她内心维系的一切。尽管付出的是巨大的心灵代价。于是她发觉她也能谱写完交响曲。在获得心灵自由的同时,她触摸和还原了生活本来的面目。《白》或者说故事也不乏庸俗:一个被女人抛弃的男人完成了一次对女人的复仇——在三部曲中,《白》可以说是最具有政治倾向。当波兰的理发师卡鲁在法国阳痿而遭到女人的遗弃时,他精神的阳痿也到了极致。然而当他回到祖国,主人翁的意识与内心中一直存在的复仇意识一起复活了。平等使他在性能力恢复的同时也恢复了一切。两个国家、两个实体对等,人格和爱情对等。《白》凝重而具荒诞感,它告诉人们拯救自己心灵的首要条件是要知道,然后是尊严与平等。

无所不在的性与神秘感

在三部曲中，性的意识到处漫延。明显的性镜头是《红》中奥吉斯特爬上窗子看到的；而《蓝》中，茱丽叶与丈夫的朋友安东一夜情的那张床垫也铺垫得让人想入非非。安东买下那张床垫后，茱丽叶生活中的一切就更加充满了非常之性，耐人寻味，《白》干脆就是一个由于性而产生出来的故事。当尊严与平等使卡鲁恢复了性爱能力，在床上，他要自己的女人叫得比她在法国与另一个男人在那个著名夜晚的叫声还要强烈。这是他的曾经的不幸心灵障碍的一次大清除，卡鲁由此而获得心灵上的满足和胜利。在电话里卡鲁听到的呻吟，瓦伦婷朋友在电话里所听到的希旦（狗）粗烈的喘气声，从而都使性意识弥散、洋溢到了整个画面。这仿佛有点神秘，这种神秘还表现于《红》中几次失落的书、狗——七条狗——一条扑向老法官怀抱里的狗，人——七个人——瓦伦婷在轮船上得以获救。《蓝》中那串蓝色的灯饰，《白》中那个神秘的要求卡鲁枪杀他而希望借此使双方都获得重生的人，都包含了一种巨大的神秘感。在这神秘里，红色的广告牌落了下来，白色颠覆了红色，一艘轮船无声地沉没了……神秘使一切巧合陡然都增添了神的力量。

文　本

基斯洛夫斯基要带给人们的当然不只这些。它提供的是一个新的叙事可能与极致——一个成功的“叙事思想家”的经典性文本。他颠覆传统的故事叙事方法，然后，他告诉人们故事完全可以靠生活的碎片，在寓意的思想里行走。在这三部曲中，《蓝》完全是靠画面支撑，基本上没有故事——丈夫与儿子死后，茱丽叶一下子就深深陷入了万劫不复的痛苦之中。然而，当她得知丈夫还有个情人，在这个世界还留下了一个骨肉后，改变她自己生活处世的方式就成为她要解决的首要问题——如果她忍受痛苦，早些时候就收拾、整理了丈夫的遗物，发现了丈夫的那张照片，那么一切故事都不复存在，也就变得没有意义了。《红》说穿了就是一个小姑娘与一个老头之间的浪漫故事，故事所具备的意味完全就在于小姑娘与那位小伙子（也是法律工作者）之间的关系，竟然让老法官看到。这正是他人生故事的重复、轮回与延续。《白》使一个简单的复仇故事走上了一条叙事思想的道路，全新的叙事方式从而给它们赋予了新的意义和意味——形式将故事推向完美，在此得到了可以成功的佐证。

碎片（三）

如果颠覆顺序，将这三部曲《红》《白》《蓝》地看一遍，也许可以从另一个角度更清晰地看到基斯洛夫斯基的叙事风格。当然，首先我们的眼光恐怕还会停留在那种已经情绪化了的基调上，这也是一种暗示，顺序在逻辑中会变得重要。我们可以认为，三部曲各自的颜色就已经奠定了它们的基调。那里，纯情的“红”是一种热烈而充满着危险的色调，雪亮的白是一种冷酷而又坚定地追求平等的色调，而沉静的蓝则是一种充满了忧郁而幻想的色调……这三种色调在基斯洛夫斯基手里用得匠心独运，煞费苦心。这也是一种成功。但整个地看来，三部曲中一种主要的较为冷漠的色调还是贯穿如一，紧紧地覆盖和包容着整个叙述。基斯洛夫斯基似乎把握住了一个非常好的审美距离，他一面尽量有距离地审视着周围生活的一切碎片；一面又极有分寸地拒绝了在他看来是极不和谐的东西——这里就有一种指向，一种文字无法表述却又分明可以抵达到的精神向度，这是基斯洛夫斯基与生俱来就拥有的一种东西。语言表达所需的距离、形式的极端完美、细节的真实与洗练、博大精深的题旨与简单意义的消解，使基斯洛夫斯基终于完成了他不懈追求的形而上、梦幻和具有极大艺术魅力的期待。无疑，这已使他得到永恒。

2000 年 7 月 14 日，北京东城区和平里

坛城根笔记

我们多么喜欢在夜晚剪指甲

夜晚的语言充满了神谕。所有的秘密都凝结在那或灰白或晶亮的指甲上，有人在上面涂抹了大量深沉的殷红或者紫色，对此我们习以为常。语言不能指责什么，她们对指甲的装饰和钟爱，像是对她们的身体做出了珍惜的姿态。

可是我们依然喜欢在夜晚剪指甲，从小就是。那时我们对指甲里深藏的奥秘不懂，老祖母端坐在红漆的太师椅子上，她的阻挡，充满着找不到理由的威严。“别剪！别剪！晚上剪指甲会丢失记性的！”于是，我们就不剪，害怕丢失了那叫记性的东西。但反对“威严”却是我们一向的传统，很多的时候，我们还是趁着夜色，偷偷地将自己的指甲剪了。

俗语：“千金难买回头看。”从老祖母具有先验性的语境里，我们已经知道了“指甲”与“回头看”有着某种神秘的关联。记性是一个人朴素的思想，也是一个民族和一个国家的灵魂，如果说“指甲”关系到“记忆”的话，那么我们尽量不安排在夜晚剪它就是。在美妙的早晨或者在和风送爽的上午，我们剪掉那些妨碍我们生活、藏污纳垢的指甲有什么不好呢？老祖母没说那时候剪指甲与记忆有关了。

关于记忆，台湾作家龙应台说过一句话——这句话，她是在看过各国的“马桶”后得出的一个结论。她说，汉民族的马桶与别的民族的马桶不一样：“是这样的，好了，东西一离开身体就沉没得没有去向，完全没有回头看的机会。”……“历史对于汉民族而言，不是个需要缅怀、检讨、面对、克服的东西，而是一个需要‘忘记’的东西。”她发觉日耳曼人设计马桶，是为了“完事”之后，还要回过头来检查一遍自己的“成就”，然后才冲掉；而“人家日本人还在水箱里装上音乐器材，按上去，不但听不到任何冲洗“过去”的水声，人们还享受着叮咚悦耳的音乐呢。”——听听，现在依然不绝于耳的日本军国主义分子否认二战侵略历史的叫嚷声和他们对于历史的美化，不正是这样的心态吗？

龙应台还说：“你看，我的马桶静悄悄，冲水时，只是一卷美丽多纹的旋涡，优雅温柔地与‘过去’悠然消失，没有一点喧哗。”是的，面对过去，没有一点儿喧哗，却也容易丧失一个人、一个国家乃至一个民族的记忆和正义。

当然，龙应台说着这话，也到台北市文化局当局长去了。

但从“马桶文化”上看，我们实在都是一群喜欢在夜晚剪指甲的人。一代一代地过去，我们的手指干净、圆润，我们自觉我们心地明亮、磊落——“好了伤疤忘了痛”。我们曾这样做过，甚至，我们还如同阿 Q 一样炫耀过那晶亮的疤，并因此认为这是胸怀大度、气质高雅的表现。

“人之发肤，受之父母。”老祖母在不让我们剪指甲的时候，她绝对没有想到体现这个意思。有人将头发剪下，义无反顾地交给情人，那是一个庄严的承诺，但在剪指甲时就显得随便和轻松多了。我们是提倡“向前看”的，因为我们愿意对过去的事情淡化和模糊，我们是多么喜欢在夜晚剪指甲！

想起一则著名的寓言：“从前，有一座山，山上住着两个和尚，一个老和尚一个小和尚。有一天，那老和尚对小和尚说：从前，有一座山，山上住着两个和尚……”

还能说什么？——“从前”，全让我们在宁静的夜晚当指甲剪掉了。

地铁口

地面上的事情太繁杂琐碎，就钻进地铁。地铁的好处就是删繁就简，它像一只庞大的不断蠕动着的胃，将地面上的阳光、空气、雨水、冰雪和树枝纳芬吞芳的。行迹匆匆，它又如一个巨大的吸盘，将同是形迹匆匆的人们全部吸收了进去，其余的事情不用说了。地铁口此时正像一朵正开放的花朵，合合拢拢，吞吞吐吐，上面栖息了不止一只的蜜蜂和蝴蝶。

美国诗人庞德打量着巴黎协和广场附近的地铁车站，说：“人群中这些面孔幽灵一般显现，湿漉漉的黑色枝条上的许多花瓣。”在地铁里，许多人都会想起这与自己无关，却关系到地铁的经典之作。地铁口的台阶上经常有一群跪伏着的乞讨者，他们一般都衣着褴褛，伸着脏兮兮的手，有时面前也会像下雨一样落下一两枚硬币，但这种生意不是太幸运和顺畅，真真假假、大大小小的乞丐，已叫人感觉这像是一群挥之不去的苍蝇嗡嗡地叮在花瓣上。还有一些流浪音乐家，手持手风琴和嘴含口琴，不时使劲地吹奏着，乐器演奏所发出的温情的声音与他们面前冰冷的盛着钱币的铝缸以及偶尔滴落硬币的清脆的响声，形成了鲜明的反差。人们在那悦耳的乐器声中，总会忽视硬币以及与金钱无关的东西。在他们逃离的身后，蜜蜂嗡嗡地叫，地铁口如玫瑰花般美丽。

走进地铁口，就如走进一座巨大的坟茔里。幽暗、霉烂等种种与阳光下不一样的气息飘忽着，虽然并不强烈，但在“人气”旺盛的地铁里，那种感觉还是显现在许多人的脸上。如果没有喇叭声、车声和喧哗声，人全屏住了呼吸，那神情一定特别有趣。实际上因为四周已经没有了诱惑。比如地面上的商店、高楼大厦、风筝等，人的表情开始变得单调和被动，只有时间、地点，从哪儿到哪儿——人的目的异常明确，使人内心预感到了结局，因而变得很冷，缺乏激情。维系他们内心的只有一种上升的欲望。从地铁口出来，如同从一朵花里飞出。

有时想，在地铁里行走真是好啊！地面上那么多讨厌的事情忽然就不见了，尽管只一门心思地走自己的路，不必要考虑太阳黑子的辐射，不必要考虑雨水和冰雪的鞭打，人又比地面上缺少一些张牙舞爪、面目可憎。在地铁里，陌生感、死亡感的味道因此也比地面上来得平易。死亡像影子，像梦一般追逐着你，使你陡然想到死亡也就是见不到阳光，见不到绿树和天空。至于那些人，你尽可能地认为他们是你的化身，灯光在他们脸上明明灭灭、半亮半晦，像一具具用药水浸泡过的木乃伊。可事情也有例外，如果有人在地铁里闭目养神，甚至算计什么，那么他就如同在坟茔里盗宝一样，窃取着自己心灵上的宝藏。阴谋常常是在黑暗中制造出来的。

一切结局都是提前或延误过程的结局。从地铁口出来，地面上已是暮色苍茫、万家灯火了。面前车灯明灭，你这才发觉到了梦醒的时分。人间到了！在这个人间，城市里的交通阻塞已成为这个社会最大的毒瘤，地铁的现实主义功能就在于分散、消解，它也企图从城市的根部根治这种毒瘤，但它分蘖出湿漉漉的黑色的枝条，显现出的梦幻般的非现实主义色彩，却是地铁制造商们万万没有想到的。

现在回到房间，从内心和窗户遥望着这个城市的地铁，我发觉人类竟然都是这个城市的梦游者，集梦者的脚步匆匆忙忙地追赶着地铁。地铁口如一个插花的瓶颈，谁没有插花的欲望呢？

在坛根院想念老北京

巍然耸立的一座座摩天大厦，铁板一样坚硬和灼热的水泥路，钢筋混凝土、蓝色玻璃拼凑出的建筑物，像风一样刮来刮去的时尚和行色匆匆的行人……如果不是有人硬拽着你去坛根院食坊，看到城墙根那高挂着的一串溜的大红灯笼，或是兴致勃勃地坐上一回小洋车，你可能至今还在怀疑老北京是否真实地存在呢。

无论是北京老字号的“东来顺”“砂锅居”，还是一枝独秀的宫廷菜系，总而言之都透出一个“老”字。老，表明了一种历史的源远流长，飘溢着一股文化遗风。有人尽管曾讨厌过自己的老人，但大多数时对古老的历史还是肃然起敬的。一些手持照相机的老外，也夹杂在坛根院食坊里，他们似乎在闹哄哄的人群中也倾听到古老中国传递而来的历史的声音。他们心里不明白，中国人这么喜欢热闹，其中体现了王者和民间都需要的一个怎样的歌舞升平的心态？

进了坛根院食坊，面前冷不丁就会站立着一个剃着板寸头、肩搭毛巾板的小伙子。手中毛巾一掸，啪的凳子一响，就一阵吆喝：“来啦！”然后沏茶、备碗筷、递菜单，走马灯似的。全透着一阵阵吆喝声，玩鸟的、滚铁环的、玩杂耍的、唱京剧的、敲大鼓、说相声的……老北京人扬扬得意地说，北京人就爱图个热闹。那时候茶馆、戏园子、饭馆里都这样，而且戏台子要比这大。墙上挂着孟良、焦赞的脸谱，开了两溜圆门，就这样。

是这样，那古朴的城墙，中华门、安定门就这样成了发黄的老照片，挂到了食坊院四周的墙上。一阵热闹过后，一切就都无影无踪了。四合小院、胡同、胡同里的电线杆、故都的红墙，很快也会在热闹中消失殆尽。那古朴而又经常惹人产生传统美感和依恋的老北京，我们曾是多么青睐和自豪啊！但这一切，被“现代”两个字轻轻松松地就瓦解和覆盖了。桌上空空如也，坛根院只是老北京人残存的一个梦。

小吃端了上来，豌豆黄、艾窝窝、炒肝、扒糕、酸豆汁、炒饼、炒疙瘩、麻豆腐……都是一些民间风味浓郁的菜肴。吃在嘴里，果然口齿生香，套用一句流行的广告词就是：“不一样就是不一样噢！”遗憾的是现代人已无心品尝，其情形就像台上正演的戏，你演你的，我吃我的，也鼓掌、喝好，但全没有了“老北京”的优雅和闲逸。演戏的在赶场，吃饭也在赶场。老北京人都在怀念过去的小吃，如“爆肚冯”“茶汤李”“年糕袁”“祥瑞褡裢火烧”……就是名震京城的绝技，都浸染着宫廷特供的殊荣和梨园名角以及文人墨客的风韵。可那时候，老北京人在这份韵致中寻找到的是一份无可比拟的踏实感啊。

果然有一支歌唱轰动了，却是《大海航行靠舵手》。“歌唱家”手持话筒从台上唱到台下，话筒一递，谁都会唱，都唱得非常夸张和不真实。因缺乏当年革命者的虔诚，当然也就显出一些滑稽了。一个中年汉子接过话筒，歇斯底里地吼着，边吼，他还边用筷子在头顶上挥舞着，掌声雷动。这情形比先前的京剧、大鼓，还要煽情得多。这仿佛证明，人们所怀念的传统，只不过是刚刚逝去的旧事，与传统还隔着十万八千里，传统实在是很脆弱的东西……

从坛根院食坊走出来，耳根陡然清净了许多，酷暑的火气随之扑面而来。墙根上那高挂的大红灯笼依然红红地亮着，使人有些动心的是，那红红的灯光，叫人一下子咀嚼到了无数逝去时光的原汁原味。

窗外的银杏树

风吹着银杏树叶哗哗地响，天蓝郁郁的像一汪浅湖。太阳高悬在天空，遍地银光。抬头朝着那散发光源的方向望，镜片立即被强暴得一塌糊涂。转身闪进高大的银杏树脚下，只觉得阳光被树叶压缩成长长的银棍挥舞着，头顶上的灼热仿佛被舞去了许多。

秋天里注意过一阵子银杏树，因为它总在窗前探头探脑，眼睛绿亮亮的，深不见底。房间里只一排书橱、一张桌子、一张床，窥探不到什么秘密。但很快，我发觉它的眼神开始变得黯淡，仿佛有些失望。自打入秋以来，窗前银杏树的脚下，已经堆满了厚厚的黄灿灿的几层叶子。树的躯干纹理清晰，斑斑驳驳的，怎么看也像是一个正处在更年期的男人，头发蓬松着，尽管树叶极力遮蔽、叠盖，但时而还是有一片片黄黄的东西从里面噗地打着旋儿落下来，或者干脆哗哗地密集如雨了。树脚下的石桌子旁，总有两位老人在下棋，“拱车，将军”地吆喝着，一手凝重地捏着棋子，一手温馨地拾起一片黄叶摩挲在手上。

窗前一排银杏树，隔着一条路，还有一排。这样，灰黑色的道路就掩映在一条金黄的树廊里了。有好几次，我想用照相机拍下那金黄色的长廊，却又很快打消了念头。

秋天过去，很快冬天来临。白色的雪和苍茫的风帮助收拾干净了地上银杏的黄叶。起早时，当然也可以看见环卫工人身着黄马甲在打扫。望着干干净净的大地、道路，很快我发觉我的一个很大的疏忽——我竟然没有看见过一颗银杏的果实，而银杏确乎是长果子的。记得家乡人叫它“白果”，后来延伸开来，他们骂那些对眼前事物视而不见的人，就说：“长着一对大白果。”真是奇怪，我为什么也长着一对“大白果”呢？

家乡很少见到银杏树，却将眼睛色盲的比作“大白果”，这话来得可疑。

恰好是大暑这天，天空像镀了一层薄薄的银片，贼亮贼亮的。再加上阳光如水银般令人窒息地倾泻，窗前的银杏树汪在里面就全做出了凝滞的姿态，叶片上泛出了金属的光泽。整个地看起来，银杏树显得十分疲倦。在早晨的时候，银杏的树叶还显得鲜嫩，但不一会儿就卷曲了起来。这回我用心看了，我注意了一下它身边的槐树，那叶子就不像银杏树。它绿葱葱的，像是没有剔除肉的鱼刺，兀自在风中摇摆着，抵挡着阳光。可银杏树叶低垂着，藏起了绿的一面，露出白茸茸的脊背。蝉在树丛里嘶叫着，阳光里的一切都被声音、热浪、如火一样的风什么的搅和得汪洋滔滔、热血沸腾的。叶子可怜人儿模样，暗暗地攥起了小拳头，似乎在小声地呼喊着激进的革命口号。

大暑，二十四节气之一，是一年里气温最高的一天。难怪这天，我发觉天空亮得不真实起来。在最狂热的时候，植物们比如银杏树也难免变得心性不定，它攥紧的小拳头，也只是表现在无力的抗争。度过暑期，银杏树就会变得爽快，树叶哗啦啦写秋声之赋了。

《现代汉语词典》上解释“银杏”：落叶大乔木，高可达 40 米，雌雄异株，叶片扇形。种子椭圆形，外面有橙黄色带臭味的种皮，果仁可以吃，也可以入药。木材致密，可供雕刻等用。也叫公孙树。

只是大暑时根本见不到那果实，也就很难认出它的雌雄，闻到那种臭味。这回倒不是因为我的疏忽。

青草的池塘

池塘在南方是清亮的代名词。它像是南方土地上舞蹈着的精灵,或是用来贮水的器皿。在北方,你当然很少看到这样的池塘,它的水碧绿碧绿的,波澜不惊。它的旁边繁衍了菖蒲、青草之类,水灵灵的,绿意盎然地就绕匝了池塘一圈,它使池塘变成了大地的眼睛,闪耀着一种诡秘的神性的光芒。

老屋门前的塘就叫"门口塘",门后的塘叫"大塘"。还有北塘、窑塘,村子里并没有一户姓刘的人家,但那塘居然就叫了"刘家大塘"。有时这种分工还非常明确,门口塘用来洗衣服、浆衫什么的,大塘专门用来"吃水"。一到傍晚,一村子的人都会挑着水桶走进大塘,挑回清亮的水倒进瓦缸里,供全家人饮用几天。在冬天,白皑皑的大雪覆盖了土地上的村庄、房屋、田野等等一切,但池塘里水还是清汪汪的,碧绿的水面上袅袅地升腾起一股白汽,像是大地的哈欠。要是寒风凛冽,池塘里结着冰,村庄里就会走出许多的孩子,在上面匍匐着、溜滑着,俨然驰骋在天然的溜冰场上。

小婶是半夜里走进门口池塘里的。她走向池塘,据说与她和小叔结婚两年还没有生孩子有关。我们大清早的就被小叔的哭声惊醒,我那时很小,小得不足以理解小婶为什么会将生命投进池塘。其时小婶让水浸得白白胖胖的身子被人捞出来了,一丝不挂,所有的努力都无济于事。只听见小叔不停地说,说他有一种预感,早晨他见身边没有了小婶,就去拉大门,但不知为什么,大门怎么也拉不开，仿佛被一种东西阻隔着。池塘阻隔了他，使他和小婶成了阴阳两界的人——后来好长时间，乡亲们都不敢去“门口塘”，说是“闹水鬼”。

村里的孩子一到夏天就喜欢泡在池塘里，也有人不小心就让池塘永远收去了生命。乡亲们说，这些都是“水鬼”闹的。因此在南方长大的孩子都会记得“水鬼”这个名词，内心对池塘充满了恐惧和不安。我亲眼见过一个孩子在池塘里淹死，像一条白鱼浮了上来，她的身上、嘴里满是泥巴，一村的人都唏嘘不已，池塘显出一副惊惶失措的模样。

池塘喜欢衍生出一些故事。在家乡有两口紧挨着的塘，中间只一条塘埂。但那两口塘，一口塘常年清亮亮的，一口塘的水却永远浑浊不堪。我曾希望乡亲们将中间那条塘埂挖掉，并作一口塘，但乡亲们至今都不干。他们津津有味地告诉我，这两口塘早年是一样的浑浊。塘边住了一户人家。有一天婆婆说媳妇偷了她缸里的米，媳妇说没有，婆媳俩便吵了起来，吵着吵着，俩人就拿门口的池塘赌咒发誓，媳妇说她投水，如果她是清白的，塘里的水也会变清。结果不用说了。婆婆看到面前那口塘里的水渐渐变清，羞愧难当，立马跳进了另一口塘，她跳进那口塘里的水变得更加浑浊。后来乡亲们就管这塘一个叫“清水塘”，一个叫“红水塘”。

“青草池塘处处蛙。”在南方，池塘当然不全是忧伤的，它更充满了无可言说的诗性。在生命力旺盛的春季，大河涨水小河满，青草的池塘一片蛙声攒动。当天空落下雨珠时，池塘在潮湿的雾气就恬静得就如同一个无邪婴儿的睡梦。这时候，你走在池塘边，你凝望着池塘，你就会窥探到池塘的全部秘密，春水充沛的池塘，浇灌着金色的庄稼和村庄，它已经成为南方村庄最为醒目的标志。

热爱茶

自然界有那么多的树叶，唯独它的叶片被人们称作茶，并被赋予了种种文化的含义。茶是幸福的，那个叫陆羽的老头也是幸福的。幸福的意义，于茶是一种被发现和“有用”；于陆羽是一种发现，抑或还有创造什么的。

是在春天一个喧闹的夜晚坐在先生家品茶的。先生一辈子痴迷茶，深谙茶艺，非常喜欢，也会喝茶——实际上这已不仅仅是会不会喝茶的问题了。就像这茶，已被赋予很多的名字，比如龙井，比如云雾，比如大红袍，比如甘露等等。先生像熟悉儿女那样，轻言细语地说着这些茶的种种习性、制作方式、味道……他摇头晃脑，仿佛本身就是一片硕大的茶叶，在那汹涌澎湃的文化的水里舒展自如，浸淫有道。

这回，喝的是武夷山的大红袍，还有一种叫甘露茶。他取出茶叶，小心翼翼如抚摸刚刚出生的婴儿一样，将两种茶轻轻掺杂一起。他用上了一套精致的茶具，取茶、倒水、浸泡，又倒水，慢慢地滗出“头开”茶，又注上水……一套动作在他已做得十分优雅和陶醉，就像一部旧电影中的慢镜头似的。面前两三个人，但这气氛也不像耸立在京都十一层高楼大厦上所拥有，仿佛荒郊野外的古寺里，两三个闲人干的勾当……煮壶浇盏，举杯品茗，谈茶说艺，时间就突然凝固在这个春夜了……

热爱茶的人是有福的。有福自然还在于品尝——发现、创造、品尝，这就是茶叶为什么能使人热爱和幸福的缘故。我说，热爱茶吧！

吃水不忘掘井人。忘记了幸福，就意味着背叛。难怪人们会将茶喝得那么小心又那么夸张了。印象中将茶喝得至为夸张的是白族的“三道茶”，一道“苦”，二道“甜”，三道“回味”。那里面似乎集中地体现了白族人关于茶的智慧和理智。能将一个民族的心得和哲学融进茶叶里，然后自己慢慢品味，还劝别人也慢慢品尝，这样的民族难道不幸福和可爱吗？我喝着可爱的茶，我的嘴里十分清甜，茶的香气氤氲在我的肺腑中，但这也只是顷刻之间的事。这就使我深深而真切地认识到，幸福只是一瞬间的事，倏尔就会消逝得无影无踪，人要做的就是要学会珍惜幸福的瞬间。

比人更为幸福的是玻璃的盏子，水使它们相聚在一起。它们静静地排列，站成一队受检阅的方阵，因为它的透明、轻薄，现在它们却与茶叶们无关了。它们是盛装可乐、雪碧和咖啡的器皿。但我发觉它们仍然幸福着，因为简单而幸福。它与茶叶是两个世界的幸福，两种幸福。

茶叶是城市里的人唯一的一种维系他们与乡土的东西了。它隔着山，隔着水，千山万水地从乡野旋落到了城市的茶桌上。只是大多数时间，人们依然会用透明的茶盏盛泡它，它企望的瓷、陶之类的杯盏已经成了梦想。由于透明，我们经常看见玻璃杯里旋落着的枯死的茶叶，我见到它伤心的泪，洒落在现代人的枕上。

有些幸福是传统的人们无法体会的。这种损失不是现代的损失,而是传统的损失,比如现在我喝完了茶,三四里地,我回家还打了一辆"的士",我体味到的幸福就是再不需要用腿走路了。茶叶是从来不用腿走路的。

四月六日在风沙中

风呼啸着,顺便还捎来了它的伙伴——沙子。黄沙铺天盖地地倾撒着,一片玄黄,天地仿佛混沌未开的样子。一个身着长衫的男人,紧竖着衣领,慌忙地从一辆人力车上下来,风沙推搡得他踉踉跄跄的。他跑到一个小饭馆,用力拍打着那紧闭的门。他的左右,风沙像无数把左轮手枪,顶着他的腰背,叫他"别动"!

我们谈起了惯性,首先引经据典。《现代汉语词典》上说:"惯性,物体保持自身原有运动状态或静止状态的性质,如行驶的机车刹车后不马上停止前进,静止的物体不受外力作用就不变位置,都是由于惯性的作用。"我的手头只有一本这样的词典。我老是不停地翻它,这也是一种惯性。

门还是紧紧闭着。我用风沙狂扫般地惯性拍打着,仍然没有人开门。黄黄的风沙像一个奇异的怪兽,已将许多人赶走,龟缩在自己的巢穴里不敢出来。我踮起脚尖朝饭馆里望了一眼,同时我看到身边的杨柳正以春天的惯性绽开了新绿。它在狂躁的风沙中使劲摇摆,显出了一副莫可奈何和孤独无援的神情。它异常愤怒。我此刻的神情正与它相似,风沙在商量着,似乎想把它连同我一块儿吞噬掉。

在没有树的地方想念森林，在有风沙的日子想念没有风沙的时光，在没有朋友时想念朋友……都是受神秘的惯性的驱动。风沙扯着我的衣襟，不知道将我拉到哪里去，我莫名其妙地感到一阵恐惧。

街道上已经阒寂无人，红红绿绿的广告牌上，一位摩登女郎张开诱人的红红的嘴唇，伸着白净净的大腿，风沙落满了她的一头秀发，她开始变得狼狈不堪起来，死死地遮护自己单薄的衣衫。她的身后，精致的复合板在钢筋的框架里吱呀直叫。有一刻钟，我透过咆哮而去的风沙，在缝隙中与她对视了一下。想起昨天我们一群在森林里被布谷鸟行劫的情景，我不觉怅然。

那是在一个美丽的森林草原上。我们被草原上不知名的花花草草感染得激动了，我们欢呼着奔跳在花丛里，摘着大把大把的花，然后挽成了一个美丽的花环，套在女人的头上。女人们如猫一般尖叫，快乐得像是草原上花的皇后。蔚蓝的天空，大片大片的金银花怒放，她们在奔跑过的草原上洒下银铃般的笑声。我们不知道风沙这个恶魔在那时候就已经盯住了我们。四月六日，这个有风沙的日子，也是这个城市的耻辱啊！

我终于在小饭馆里喝上了酒。在一段时间，朋友还与我说起了快乐。朋友说快乐是时常有的，你感觉快乐就快乐，你没有感觉到快乐也依然快乐。快乐是一种感觉，不是没有快乐，是因为你没有感觉，首先还是你感觉不对——可现在我就不快乐了。惯性让我多喝了几盅酒，惯性让我上了车。车子在风沙中像一只蚂蚁或臭虫般蠕动着，惯性已使它知道，我将要抵达哪儿，只是风沙还不知道，它想把我刮跑。

风·鸟·人

鸟儿在树梢、屋檐之间蹦跳着——“在土地里刨食”,人也这么说。鸟有时候和人的思想一样,都喜欢风。晴天丽日,和风吹拂着,鸟儿在空中快活得像一个小逗号,把日子分成了无数的段落。鸟儿是大地唯一的言语者,风儿倾听着,似乎还私下地传诵鸟儿的语录。

“大风起兮云飞扬。”人常常是豪情万丈,气可拿云,这当然是指一种心情。若真正的大风来临,尘土席卷,人和鸟儿立即就感觉到许多的不妙:鸟儿龟缩在树巢里,一动也不动,人们的眼光看不见它。城市、人和村庄陷入飞沙走石中,满目的苍黄。风能把树梢折断,能把人刮跑。

“植树”是大家共同干过的一件事。比如风吹走一粒树种,鸟衔落了一粒树籽,这些大多优良的品种,落地生根,自生自长。人当然有自己的想法。他们不断播种或者直接地栽插。但看起来,这事却让风和鸟儿做得十分自然。自然是一些没有言语的东西,在没有言语的日子里,雨露滋润,树籽生根、发芽,破土而出,就茁壮成长为一片郁郁葱葱的林子。绿色汪洋——人们栽的那些树或在其中,但一逮眼就会看出一些规则。人最不喜欢把事情弄得杂乱无章。

我们看到在有些树的身上留下了“××栽树处”的字样,这一般就不是风和鸟儿的行为。风和鸟们早乐呵呵、挺自由主义地不知跑到哪里“栽树”去了! 只是,当狂风大作尘土飞扬时,大家才恍然大悟。原来把日子弄得有些杂乱无章的，正是我们这些人自己——鸟叫着，风有条不紊地吹着。

米汤和泥土

在集体餐厅里吃饭，我突然发觉在一个角落里，铝白色的大缸里盛满了浓酽酽的米汤。我立即就如一匹小马驹疯狂地奔了过去，我舀起满满的一大碗米汤，咕嘟嘟地喝了下去。霎时，我感觉惬意极了，如同拾到了一个大金娃，我重新回到了吃饭的革命队伍，我已被别人挤到了最后。我的胃、肺被米汤滋润着，我一点儿都没有感觉吃亏。

春天里回了一趟老家，朋友们安排一辆小车去了趟茶场。返程时，听说乘竹筏也可以到达，于是我固执地坐上了竹筏。在筏上我脱了鞋子，水立即就像虫子一样痒痒地咬上了脚板、脚趾，我激动得索性跳下水去，当然不是那种很深的水，但很清凉。水里有圆圆的鹅卵石，大片大片的泥土。一种泥土的滋味很快布满了全身，我觉得我身心都放松起来——实际上不放松已不可能。我卷起裤脚，可还是故意让水打湿了我的衣服。后来，泥土那温馨的气息奇异地在我身上停留了好几天。

人与一棵树的对应算是自然的对应。这里，我不想重复我的这棵树上结满的都是“小农意识”的果实，如果这样说，人们就有点儿瞧不起我的意思了。一棵树就是一棵树，一棵树的生长除了需要阳光和空气之外，还需要泥土和雨水。当然，这棵树最终也能脱离泥土和雨水，比如我家阁楼上搁置了很久的圆木，还比如城市房屋里的木地板和木质的橱柜之类的家具，但树还是树，它的生命只不过是替换了另一种形式，它还在“成长”，成长为一种更为有用的东西。或者说，它已具备一点儿哲学的意味。

现在由于有了米汤和泥土，我这棵树自觉一下子就滋润了起来，内心生命的灯盏立时就亮堂多了。看来，我们生命的根须还不能缺少米汤的濡染和泥土的供养。我不是轻易地放逐自己，守着玻璃和钢筋混凝土的城市，我享受到了美妙的阳光和雨水，还有种种泥土上没有的好处。但我是一个农民的后代，经常抓一把泥土，喝一碗米汤，这是享受神的福祉。

这样我也十分清楚，乡愁为什么是城市里最为流行的传染病了。没有了米汤和泥土，人们内心的大江和溪流就容易枯涩；一棵精神的树，就得不到足够营养的保证。像一棵橘子树涉过淮水就变成枳子树一样，这种病的根源不言而喻。给他们开出的药方也只能是米汤一碗、红薯一根、锅巴一块，还有一撮泥土……人们说，这种药方只是根治海外游子的乡愁病。其实，它治愈所有城市人的怀乡病，普度众生。

在城市里怀想米汤和泥土，有一种无可言说却可以悄悄抵达的温情。如果这种温情都被我们自己弄得复杂起来，那只能表明我们的确病入膏肓、无可救药了。

2000 年 7 月 29 日，北京东城区和平里

帮老冯怀念一只狗

自从被一条杂种狗咬过一次后，我对狗就再没有什么好感——它咬坏我的裤脚，我的腿上至今还留下它深深的牙痕。奇怪的是这狗现在竟然还生活在世上。前不久我见到它更换了门庭，看到我很得意地吠了两声，然后随着它的新主人，摇尾乞怜地走进一家豪华酒店里去了。

我家的小叔曾经养过一只狗，那狗骨架很大，怎么看它都像是一条狼。那是一只公狗，春天的时候它和一只不知从哪里来的母狗一见钟情，就勾搭上了，很显眼。村里多事的人就拿着木棍、竹竿之类的，将那两只连在一起的狗打得嗷嗷地叫唤，还是拆不散它们。小叔气恼，端起一杆猎枪就将那狗打死了。小叔的枪法很准，我们在剥狗皮时，看到一个漂亮的圆圆的子弹孔。晚上将狗肉咕嘟嘟地煮了一大锅，弄得屋里屋外狗肉飘香的。

我之所以这么啰嗦，是想说老冯养的不是这样一只狗。老冯喊它叫“欢欢”。开始时我听老冯成天把欢欢挂在嘴上，打电话回去或接到家里电话，也将欢欢嘱咐一番，我还以为欢欢是老冯家的一个什么人。知道欢欢的同事就笑开了,说老冯对欢欢可比对人还好。说得老冯很得意地笑,干起革命工作废寝忘食的。久而久之,我从老冯的嘴里也得知,欢欢有许多令他爱怜的地方:欢欢小鸟依人,老冯一回家就扑向他,缠绕膝下,呦呦地撒欢;他一躺下,那欢欢就通人性地爬上他的胸脯,抓耳挠腮地逗乐。每天早晨五点左右,欢欢便开始搔他的脚窝,他要是不理睬,欢欢就会爬上床舔他;他要是还不理睬,欢欢就小心退到床下,先小声,继而大声地叫。这样他就不好意思不起来抱着欢欢去外面散步了。傍晚六点左右照例一次。老冯人心眼儿好,胆子小,那欢欢就像他,一见到“生狗”就吓得畏畏缩缩的。老冯爱怜地将它抱到怀里,两个“老实头”拘谨地走,相依为命的样子。

宠物里有猫、有鸟、有小白兔等等,老冯不知怎么独独就喜欢上了一只狗,并长久地沉浸在对狗的无限热爱之中。人在比自己低级的动物身上寻找到的爱和欢乐难道真的与人不同?总之,老冯的生活中有了欢欢,就如同有了明媚的阳光一样,心灵的天空总是晴朗朗的。欢欢到老冯家还不到一月的年龄,五寸长,浑身毛茸茸的,老冯将它焐在心窝上,抱在怀里睡觉,帮它修剪指甲,不几年欢欢就出落得漂漂亮亮。老冯有时自己一餐一两个包子或者一碗方便面都能对付,养成欢欢的习惯却是吃排骨。老冯不喜欢蹭单位的饭局,偶尔去了,见到那吃剩的排骨就嚷嚷:“给我,给我。”并小心地用东西包好拿回家——他一出差到外地,打电话回家,欢欢必定会待在电话边,老冯感觉到了,就在千里之外喊着:“欢欢,欢欢,你好吗?”欢欢就将耳朵耸了起来,眼睛滴溜溜地转,惹得一家人都喜欢,都惭愧。再过几天老冯回来了,欢欢就跳进老冯的怀里撒着娇。老冯的包里也必定带着欢欢喜欢吃的东西，只是欢欢不像孩子乱翻就是。老冯穿的都是高档毛料衣服，欢欢撒起娇来，那毛就落了他一身，他不恼，只是买了几把毛刷子，有时上班到办公室，我们见他第一个动作就是刷毛，便知道他与欢欢肯定又温存了一番。

但就是这样的一个欢欢，在一个傍晚居然弃他而去了。老冯立即陷入了痛苦之中，说起它几乎就是泪眼涟涟。先是自己找，后是托街道办事处的兴师动众地找。一天下班，他看见别人牵着一条如他那样的狗，他竟尾随着那人走了很长一段时间，让人疑心是个神经病(他自己说他是张大民他妈)。家里人也注意到了，立马带他到韩国旅游了一趟，好让他分分心。儿媳妇也特地将一条名贵的西班牙鹿狗送给了他，但都无济于事。他说："除了欢欢，我什么狗都不要!"说得非常坚决。同事们为了劝他，就故意逗他："欢欢有没有在你生病的时候，叼着电话给你?""没有!""那欢欢有没有什么特别的壮举?""没有!"老冯说，"它就是平凡，但也是一个小生灵啊!""这么平凡，你恋它干吗?"我们又揶揄他。老冯一听似乎也有道理，就说："是呀! 失去亲人，人的痛苦都能承受得了，我还能挺不过去吗?" 但过了一会儿，又说，"欢欢，你怎么就这样忘恩负义呀! 你太忘恩负义了吧你!"然后，自言自语道，"不会的，欢欢一定十分想回来，只是身不由己……"说完还找了一张纸，郑重其事地写着"寻宠物启事"：白色京巴狗，欢欢，六岁，长毛，两耳后背处有浅黄色，有知情者请告之……

老冯养的是一条京巴狗，是一条曾给老冯带来无数快乐时光、人见人爱的小狗，这与我在前面说的那条狗显然不一样。人与人不一样，狗亦如是——我们试着帮老冯共同怀念这条狗吧！

2000 年 8 月 13 日，北京东城区和平里

后花园里

以前见农家的居所都有个后花园，里面种些石榴、葡萄、桃李……终日绿荫荫的。心里就很羡慕——到了煤矿我发觉煤矿也是很喜欢花园的。你看这几年煤炭不景气，但只要到矿区走走，你就会见到那被拾掇得很洁净的花园红肥绿瘦的。看着就爽心，给人也长了不少精神。

一天到晚正襟危坐在“厅堂”里，看人的脸色是死板板的，很少有笑意。有个后花园说说掏心窝子话、下下棋、扯扯“段子”、吼两句戏文，甚至诉诉苦，岂不美哉？我想，“太阳石”副刊应该就是这样的地方。把副刊比作“后花园”不是我的发明，但有一段时间“太阳石”不见了，我就觉得少了一个去处。人是喜欢美，有时也喜欢倾诉的。你看周梅森这次来花园做客。抡惯了“大部头”，听他说“永远是矿工”，你就感到他的真诚和坦然。当一个人在花园里说“来自矿区的沉重叹息一天不消失，我的灵魂就一天不得安宁”时，怎能不引发你深深的思考，掂掂道德和良心的分量？还有《红石子》，我们在读到生活无奈时，也会感觉那人性的美，让心灵又得到一次濡染和升华。

“太阳石”曾经就是个美丽得很养人的“后花园”。希望花园里花儿鲜,草儿肥。

应邀为《中国煤炭报》“太阳石”副刊复刊作

2000 年 8 月 13 日,北京东城区和平里

异类五题

蝴　蝶

那么多的蝴蝶麇集在一条青翠的峡谷里，五彩斑斓的，简直可以叫“蝴蝶谷”了。云南大理就有条“蝴蝶泉”。可见这也不完全是虚幻，即便虚幻也是很美的，比如一只蝴蝶飞在清澈的溪水上，米沃什说：“蝴蝶落进了海。”相信这溪流、这海都因为有蝴蝶而具备了幽寂的美。蝴蝶是无声的。

在春天油菜花金黄的开放里，在另一种更具有金黄品质的麦地，蝴蝶的翱翔洋溢着一种无法言喻的幽寂的美。列那尔说蝴蝶是“对折的、找不到投递地址的雪白的信函。”这就是人类的想象被理性支配的结果。曾有人拟作日本的俳句：

呵，一只蝴蝶
我猜不透

为什么要猜呢？蝴蝶是谁家的灵魂，在同是东方的中国早就不成问题了。远一点的就有庄周梦蝶的神奇，民间流传梁山伯与祝英台双双“化蝶”，那两只蝴蝶如两瓣沾泪的花朵，开放在爱情的坟上。这种意味是深长的。记得童年我们在获得蝴蝶的知识之前，都把蝴蝶看作是“梁祝”的魂灵，总想去抚慰它们，当然无法做到，只心怀虔诚地看着它们在眼前飞来掠去。

两只蝴蝶在一起总充满着爱情的意味，这在乡村的春天随处可见。我在一条溪流旁试图接触一只栖落在岸边草地上的蝴蝶，尽管我只是想表达表达自己的爱意，但看见另一只蝴蝶飞到了我的面前，企图阻止我，或是在向那只蝴蝶提醒防范我。碰到这种场合，心里是很沮丧的。它实在是误解了我。我并不是门当户对的那匹“马”。

但显然我也曲解了它们。我发觉落在草地上的那只蝴蝶，翅膀沾满了泥泞，在使劲地抖动着。它可能是受伤了，它的挣扎原来是为了飞翔。面对这个局面，它的努力显然无济于事，而另外的那只蝴蝶也显得力不从心。有一刻钟，我宁愿相信它们真是“梁祝”的灵魂，想看它们是如何自救的。但很快我放弃了这种想法，我大胆地冲上前，小心翼翼地逮住那只蝴蝶。然后用手擦拭干净它身上的泥水。这时，另一只蝴蝶差不多就飞到我的手边，有点攻击的倾向。我赶紧将那受了伤的蝴蝶放在手心，让它自由了。两只蝴蝶果然比翼双飞，飞入花丛不见了。

我目睹它们远去，唯有感动。

有个著名的“蝴蝶效应”，说是南美洲的一只蝴蝶扇动翅膀，居然引起了北半球的一场风暴；还听说某条河里曾有着成千上万的蝴蝶集体自杀——这我相信。蝴蝶的力量是很强悍的。

这是一种柔弱者的强悍，我发觉到这种灵魂的存在。

鸟　群

有年正月去一位亲戚家拜年。走到一片空旷的田野上，听见呼啦一声，成群的鸟从面前收割干净的田间飞起，遮天蔽日地从头顶掠过，落到另一块田里。就站着看，见它们风卷残云般地将那块田收拾干净，再飞向另一块田。田野早已被农民收拾了一番，田里还剩下什么，只有鸟知道。

那些鸟都是黑黑的身子，脖子上有一圈白，在飞的时候就喳喳地大声叫着。准确地说那是一群喜鹊。有三两只落在我的面前，我能看见它们的嘴尖尖的，眼睛滴溜溜地转悠着，小心地望着我。它们从天空上看我恐怕就像一只小蚂蚁，现在看个头肯定很大。但它们也不必害怕，我只是形单影只的一个人，它们可是一大群。它们冲向田野时，做出了俯冲的姿态，像是一群轰炸机。

“喜鹊叫，喜事到。”我们不害怕喜鹊，并对它们充满了敬仰，是因为我们从小就知道这句民谚，说起来教育就是这么重要。喜鹊也像是受过教育似的，一个个迈着方正的步子，像是一个个穿着燕尾服的绅士。低首深思着，然后下嘴觅食，又慢慢地继续向前，都很有修养——它们只是在农民劳作过的田里刨食。奇怪的是在播种和稻谷成熟的时节，却见不到它们成群的踪影。有时一两只喜鹊栖落在梧桐树上，叫得庄稼人一派喜心。

那时候我们能看到的鸟群就是麻雀。它们成群结队地集合时都是在稻子金黄的季节。应该说我们见到它们时，它们已经经历过“除四害”的那场运动了。但它们死不改悔，卷土重来的想法昭然若揭。它们机灵、小巧，蹦蹦跳跳，就像一群小偷，在成熟了的田地偷窃。它们到过的地方，稻穗凋落，农民懊恼。人们会在田里竖起一具具的稻草人，用同样的张牙舞爪对付张牙舞爪。

但麻雀是天生的贼心不死，人们呼哧一声赶，它们就急溜溜地飞向另一片稻田，更可恨的是这回全飞到稻场上来了。农民在稻场翻晒黄澄澄的稻谷，这稻谷对于农民来说就是一粒粒珍珠。但麻雀却如江洋大盗一样，旁若无人地偷食。作为具有小偷性质的动物，它与喜鹊确是不同，它瘦小，但行为狡猾，急匆匆的，跳跃式地啄食，冷不丁还从屁股里挤下一两粒白色的东西。麻雀经过的稻场，稻谷干瘪，鸟屎成堆。它的行径使人想到，在一个富裕的年代，一切的瘦子都必须防范。麻雀永远是喂不饱的。

对于麻雀这种鸟群，农民后来采取的办法是用红布扎成一个幌子，竖在稻场上，居然就很奏效。偶尔也有一两只麻雀偷偷地溜进来，但那样子十分惊惶，仿佛对“红色恐怖”也记忆犹新。

在我们那里，能看到的最为美丽动人的鸟群就是大雁——所谓大雁南飞。它们呼啦啦地飞行在蓝色的天空中，像玩杂技一样地变换着队形。可惜我们那儿只是它们经过的地方，我们看不清楚它们的模样，看到的仅是一个大写的“人”字。

水 蛇

关于水蛇，我想模仿列那尔的写法，就只说一句话——

水里的舞蹈家

后来我还想到，许仙受了法海和尚的蛊惑，用雄黄酒使白娘子现出了原形，许仙受到惊吓而昏了过去真是情有可原。尽管白娘子有情有义，楚楚怜人，但蛇的形象总是滑溜溜、冷冰冰的，再加上那伸伸吐吐的红红的芯子。说得好听一点，如武侠小说里常出现的“温柔一刀”，倘若那蛇又是庞然大物，乌黑溜秋或者斑斓似虎，如黑大汉，不把人吓得魂飞魄散才怪。

因此在有关神话传说里，我觉得蒲松龄笔下的“狐狸精”演绎得还较为自然、从容和优雅一些。我的家乡流传过我的族前辈徐桂大人与狐狸精缠绵的故事，并且地方志无一例外地记下了传说中那首诗：“细雨打芭蕉，今夜君寂寥。不嫌奴貌丑，伴君度良宵。”这诗庸俗，却透露出一股淡淡的凄凉和艳丽的氛围——族人们对此事据说十分忌讳。我在这里引用过来，是想说传说里的狐狸精好像都是这样善吟的才女、女诗人。

蛇就不同，它具有性意识，更具有音乐性。比如蟒蛇的皮大都用来做鼓了，而在我的家乡，乌梢蛇的蛇皮一般也会用来做二胡的。那蛇皮的鼓是上等的鼓，而用乌梢蛇的皮蒙成的二胡，拉出《二泉映月》就如泣如诉的。在我有限的关于蛇的知识里，我之所以说到“水蛇”，是因为我觉得它天生是个舞蹈家。

水至清则无鱼，也是无蛇的。水蛇生活的水域一般都会有红红绿绿的浮萍、浮莲或者水草，如舞台上的帷幕。水蛇一般都是从那里款款而出的，先是扭动细腰，翩若惊鸿，波浪不兴，那游动的姿势真如一条游龙（蛇是小龙）。人们说女人蛇腰，估摸就是出自水蛇。紧接着它就表演了：或是举头朝天，吞吐日月，如出水芙蓉，雍容华贵；或是浅浅摆尾，如美人提裤，急而遮羞；或在水里旋转一周，如戏曲舞台上的“圆场”……总之，或舞或蹈，投手举足，都透露着一股舞蹈者的灵气。如有一两个人如我这般在水边观看，它仿佛更通人性，更有表演欲，一池春水被它搅得碧波荡漾的。

有一种舞蹈叫“蛇舞”，肯定是受到水蛇启发而来；而做了贬义词的“美女蛇”，也一定指的是水蛇。

对于一个舞蹈家，我们在欣赏到艺术美的同时也会感到亲切。但对于水蛇，我们还是挺害怕的。你光着身子在水里游泳，一条水蛇不知从哪里就蹿了过来，眼睛亮得像是一盏灯，口里红芯子一伸一缩的，像是非你不“嫁”。你可能吓得一丝不挂的，比水蛇溜得还快。但对付水蛇，有个常识是绝不能笔直地游，那样蛇比你的速度还快。要学会曲折，因为水蛇也像陆地上的蛇一样，一时是转不过弯来的。乡亲们说，水蛇不咬人，但吓人。

因此水蛇，我们只能说远远地欣赏到它的美丽时，也感到恐惧。这就是人们常说美丽伤人的佐证。

春　燕

春天总有一些鸣禽出现，比如燕子、麻雀、乌鸦……但乡下人不会认为麻雀和乌鸦是精灵，因为它们的啼叫让人感觉烦躁，甚至还有不祥的征兆。只有燕子，人们才认为它是吉祥的，称它为精灵；春天的精灵。燕子飞去又飞来了，叽叽喳喳地叫——麻雀的叫声也叽叽喳喳，但麻雀的声音就没有燕子那么韵味十足，那么动听。你听，它和男人说：不吃你的米，不吃你的谷，只在你家梁上做个屋。它和女人说：不吃你家盐，不吃你家米，向你老人借个窝，生个子……它仿佛知道乡下男人的大事就是做屋，女人的大事是生儿育女，男男女女的都说到了。伸手不打上门人，乡亲们都明白这个道理，哪里还忍心拒绝这满嘴流蜜的家伙？

乡亲们喜欢划着白色肚皮在天空中飞来飞去的燕子。感觉它，不，都说它简直就是春天的一只美丽的梭子。你看，它从东飞到西，又从西飞到东，一针针的，天空就变蓝了，大地就有一层薄薄的雾纱，水变清了，山也有了一股涌动发胀的绿，绿得就像一块块绸缎。杏花开了，桃花也红艳艳的……艳艳的还有阳光，阳光里，蜜蜂嗡嗡嘤嘤的，蝴蝶在花丛中翻飞，红色的停在白花中，宛若老师手中的一支朱笔；黄色的停在花上，舒展的翅膀就像一枚崭新的铜钱；成双成对的蝴蝶，乡下人更说那是梁山伯与祝英台的魂灵……而这些，都是燕子带来的。燕子不就是一只只纺织春光的梭子？

乡下人喜欢燕子，或许还有另外一个深层次的原因。“旧时王谢堂前燕,飞入寻常百姓家。”当然,不仅仅是因为王谢家雕栏玉砌的琼楼凋谢,它不凋谢,燕子也会飞入寻常人家的。燕子们似乎并不嫌穷爱富,不过,她也有小小的讲究。那就是寻常的人家也必须是干净、整洁的。乡亲们说燕子吉祥,后来还延伸到说燕子喜欢到“香火旺”的人家筑巢生存。这样,乡亲们论起婚嫁迎娶,就把那人家有没有燕子也做上一条,说:那人家香火旺着呢!光堂屋里的燕子就有好几窝呢……

“小燕子,穿花衣,年年来到春天里……”孩子们唱着童谣,也很喜欢燕子到他们家安家落户。他们目睹燕子一天天地衔着春泥,孜孜不倦地垒着自己的新窝。他们发觉即使在细雨濛濛的天气里,燕子嘴里也叼清新的泥土,穿梭来往,努力地营筑自己的小巢。不知不觉,那碗口大的蜂窝状的巢穴就建成了。这时,她们呢呢喃喃,交颈而眠,缠缠绵绵。很快,一窝乳燕就出生了,乳燕们赤身无毛,伸着黄唇小嘴在窝里探头探脑的,很是招人喜爱。这时候,他们的父母更忙了,整天成双成对地出入,不断为嗷嗷待哺的新燕捉虫、喂食……仅仅只在一个春天,聪明的孩子由此就能理解他们父母的辛劳,一下子懂事了。

燕子总这样以人的姿态生在人的中间,所以有人就把燕子称“燕人”,当作自己的故交了。“为迎新燕人,不下旧帘遮。”这是人们为方便“燕人”识别旧主而有的心情和做派。孩子们就更有意思了。他们搬着长长的木梯,爬上梯梢,在屋檐下雪白的墙上钉上两根竹棍,安上一片小青瓦,招引着燕子营筑小巢。孩子们在春燕的劳动之中感受到哺育之恩的伟大,把燕子当成了自己嬉戏的小伙伴。大人们觉得燕子是春天的,感觉燕子就是村里的某个小姑娘，干脆还把一个姑娘取名就叫“春燕”。这是燕子们没有想到的。

难怪乡亲们说燕子是春天的精灵了！——精灵也总是调皮而狡诈的，但人们似乎喜欢这种调皮和狡诈。乡亲们认为，并无恶意的狡诈是古人喜欢的智慧，也是今人喜欢的智慧。皆大欢喜。

苦哇鸟

仿佛仅仅生存在一种传说里，因为它总神龙不见首尾。但它又真切地存在着，每每还在夜晚里发出一声声哀鸣——那叫声一般都发生在春荒时节。在不可知的秧苗草窠里，她叫着“苦——哇哇，苦——哇哇”，一声比一声凄婉、悠长，带着颤抖的尾音，在夜晚的天空显得十分瘆人。没有多少人亲眼见过她。白天偶尔有人见到，也只是见她噌一下就从草丛里飞了出去。她全身灰色，细小得如麻雀一般大小，在乡亲们眼光同情的一瞥里飞得无影无踪，寒苦得不敢见人。

没有人研究过她长什么样的形貌，却有人研究过她的声音。说她的声音苦哇哇的，啼哭的正是春天青黄不接的荒凉。那时候，因为乡村收成一年管一年，一到春天，许多人家已经揭不开锅了。可那个季节田地里的种子刚刚播种，离开犁或期盼收获还要一段时间——往往这便是乡亲们日子最难熬的时候。有的人家饿得不行，甚至把稻种都吃光了。不过，也有人说她叫的不是这个，说她叫的是：“错不错，我的儿错也不错。”还演绎了一则关于晚娘的传说，从此让晚娘们低眉落眼。

民谣唱："苦哇鸟生蛋绿茵茵，亲娘晚娘两样心，亲娘吃饭留饭我，晚娘吃饭留锅汤，亲娘吃肉留肉我，晚娘吃饭留骨头。"如泣如诉的便是前子对晚娘的痛苦的哀怨。乡下传说，山里一对相敬如宾的夫妻，生有一子，一家三口日子过得十分甜美。不幸的是儿子六岁那年，亲娘上山打柴不幸坠落悬崖，摔死了。后来父亲娶了晚娘，也生下一子。晚娘看着前子后生，因疼爱亲养，有一天，她心生歹念，将一袋用火炒过的芝麻交给前子，一袋生的交给亲生的，要他俩去深山里种芝麻，并要求俩人必须等到芝麻发芽出土才准回家。兄弟俩果真去了。在路上，平时拿强惯了的弟弟，闻到哥哥口袋里的芝麻清香四溢的，嘴里发馋，就拼死拼活地要与哥哥交换，哥哥只好顺了弟弟。结果，在深山老林里，哥哥种下的芝麻很快发芽出土，回家了。而弟弟种的那芝麻怎么也不见动静，不敢回家。晚娘看见哥哥回来，立即跑进山里找亲生的儿子，没想到儿子竟被狼吃了！晚娘悔恨交加，羞愧难当，纵身跃下了悬崖……据说，从此它化成了苦哇鸟，一天天地呼唤着："错不错，我的儿错也不错。"

一种声音，两种解释。但这声音却都透了一个"苦"字，乡亲们便把这鸟称作精灵，称作"苦的精灵"。

在这种鸟的叫声里，乡村的一些晚娘便心怀忐忑了。对前子后生心生区别的晚娘们，特别是对前子或有歹念的晚娘，若这时候听到这种鸟叫声，心里便开始发怯，动作言语上也会收敛很多。但对前子即便视为己出的一些晚娘，这时候也会做些反省，惧怕自己对前子的话说重了，事情做过头了。因此，每年总在苦哇鸟叫的那么几天，晚娘们都彻夜难眠，或改邪归正，或锦上添花……不经意中，苦哇鸟就这样成了一只警醒的鸟儿。但更多的，由于这种提醒，乡亲们开始就把日子过得精细起来，在收成好的年月，会把粮食留用荒年。只是在收成不好的年景，特别是那三年饥饿的年代，乡亲们实在无法应对了。听说那时在苦哇鸟的声音里咽气的大有人在。

奇怪的是，乡村一代又一代人都把苦哇鸟的故事挂在嘴上，却没人去深究那鸟到底是一只什么样的鸟儿。仿佛，他们只需要这种鸟，需要这鸟年年地叫唤着，在传说中与鸟儿一起爱着、恨着。

2000 年 8 月 17 日，北京东城区和平里

作家还是梦吗

对于一位作家来说，如果真有沈括那样的一条“梦溪”在心灵流淌，那该能编织出多少神奇美丽的故事？那样的梦，肯定就会有庄周梦蝶般的浪漫，有《牡丹亭》中杜丽娘和柳梦梅那样爱情的绮丽。即便是淳于芬在古槐之下的“南柯一梦”，也会赋予人生以更多的意义——认识到这些是很久以后的事了。其实，作家的梦很少开始就会肩负着这种“意义”的。比如我，那时做的仅仅就是一个想当作家的梦，尽管简单幼稚，显得虚无缥缈，却有一种扑朔迷离的美好。

我生于二十世纪六十年代。那时候社会上除了“八个样板戏”和《金光大道》《艳阳天》《虹南作战史》等几本小说之外，我最早接触的文学名著就是当作批判教材的《水浒传》了。有一年，村里来了几位知青，在他们那里我倒是读到了《钢铁是怎样炼成的》《牛虻》——这些书他们回城时嫌重，就一股脑儿丢给了我。记得我读小学时非常酷爱小人书，也喜欢“打仗”，碰到一位收藏了很多小人书的同学喜爱枪，两者取其重，我咬咬牙就用我的那把“驳壳枪”换回了他的四十本小人书。从此，我就成天陶醉在那小人书里。看了不算，还喜欢写写画画的。有次看电影《渡江侦察记》，我看了不过瘾，自己动手编起故事，这就需要自己想象的介入，所幸的是当时我竟专心致志、心无旁骛地将这件事做完了。

老师在班上很少讲到文学——讲的都是课文，中心思想、段落大意、修辞语法……然而就在我们小学毕业那年，班主任老师不知怎么心血来潮，找到了一本名为《追穷寇》的书，每天放学后在课堂上念上一段。那是一个剿匪的故事，老师的行径类似于一个“说书人”，抑扬顿挫的，念到紧要处就戛然而止，卖个关子，说：“且听下回分解。”这样就把我的胃口吊得高高的，脑海里充满了许多神奇的联想，似乎踏进了一个崭新的境地。到了初中，语文老师似乎也感觉到课文的枯燥无味，上课上得高兴时，就丢开课文，摇头晃脑地教我们一些唐诗宋词。很快，我就被老师引入了一个非常美丽的语言世界，被那些陌生而神奇的东西迷住了。于是，我每天跑到老师那里抄上几首，这样积累下来，我就有了自己的《唐诗宋词选》。我煞有介事地装成个线装本，在书的前面画了李白、杜甫、屈原的像作为插图……这本书至今还在，我每每看到它，心里还会产生一种莫名的亲切感。

在现在的青少年人眼里，我们最早接受的文学艺术的熏陶就是这样让他们感到可怜、悲哀而难以理解。但有一点是显而易见的，那就是我从此喜欢上了文艺。学校一有文艺演出，我就被老师抽去做小演员。这样下来导致的最终结果，就是我逐渐由“班长”变成了学习委员、组长、语文课代表，一直到高中二年级时，我还担任着语文课代表。那时我的作文经常被老师当作范文在班上宣读，或是贴在教室的黑板报上。偷懒的老师让我站在讲台上给同学们讲解《鸿门宴》，他自己在一旁竟沾沾自喜……也差不多就在这时，发生了一件更为重要的事：同村的一个高中生，写了篇文章在报纸上发表了。他因此经常被召去参加什么小说学习班和文学座谈会。学校的老师和同学们对他都佩服有加，他自己也趾高气扬，常常来我们学校吆三喝四、呼朋唤友地去喝酒。这深深地刺激了我——我想：他能写，我这个语文课代表还不能写吗？于是，私下里我也写一些叫作散文、诗歌之类的东西，投寄到县文化馆办的一张文学小报，居然很快就发表了一篇——只是文章不敢署自己的名字，用的是我表弟的名字，即便这样我也已经很满足了。记得那天看到我的作品，我的心怦怦地跳着，激动了好一阵子……接着，就到了一个文学创作热情异常高涨的年代。一本书可以成名，一首小诗能成为格言，一篇小说可以引起轰动，社会上、校园里，各种文学社团如雨后春笋般涌现，各种油印的文学报刊如雪片般漫天飞舞……家乡的一位差不多已被人们遗忘了的叫作张恨水的作家，也像出土文物般地被人发掘了出来。茶余饭后，也就有人津津有味地谈论着他的故事，说他一生创作了三千万言的文字，等等。当然，谈不上有一种什么样的激励，但在那时我心里分明对文学就更加地热衷了起来。我订阅了《人民文学》《十月》《青春》《青年作家》等杂志，又弄到了一本《世界文学名著目录》，按图索骥，节衣缩食地去买那些名著，然后又废寝忘食地认真读着……就这样，不停地读读写写、写写读读，我犹如一只被缪斯之箭射中的小鹿，懵懵懂懂，不顾一切地跑上了文学这条充满艰辛和痛苦的崎岖小路。再后来，随着作品不断地在报刊上发表和介绍，当自己又成了一名文学刊物编辑时，我才真切地意识到，我曾经做的竟是一个绵长、幼稚而又艰辛的作家梦。

时代真的是变了。不要说文学早已经被边缘化，单说现在的纸质媒体、网络作业已铺天盖地，写作出版成了一件简单而轻而易举的事。这时，我就想问“作家还是梦吗？”——一般说来，人的童年、少年和青年就是一个浪漫而多梦的年华。我不知道现在的少年会不会有一个想当作家的梦，但我分明是有过的，如果说，我那时做的就是这样一个轻狂的文学梦的话，那么现在我也没有感到懊悔。相反，我庆幸自己赶上了那个幸运而真诚的文学年代，使我萌生的所谓“作家梦”不至于在半途中破碎和夭折。就是今天，每当我在语言的阅读和表达之中穿行，一种接近和正在接近体验生命的幸福感，还总是那么轻盈地充溢在我的周围，使我倍加珍惜和依恋。我知道，这是我的一种真实的人生与艺术的梦在延续——是梦在呼吸，梦在飞扬。

2000年8月27日，北京东城区和平里

对一则著名寓言的解读

> 从前有座山，山上有座庙，庙里有个和尚。有一天，老和尚对小和尚说：从前有座山，山上有座庙，庙里有个和尚。有一天……

几乎，所有已经长大和正在成长着的中国孩子肯定都听说过这个寓言，我也是。从小我就被这寓言里一种循环往复的情节给迷住了——老和尚会说出什么样的事呢？但是从来没有人会告诉我，再追问，他们也只是说：从前有座山，山上有座庙……

久而久之，给我的印象就是老人们说的故事不可靠，进而对老人也感觉不可靠起来。在我们家里最老的人自然是我的祖父、祖母以及我的外公、外婆了，可实际上他们却对我非常宠爱。在他们那里我几乎找不到不好的印象，这就奇怪了。但也有一点例外，那就是有时晚上他们要我与他们一起睡时，我心里竟感到老大地不情愿。但家里兄弟姐妹多，很多时候，我还是被母亲送到外公外婆那里，最后当然也还是在外公外婆的怀抱里甜甜地睡着了。除了这则寓言之外，记得另一个听得最多的就是“狼外婆”的故事。也不是对外婆的不敬，但思想里总有那么点儿爱将外婆与那故事联系在一起的味道，只是口头上一直没敢说出来而已。我的外公外婆已离世多年，我当然再也无法将这个曾经朦朦胧胧，却又卑微的念头告诉老人。但对此心里却一直有一种歉疚的念头，这也是很怪的。

似乎命运总是喜欢捉弄人。在我后来成年特别是参加工作后，我却总是奇怪地与退休的老人们工作在一起，且做着他们的下级。这一方面是革命工作的需要，另一方面也是老人自己不服老的缘故。与老人们在一起，当然生姜是老的辣，肯定会学到许多知识，所以大多数的老人都可爱可敬。但也有极个别的，个别的问题也显而易见，那就是倚老卖老是难免的。母亲老了以后常说自己的话多，我想我也有老的时候，也肯定会话多。但“前车之覆，后车之鉴”，我必须改掉不服老的脾气，不倚老卖老。因为老，记忆力下降，接受能力自然就比年轻人差了好多。而年轻人正好处于他们人生生命力最为旺盛的季节，无论在经验还是在能力上都会略胜一筹。我会承认这个事实，学会尊重年轻人他们那想象不到的创造力，尽量在他们那朝气蓬勃的生命里找到自尊自重和人生的终极价值。

还是回到上面讲述的那则寓言上来——那寓言如此循环往复，连接着生命因果关系链中怎样一个历史事件呢？首先，因是和尚说的，我们当然要考虑到其中的些微禅意，那里面似乎就有一种空洞洞的感觉，玄乎起来应该是生命归于太虚吧？也许那山上真的就只有一座庙，庙里也真的就只有和尚，有庙、有和尚那故事还会少吗？也许，那确也只是一个老和尚对生命的一种无聊的慨叹。他实在是太老了，老得在他生命的暮年几乎就没走出过那座山，他已经不知道世上还有美丽鲜活的生命存在，值得他去留恋和逗留。他是老糊涂了……而最后，那寓言什么也没有说，仅仅只是一则寓言，是人类绵长无奈生命中的一次小小的语言机锋。像许多禅宗公案一样，或云在青天月在山，或千江有水千江月，万里无云万里天……当然，那里面透露出的信息有一点恐怕大家都会承认，那就是我们都不会是一个人在那里神思冥想，而是喜欢与人倾诉——所以，这寓言可以理解为一个老和尚对一个小和尚的唠叨。它绝不会是小和尚对老和尚说，因为对于老和尚来说，小和尚由于太小，能说什么呢？——这可是关系到一个人话语权的问题啊！

读到海明威的《老人与海》的故事——那里也是一个老人。面对大海，他绝对不会说出什么。他刚强有力、沉默寡言，他的生命只可与海言说，他用其终生打捞起一条鱼。据说海明威曾对许多人演绎在老人身上的其他故事不以为然。其实一个老人面对大海还会怎样？在他们眼里，山上不管是一座庙还是一座塔，那里面多数只会独自居住着一个人，没人会听他张嘴说什么，他只是面壁而坐，独养天地之浩然正气，沉默起来本身就是一座塔或是一座庙。说起来这似乎就是我们与西方在本质与精神上存在的巨大差异了——心灵与语言的自由不知哪个更宽，哪个更广。

我们说："从前有座山，山上有座庙，庙里有个和尚，有一天，老和尚对小和尚说……"能说出什么？老和尚说——哈哈，只怪我的记忆力丧失了！你能不觉得有趣吗?

2000 年 8 月 29 日下午,北京东城区和平里

在乡下怀想四季

春天的速度

昨夜下了一场小雨，难怪夜里耳畔总沙沙地觉得有人说话。早晨起来一看，远远近近的土地都绽出了一片莹莹的新绿，门口的桃树也打起了花蕾，爽目得很。贪婪地跑到外面呼吸了一口空气，忽然就想起朱自清关于春姑娘的说法。这群可爱的小姑娘，驾着自然的辇车，雀跃着来到了我们中间。

春天的到来就是这样出乎我们的意料。门前的一棵枯树，前天心里还疑心它能否成活，今天就盈注出生机来，昨天塘里的一泓死水，早上却盎然漾起了涟漪……相比较其他的季节，春天的速度真是很快。是那“忽如一夜东风来，千树万树梨花开”的节拍，是那“春风又绿江南岸”的欣喜，是明日黄花、今日出阁的嫁娘。苏东坡说，“春江水暖鸭先知”，其实先知的岂止是“鸭”，真正体会到春天速度的应该是风，是花，是草，是人的心情……

春天的风似乎抽出了那冰冷的骨刺，变得柔和、流畅起来，轻轻地梳理，就飘逸起千万缕秀发，暄软得像一团云絮，既没有夏季风那样的燥热，也没有冬天北风呼啸着的那样坚硬。有一种措手不及，但叫人却感觉如一只懒散的小猫伸出的小爪，挠得人痒痒的。那速度均匀而敏捷。体现在花花草草上，春天的速度又更加异常，像是一位急不可待的“催生婆”，省却了“十月怀胎”的过程，在一夜之间就分娩出鲜活的生命。枯草衰叶，一下子就有了水灵灵的生意，有了绿，有了芽，有了蓓蕾，很快就有了肆意疯长的绿叶，有了鲜花的怒放，有了一日比一日更甚的蓬勃的生命气象。由于速度的原因，也让人体会不出它们的腼腆、局促。相反，越发变得局促起来的却是我们自己。

鸟也是那时候陡然出现在我们视野里的。一整个冬天，除了几只饥饿的麻雀和令人讨厌的乌鸦外，很少见到鸟。但这时候，所有的鸟突然间都冒了出来。它们心情莫名其妙地愉快，踌躇满志，一个个迈着轻快的步伐，沉湎在春风里，那时而几只、几十只地蹦跳在树枝上的，错落起来，就像画出了一条五线谱，演奏起春天的大合唱。喜悦之情溢于言表。几只小鸟吱吱地站在屋顶上，叽叽喳喳的，说话的速度也变得很快。

春水泛滥，这是春天的另一种更快的速度。它积蓄在一口池塘里，不知怎么就贮存了那么大的力量，几天就将池塘里的水涨得满满的，春心迷荡；它明净而飞快地奔泻在溪流里，急溜溜的，像是要赶赴春天的一场宴会。如果它奔流在大江里，那速度就快得有些凶猛的意味了，后来连它自己也控制不住。它奔腾，它咆哮，它一泻千里、势不可挡，最后它自己也被这种速度吓坏了。于是哭天喊地，泛滥成灾——江河里的水是唯一的经常缺乏节制的东西。

对于春天，人们一般都沉迷在一片美丽妖娆的景象之中，习惯上看到的是小麦的生长，却无心关注它拔节的速度；看到繁花满地，春风荡漾，收获的也是一大把喜悦的心情，最多也只是"感时花溅泪，恨别鸟惊心"的移情转意——生活给人展示的往往都是这种表面上的假象，春天真实的速度反而被掩盖住了。因此在春天，人们的生活一开始就运行在错误的轨道上。看上去春天很美丽、很圆满，但那凶猛的水却一下子就冲垮了我们建立在错误基础上的大堤。这就是我们不愿却不得不经常看到的事实。

雪莱说：冬天到了，春天还会远吗？许多人对此充满了信念，其实撇开理性，雪莱仅仅是叫我们提防着——春天的速度。

敞开的夏天

树木婆娑，花草葳蕤。它们似乎觉得有足够的理由在这个日子猛长，有没有秩序不要紧。都像一只只拱出了地面的怪兽，伸着绿色的角，拖着黏黏的涎液，相互交媾着、攀缘着……就是以前有些腼腆的植物，这时候也不客气了，吐着那绿色的舌头，将空气里的一切狼吞虎咽地饕餮着。葡萄、丝瓜之类的像是小偷爬上了人家的墙头，在流火的风里张牙舞爪着摇摆浓绿。

夏天大门上那把沉甸甸的大锁，在春天的淫雨里已变得锈迹斑斑了。夏天金色的阳光如一把万能的钥匙，它咔嚓一下就把夏天的大门唐突地打开了。打开的大门，面前肯定有一口池塘。南方的村庄都是这样，一个村庄不是被几口池塘环绕，就是面前有一口大大的池塘。

“你想找死呀，塘里也没有捂盖子！”孩子们总喜欢跑到水里嬉戏。但在春天和冬天里，大人们就不会这样大胆地骂贪玩的孩子。春天池塘里的水清绿得叫人怜爱，而冬天的水又特别寒冷，说不定就是寒冰给池塘盖上了盖子。但夏天的水就没有那么讲究了，于是大人们就喜欢这样骂孩子们。其实，那些孩子不用大人骂，他们早就像青蛙一样噗噗跳进水里去了。他们本来就只穿了一件裤衩，而夏天的池塘绝对是敞开着的。池塘原本就是赤裸裸的，再加上几条赤裸裸也无伤大雅，孩子们光溜着身子敞开在夏天的怀抱里，无遮无掩，自由自在，快乐得就像是一尾尾鱼。

夏天的水就这么敞开着大门，也就不拒绝死亡。传说中有一位伟人，把家里的田和地要分给穷人，结果被父亲追打，他就跑到池塘敞开的水边，吓唬他的父亲，当然他没有跳下去——如果那样就没有伟人了。敞开大门的水倒是经常有人，特别是不小心的孩子容易掉进去，消失在那扇门里永远不再回来。但这是夏天偶尔的失误和疏忽，敞开的门总是有欲望的，而欲望本身就充满着危险。

城市里的夏天也是敞开的，让所有的偷窥者占尽了便宜。他们看到女人的心思在夏天袒露得厉害，一个个穿着透明得薄如羽翼般的衣裙在夏天的大街上摇来晃去，蜂姿蝶态的。这是夏天那只火红的大手故意给人们打开的一扇肉欲的大门。它剥去所有的伪装，让那些或白皙纤细，或臃肿的肉体全放在这扇门里展览，它要将敞开者的灵魂全放到太阳底下晒一晒，然后再挂上一把锁，这样就稳妥一些。

在敞开着的夏天，风是小偷，雨是大盗。谁也无法预料风在什么时候来，在提防着它的时候，它偏偏不知躲藏到哪里去了，让人心神不定、烦躁不安。特别是在乡村稻穗扬花的时候，那时候即便“风流”——风流的词语据说就是这么诞生的。农民们还是希望风来怜香惜玉、偷香窃玉一回——稻田里的庄稼可要受孕结籽啊！但讨厌的风在这时候就一点儿也不显风流了。终于，风还是偷偷摸摸地来了，人们觉察到了一丝清凉，对它在田野里的行径便充满了熟视无睹的欣慰。而对于夏雨，农民都喊它是“江洋大盗”了。在夏天它要么就是不来，让大地旱得龟裂，但它要是来时，则像狂飙一般，旁若无人地破门而来，它冲毁了庄稼、大堤、道路……与洪水们沆瀣一气蹂躏一切，把夏天所有美好的东西风卷残云般地席卷一空。所以不仅在乡村，就是在城市，人们对大盗般的暴雨也是深怀恐惧和不安的。所有的夏天，人们都在做着一种努力，试图将这位“大盗”改造得好一些。但它贼心不死，屡教不改，它是夏天最大的敌人。

夏天的虫子总是敞开歌喉，从白昼唱到夜晚，从夜晚唱到白昼。蟋蟀唧唧，青蛙咕咕……萤火虫儿帮着夏天使劲地提着一盏盏灯到处游荡，与天上的月亮、星星相互交映，把夏天照得也就没有夜晚了。夏天这回是彻底地敞开了胸怀。

敞开的夏天，人总是松松垮垮的，浑身一丝不挂地从床上爬起来，松松垮垮地去冲个凉水澡，随便套上一件衣服就可以出去做工或者上班。敞开的夏天总这样敞开大门，就使人看到许多人胸口都贴有胸毛——“贴胸毛的家伙！”有人在夏天的背后指桑骂愧，不怀好意。这就是他们又犯了偷窥病的缘故——使人想到在夏天，在人们的心灵落上一把锁是很有必要的。

秋　水

在乡间，人对自然的感觉分外敏锐——那时候，在疲惫的田间劳动之后，有时，我也像其他的乡亲一样到水里冲洗一番。直到有一天站在水中央，忽然发觉身边的水变得异样地稠密、温凉，掬在手心的一捧在指缝间透明着四散流溢，手指有种酽酽滑腻的感觉。湿淋淋地从水里爬起来，浑身禁不住打了个冷噤——这时，我才感觉真的是立秋了。

秋水四合。像蚌为了涵养珍珠，慢慢闭封起了它那张开的智慧的壳。大地进入了一个休整期。

无法涉入秋水。只可观看——当时我想，几千年前那不事稼穑的庄子和惠子，应该也是在这天立于濠梁之上观看秋水的。那时，大地被收拾得一片干净，空气澄明，纤尘不飞。他二人尽管一个刚死了老婆，一个刚失掉了相位，但恰如秋水剔除了曾经的繁华和喧哗，转入这生命的休整期一样，他们的心境就像秋水般祥和，十分清亮。于是一个说："你总害怕相位让我取而代之，因此将大梁城瞎折腾了一番，现在尝到失意的滋味了吧？"另一个嘴巴也不饶人，说："你老婆死了，你却鼓盆而歌，自以为惊世骇俗，就不怕留下那千古骂名？"面对秋水，俩人已不再尖锐对立了。只哈哈一笑，目光就一齐投向了水中的鱼：子非鱼，安知鱼之乐？

秋水无言。两位哲人那袒露的襟怀就如同一条更为清澈明净的秋水。生命的彻悟有时竟就是秋水所滋生的。

立秋前后的水真的迥然不同。刚刚过去的夏天因为阳光的渗透，水过于炙热和喧闹，做足了表面上的文章；而曾经汹涌四至的春水，又是水性杨花，春心泛滥，似乎肩负着过重的责任，努力地孕育着生命，无疑它也就拥有生命成长的冲动和朝气了。滞后的冬天，山瘦水寒，形容枯瘦，在不断地冻结和流失。只有秋天的水表里如一，至为单纯，既无孕育生命的痕迹，又没有冬天的刺骨寒冷。它平静地流涌，只需保证自然生命必备的涵养。它横淌在生命的存在与死亡之间。

秋水茫茫。在秋阳的照耀下，一泓秋水泛出的层层涟漪，也会轻轻叩击着岸边的岩石和青草。但那样子就似刚刚生产过的产妇对男人的亲吻，然后就美丽地躺着，呈现出一种绚丽归于平淡的境界。空中一群又一群的大雁南飞，漠漠青田，最后一行白鹭也钻入了云霄。水面上的浮萍、红莲、水草由绿色渐渐变成褐红色。一片荷花开谢过的池塘，荷叶饱胀得像穿着绿裙子的少妇，体态丰腴，凸现出膨胀的生命被释放过后的轻松。使人在看到生命回光返照的同时，领略到“望穿秋水”的真正含义。

在秋水浩渺的季节，庄稼人有着短暂的消闲时期。但紧接着秋收的到来，他们随即就在田里做一年最后一次征战。秋天的肃杀之气也一天天出现在水里，这时候人们似乎才感觉到，在秋水美丽的表面，其中生命的挣扎、抵抗和搏斗一时一刻也没有停止过。水里的所有生命都参与了这场不愠不火而又异常严肃的斗争……生存与扼杀、温暖与寒冷、成长与抑制、正义与邪恶，自然以它本身的法则做着生命痛苦的抉择。因此伴着秋风落叶声的如贯盈耳，秋水渺渺，我们已经无法下水，亲身体会鱼的快乐与不快乐了。

有了这些，我就陡然明白了庄稼人为什么对节气总充满了敬畏，也理解了他们为什么紧赶慢赶，要将所有的农作物赶在立秋之前拾掇完毕。同是姓“庄”，庄稼人对“立秋”这个节气有着比老庄更为接近本质的透悟。

子在川上曰：“逝者如斯夫。”人们习惯上以为这是孔老夫子在哀叹滔滔而逝的东流水，其实不是——他哀伤的正是这貌似静谧、澄澈的秋水，只有在这里，他才感受到生命真正消亡时的过程。但与许多人一样，我自那个立秋的日子误入秋水，像一尾快乐的鱼爬到岸上之后，就很少有机会再涉入那同样的秋水中去了。现在，所谓城市的喧闹声和风沙悄然地磨钝了我的嗅觉和触觉，就连“望穿秋水”也成为我的一件十分奢侈的事了。

远上寒山

乡下人上山是不分什么季节的。春天上山也不一定是摘那几朵清香的花。对于地道的乡下人来说，上山多半是为了打柴火。因此上山最好的季节是秋天，秋风落叶，满山青翠转眼就是一片枯黄。松针铺地，衰草枯叶，用竹筢子随便扒扒就能堆起一座小山似的柴垛，足以管一个冬天的锅灶和取暖了。在秋冬打柴火，在乡亲们心里还存着一份善良，那就是这时扒柴不伤草木的筋骨。都说：人非草木，孰能无情？其实，草木的爱情是容得下千万座大山的。

有些农民像现在城里身穿黄马甲的清洁工一样，即便把万里秋山细筢密梳了一遍，心里还惦记着——那仿佛就不是为了柴火。冬天到了，正是乡下所谓的冬闲季节，尽管他们上山也顺便拾掇那些枯枝败叶回家，但更多的是一种心情，一种收拾山的心情。

北风凛冽，山寒水瘦。我这时也喜欢上山逛逛、走走。北风吹得清涕飘零，想溜的欲望非常强烈，我轻轻一擤就让它回去了。山上总看到一些拾山的人。面前就走过一位穿着厚厚棉袄的老人，腰里系着一根绳子，手拢在怀里，见到一棵冻死的枯树，他眼睛一亮，鸟张翅一般张开双手，就用那积蓄了一冬的力量去摇，去拔。忙得一头大汗，终于，把那枯树给拔了出来，然后将树枝噼里啪啦折断，解开腰上的绳子，熨熨帖帖扎成一小捆，甩在肩上屁颠屁颠地走了。

踏遍青山人未老，
拾得寒枝聊煮饥。

我心里突然就冒出这两句话来。随即浑身莫名其妙地打了个寒噤。前面一句显然是套用一个伟人的，而后面的就是我自己的“杰作”了，有点儿意思吧？但我不是杜甫，也不必“茅屋为秋风所破歌”。望着那拾山的老人一甩一晃地背着那捆柴远去，我立即就将他给忘了。

走在清冷冷的寒山石径上，“呀——呀呀”地听到一声声乌鸦叫。有些凄惶，这就是我打了个寒噤的原因。面前，树丫上蹲着一只黑黑的乌鸦，乌鸦的脚下有一个细草缠缠绕绕网住的鸟窝。看见有人来，黑黑的乌鸦就跳进了窝里，露出一点黑黑的头来。但不知为什么，又猛地一蹿，拍着翅膀，嘶叫了声飞了出去。只剩下那棵枯树，树下面还有一丛树，树枝稀稀拉拉的。旁边有一口浅水潭，潭里一根枯黄的荷梗孤独地竖着——颓废得就做马致远的老树枯藤昏鸦状了。我赶紧绕开了那里。

禅心已作沾泥絮，
不逐东风上下狂。

忽然就想起一首僧人的禅诗来。这样，面前一片寒山立即就透出一丝禅意来。山中清溪细如棉线，不久前岩石上那如蝌蚪样漫漶的泉水像不知被谁卷了回去，只留下那白白无字的一面。眺望山岭，曾有过的遮天蔽日的高大乔木也光秃着树干。山色由泼黛变成了苍黄，一棵树上伶仃着的一片树叶，像是一则经不起推敲的“征婚启事”，叫人无法心存幻想。路旁，有一口浅潭，像是谁揉皱的一团宣纸。风一吹来，就呼啦啦地抖动一下，叫人懒得看。

远上寒山石径斜。这样看山，就如一幅淡淡的写意画了。

毫无来由地想起寒山拾得老人，这当然是一种联想。但说寒山拾得是一位老人，分明又是佛，是禅，是大自在。古人所谓参透了禅，称自己看到的“禅境”是“圆陀陀的，赤裸裸的，光灼灼的，沉寂寂的”。真是奇怪，一想起这话，我就像看到了一只清亮亮的晃动着的和尚头。不是刚剃新刮的那种，而是很有道行的样子。像济公又像是寒山，起码是位老和尚吧？

时人见寒山，各谓是风颠。
貌不起人目，身唯布裘缠。
我语他不会，他语我不言。
为报往来者，可来向寒山。

这是寒山的诗。我漫步在寒山上，谁说我不是来“向寒山”的？寒山不就是面前这片山，不就是刚刚飞走的那只乌鸦或简直就是那位拾山的老人？总之，寒山是“或时或噪，望空谩骂，寺僧以杖逼逐，翻身拊掌大笑而去”了，谁看清了寒山的模样？

有许多禅宗公案与寒山拾得有关。这里随便录下一则：一日（拾得）扫地，寺主问：“汝名拾得，丰干拾得汝归。汝毕竟姓个什么？在何住处？”拾得放下扫帚，叉手而立。寺主罔测。寒山捶胸曰：“苍天苍天！”拾得欲问：“汝作什么？”曰：“岂不见道东家人死，西家助哀。”说完，二人作舞，哭笑而出。

据说这里面就有禅在。但实际上世间许多人问禅，求的是“为我所用”。不独禅，老子庄子儒家等等，世间不都是取我所用，非我弃用？并美其名曰：汲其精华，剔去糟粕。就是寒山拾得留下的公案，哪里有他那一句：“打我、骂我、唾我、羞我……我且不还手，看他如何？”（大意）来得更为实在？每个人大大小小都会有人生的委屈，万般无奈，情急之中，还是寒山拾得这句话好——起码不要说做了阿Q的亲戚，而是可以称作佛的弟子的。

禅是什么？寒山拾得曾说：“吾心似秋月，碧潭清皎洁；无物堪比伦，教我如何说？”如何说呢？

那只乌鸦还是没有飞回来。

因了寒山拾得的缘故，还想说禅——

是禅宗五祖六祖的故事。僧人神秀写诗在墙上："身是菩提树，心如明镜台。时时勤拂拭，勿使惹尘埃。"正在扫地的慧能看到了，也偷偷地在墙上涂抹了一首："菩提本无树，明镜亦非台。本来无一物，何处惹尘埃？"他反其意而用之。但因了这偈子，他却被选作了禅师宗六祖，接钵披裟了。真有点儿小题大做。我想神秀才是真正的禅语顿悟，那慧能只不过是受了神秀的启示罢了。由启示而悟这只能算作是联想——由甲想到了乙是也。比如我，由拾得寒山却想到了寒山拾得，想到禅——在这满目萧瑟的寒山之上，我想我可以心无挂碍地说出这话，可谓借寒山浇心中块垒。

我顿觉身心轻松多了。这时抬头望满目寒山，依然杂草枯枝、林木憔悴。附近一个村子外面已空无一人。一座柴门小院黑瓦土墙的屋顶上却冒出了一缕炊烟，有点儿生机。但那炊烟在屋顶上张牙舞爪地扑腾了一下，像是舞蹈，又像一只小白猫，纵身一跃就不见了。院子竹扎的篱笆墙角下，蹲伏着一只精瘦的小黄狗，见到人也不敢大声叫，喉管里只像泥鳅一样哼哼唧唧了一阵。不远处有一头水牛静卧在牛棚里——它倒是悠闲，抬头咀嚼头顶上的枯草，反刍的声音脆而长。乡下人故意将草放在牛的头顶上，让它咬，据说是怕牛在冬天懒了力气。这真是个好办法。我看了看牛，又亲昵地拍拍小黄狗的头，就走进屋里了。

“你看这柴火,够烧一天的锅了!”父亲指了指锅灶边的那捆柴火,大声地对我说。

我哑然。

2000 年 8 月 29 日至 9 月 1 日,北京东城区和平里

尘世清音

在一个标榜多于创造、立异无关诚实的年代，叫人相信什么是很困难的。因此青松几次跟我说，他想找一个清净的地方静心养性、悟道立本，我总持了一种半信半疑的态度。我害怕社会上因此又会多一份“炒作”。但青松还是义无反顾地走了，且一走竟就是音讯杳杳——他躲在京西的一座深山里，真的过上了箪食瓢饮、劳筋苦志、修身养德的日子。

再次见到他是很久以后了——我差不多无法抓住他的行踪。但我们终于还是见了面。他依然是那绝尘脱俗、性孤情笃的样子，头发胡乱地向后拂着个大背头，只是话比以前更少。偶尔说话，因那夹杂着较浓的湖南口音，叫人更不知所云。只是这回比以前更激进了些，一点儿荤腥也不沾——吃素，而且吃得很少。以世俗的心态揣摩，他多半是有点走火入魔。我不知道与他说些什么才好，于是俩人便讷讷，倒是偶尔说上两句精彩的话，俩人都会笑。他嗓子细腻，笑起来就像一只快乐的小云雀。

青松的心透明而多思。他叫李青松，似乎也很在乎“大雪压青松”那样的意境。仿佛心灵注定企图要承受世间的一些苦难，他总将自己的内心逼逐到一个“承担者”的精神高台。这种动机，他原在湘西南那山清水秀而又贫穷的家乡，就似乎妖魔似的附身了。“日里田中耕，夜晚笺上耘。”那时他就有着悟道者的面目，他不跟随当时汉语诗的写作，却竖起了“哲理诗”的旗纛，并以自己全部的微薄的经济投到《哲理诗刊》的刊物上。再后来，他得以机缘主持过一段《青年文学》杂志的诗歌栏目，如果换成别人，也许正好就是他的事业，起码也是诗歌创作一次“出道”的机会。但他却又很快地放弃了，其中的原因也许是复杂的，但与他内心所企求的“以悟道审判自己，以行道拯救自己”的关系肯定重大。他不是那种轻易将自己灵肉埋汰在尘世的人。

青松兄弟三人，他是长子。据说在他父亲临死前，他与父亲抱成一团，在一片凄凄惨惨的哭别声中，他铭记了父亲留下的“正气为人，光耀门庭”的遗嘱。用世俗的眼光来理解，他应该秉承父亲的遗愿，娶妻生子，挣钱养家，或者入则为父，出则为仕，走一条常人都能想象得出来的道路。不知在那一刹那他是怎样理解着父爱。反正他后来走上的是截然不同，或者在他内心以为那就是更为宽阔的大路。他至今仍然孑然一身，甚至对于娶妻生子之类庸常生活想也未想过，只把自己的生命全部交付给了自己心里逐渐廓清和辉煌的艺术。与自然对视，与天地对话，他说他神游六合之外，是追求行动与心灵的自由、精神人格与行为准则的统一。人的快乐大抵就是心灵和精神上的，在他心如止水般的生活里，也实在看不出他为一餐一饭一衣一食奔波忙碌的忧愁。作为旁人，还能说什么呢？朋友里有彼此熟稔的，要我劝他，但有时我常常连自己也劝不住。面对一种别样的灵魂，语言有时显得很苍白，何况是那种叫作生活的东西。

其实，青松至今仍然坚持背负着诗歌语言的躯壳前行——他还在写着。他这次"出山"一下子就"背"来了三部书：《我之歌——在诞生与涅槃之间的精神史》《悟道与逍遥——一个现代古人的山水清音》《清庐随笔——一个当今归隐者的诗性言说》。单看这些书的标题，就知道他干的是什么了。我记得他不止一次地说过，他之所以远离红尘，隐居林泉是为了感知自然的法则、洞察人间世情、摸索艺术规律、探究人生真谛，秉承自己与生俱来的悲天悯人的博大精神和与天地一脉相承的浩然正气，融合天地，贯通古今，创建自己诗歌的宫殿和精神王国，辟出一条风格独特的艺术道路……这话，也许什么人都会说，但真正要把自己的生命垫付在里面，潜心独行，如同从光明的大道上走开，在伸手不见五指的心灵之路断然找寻生命与艺术真正的幽光，实在是一种独识绝智。前人中马一浮、弘一法师、苏曼殊都曾有实践自己人生或哲学或艺术的经验。但人与人不一样，何况大道自然，自然不尽相同。

在青松的这几部作品里，感觉他字里行间实在是少了一些烟火气。我不是说他一定就绝尘脱俗了，但与以前的青松相比，他似乎是认真地摒弃着曾有的激动和抒情，也大大收敛住他曾洋溢着的才华，更缺少了飞扬浮躁——而这一切在青松以前都是有过的，他曾以他对人生和自然的敏锐观察，对文学和艺术的深刻怀想，写出过许多才华横溢而又美丽的文字，叫人陶醉在他诗歌的语言里，甚至对他那钟灵毓秀的故乡也会产生美好的向往……他本来完全可以这样写下去的。但这一切如今在他的眼里都变成了过往云烟，他改弦易张了。于是，他现在作品里更多地凸现出的是语言的平实、思想的犀利和艺术的返璞归真，他用他全部的心胸关注着人生，众生有相；他以他宗教般的虔诚和理性笔触社会、哲学、艺术，法外无法。或博大或精微事事无细，却又融万物为一体，人物两忘，使人顿悟到一种“至道无难，唯嫌简择”的化境。初读时，或许感觉老生常谈了些，但倏而就被那针扎般（不是跳跃性）的文字里一种特有的穿透力给震慑住了。剥去文字华美的裘袍，赤裸裸的真实的灵魂原来可以抵抗一切。当一个人把自己的才华浸淫到内心而不张扬，那石头或许还是一块冷冰冰的石头，但其中蕴含的力量无法估量。从青松的这些文字里，我们可以看出规则对他的无奈，他对灵性局促的反抗。身心无障无碍的，他便可以一意孤行，率性而出了。

这是怎样的一种呐喊
这是来自何处的一种音籁
为何让我神魂颠倒疯狂演奏

啊，这来自我们神圣的爱情
灵与思交合而响彻长霄的和鸣
高于人间一切声音

这是李青松深深痴迷和不断进行创作的六行诗《我之歌》中的一首。不知道他为什么总会有这样的“如此神魂颠倒疯狂演奏”——但不论是他那“审判”式的灵魂拷问,还是那神采飞扬的艺术思考,带给我们的都已不啻是一缕袅袅入耳、拂之不去的尘世清音了。而这是值得我们用心倾听的。

2000年9月3日,北京东城区和平里

夜晚的深度

在火车上，我常常会跌入一种虚空之中：窗外漆黑如墨，火车哐当哐当地响着渐渐地远去，夜也渐渐地深去。似乎不知道目的地在哪儿。醒来，车厢里的鼾声此起彼伏，那氛围把人就带向更加不可预知的遥远。于是干脆无趣地睡去，心无旁骛地将自己身心交付给黑夜……经常，由于火车停靠在某一个小站，也会睁开惺忪的眼，趴在车窗向外眺望，见那钢蓝的铁轨在幽微的路灯照耀下，溅射出的斑斓迷幻的光芒。

夜在高邈的天空发出类似于咳嗽的声音，仿佛测试着什么，便觉得这里就有一种夜晚的深度存在。想想，一个人如果不是在火车上，而是孤独地硬坐在夜晚里厮守一盏烛灯，那夜晚的深度就该是一根蜡烛的长度。那蜡烛开始还优雅地燃烧着，但外面浮嚣的声浪随着烛花一点点地凋谢，四周便沉入了无边无际的寂静当中，夜晚的深度感就会怪异地附在人们的身上。如果这人有着道德和良心，那么在这样的夜晚，他心里溢出来的滋味大概就会像一个人在医院里做例行检查：医生要他在众目睽睽之下裸露着身体，再用一些他所熟悉或不熟悉的器械，在他的身上认真地鼓捣着，然后告诉他哪儿是，哪儿不是——这是“三省吾身”最好的一种办法。夜晚固有的深度，当然可以裸露出自己的灵魂，检测着自己的心灵。利用夜晚进行闭门思过，对于健康的人生总是有益的，但对于不健康的人生则无异于一种折磨。由于夜晚之深，自然会有一些人干出小偷或杀人越货的勾当。

月黑风高夜，夜晚里也总会飘荡出一种浓浓的死亡气息。耗子在麦田里偷食，狐狸在坟穴里钻来钻去，毒蛇在静静地冬眠……在小偷和杀人越货者们那里，夜晚的深度似乎就是一堵墙、一扇门、一闪念的深度。对于他们来说，夜晚的颜色恰好暗合了他们本来就十分阴暗的心理。他们如同刚从牢笼里放出的困兽，贪婪而又竭力地挣扎着。由于心灵上的缺陷，他们在夜晚里所干的行径，便使他们的灵魂不停地下坠、下坠……直至无可救药的深处。夜晚的深度恰好变成了他们自掘的坟墓的深度。

有一种鸟儿的名字叫作夜莺。在夜晚劳作的人们，也总被人们亲切地唤为“夜莺”。这个动物由于夜晚的美好，名字也被叫得那么的美了。是的，夜晚有着深深的黑色的背景，天空变得深不可测，大地上万籁俱寂，正是夜莺们辛勤劳作的大好时光，他们的劳作使夜晚变得富有生机和有创造力起来。此时夜晚的深度，遮蔽住了许多日子的枝枝蔓蔓，使生活呈现出了唯一的一条通向光明的隧道，省却无端的嘈杂，正好也剔除了人们的私心杂念，人们只要一心一意地朝着那条隧道摸索前行，结果就会像一位在江里拉纤的纤夫，只拖着自己的船行走在自己的江水里。这当然是一种艰难而又畅快的前行，是一种离成功最为接近的深度。

"妆罢低声问夫婿,画眉深浅入时无。"在夜晚,人们的感觉总是奇特而美妙。如果忽视那"庭院深深深几许",更漏灯残的夺人心魄的夜晚的凄美的深度,也许这首诗就足可以让人体会出另一种更为美丽的夜晚的深度了——夜晚星光灿烂,寂静的夜空像是一条无声流淌的银河,牛郎织女,鹊桥相会;心明地静,好梦易圆……夜晚因此就成了人的生命所期待的深度。然而夜正长,路也正长,长夜难眠,期待往往也是人的生命和生活饱受煎熬的痛苦——现在,在这个深深的夜晚,我就无端地想起一位先生与秋夜对峙的情形。我恍惚看见他的脸上,那挂满着的一副苦苦追求真理的一个民族痛苦而又憔悴的泪痕!……他滞留在心如死灰般的黑夜,他听到的是不断的喋喋的苦瓜鸟的叫声。他的手指夹着的烟头,在沉沉的夜里忽明忽灭,烟灰燃尽,在深不见底的夜里,他猛然地倒仆下来。那个深深的长夜,他付出的是生命与血肉的代价……

夜晚开始把我的思绪撩得乱乱的。

但坐在火车上,特别是在夜晚的长长旅途中,我的思绪总会这样情不自禁地被火车牵得远远。有时,我还觉得火车下那两溜并行的长长的铁轨,更像一把检测夜晚深度的标尺。它随着夜幕的降临悄悄拉开,静静地丈量大地,丈量着人们心灵的韧性。等到了东方既白,看到许多人从火车上鱼贯而下,我才会松下一口气,仿佛自己在一口枯井里被提悬到了地面……

这时,一切才真正结束。

2000 年 9 月 16 日,北京东城区和平里

雪　湖

那年的夏天特别的热。一位朋友挥汗如雨，大声嚷道："太热，太热。你多年没到过城南的雪湖，吃过饭，我们一起去那里走走。"这一说，我的心里真的突然安静了下来——想想汉字就是神奇，炎炎烈日里只要提到一个"湖"字，况且这湖的前面还有一个"雪"字，便凉意顿生，清爽极了。

雪湖在城南，又名"学湖"，可能与宋王荆公在湖边的舒王台读过书有关。湖并不大，只是一片汪汪水里挤满了绿荷。那时，我的一位朋友住在湖边上。夏天，我最想去的地方就是雪湖。说来不好意思，其时我连买一台电扇的钱也没有。天一入伏，房间燠热；另外，怕也是孤寂无聊吧，起早或向晚的，一有空我就到雪湖走走，顺便到朋友家小坐。雪湖因此便成了自己的一片心湖——当年，那湖边修路，我参与了设计和测量，每天忙得很晚才收工。太阳下山时，满眼就是那巨大霞光溅射着的绿荷。绿荷一路铺展，远远望去，阳光就像一个硕大的火轮轰隆隆地碾在荷叶的玉盘上。那红、那绿相互交叠，荷叶便成了太阳的倒影，仿佛一颗绿色的太阳！霎时，天异常地亮，荷埂上的蝉嘶嘶叫唤，许多不知名的鸟儿及蜻蜓、蝴蝶在天上地下地飞翔，吱吱唧唧，一派嘹亮——看那翩飞的蜻蜓和黄的、白的蝴蝶，呼吸那绿荷的风，心情真舒坦！

雪湖的清晨空气潮湿，大地也湿润润的。一张张荷叶在湖里恣意铺展，显得很阔绰，很像一位穿着土绸缎的财主佬，拄杖临风。荷叶上晶莹的露珠滚动，嫩得几乎要滴下来。太阳一出来，它立即被折射得五光六色，异常耀眼。不只如此，它还向荷埂延伸过来，仿佛给荷埂撑了一把小伞。“伞”下是一朵朵不知名的小花，那花的叶片，在早晨或阴天一般都紧紧闭合，直到太阳把那“伞”移开，它才大张旗鼓地开放。清清的湖水里，常出没的是几条鲇鱼，举着两根小胡须，张着嘴，在荷叶间游来游去，弄得水里一片喧闹。水深处，荷叶田田，该举的就举，该铺的就铺，花该开就开……往往在这时，湖上就会出现一两只细长的小船，船上立着一个精瘦而黑的捕鱼人，挥舞一根长竿，赶着几只鱼鹰在湖上来回荡着抓鱼。秋天到了，采藕人又来了，他们光着身子下水，一弯腰，立马就举起一节白白嫩嫩的藕。藕在污泥里待了一冬一春，奇怪的是它们一出水，藕上虽沾满了泥，却依然雪白如胖手。即便在冬天也是，别的东西早已腐烂不堪，但它没有。它在冬天的泥里发芽、生长，到了夏天更是猛生猛长着——雪湖藕说是“九孔十三丝”，掐断也仍洁白无瑕，丝丝相连。间或，人们还会抓起一条草鱼，当地人一般称它为“混子”。那鱼在人的手中奋力挣脱，吓得人的手立即缩了回去——明知鱼不咬人，但人的手还是免不了缩回，让鱼溜走。可见鱼的爆发力也够吓人的。藕没有这个,所以采藕容易得多。

雪湖的坝埂上生满了青草,稀稀疏疏的还长了几株迎风摆动的柳,一间人们用草和水杉搭成的草棚。夏天,草棚里坐着一位叼着旱烟袋的农人或一两个看藕小孩。坝的中间,是一条让人们的脚步踩出来的春泥小路。温暖的早春,人们走上这条小路,就有脱掉鞋和袜光着脚丫走走的欲望。那时,柔柔的泥巴从脚趾间调皮地冒出头,不仅泥土里沾满阳光的温暖和芳香直蹿入肺腑,贯穿整个身心还有一种向上的精神,使人枯燥的灵魂一下子就如一粒种子在泥土里发芽、生根,就不感觉生活的乏味,甚至干脆就想做湖边上的一株柳或一棵蒲剑,实实在在地生长。

转眼间就十几年了。朋友早已从雪湖边的那个屋子里搬了出来,而雪湖也已经被小城里不断蹦出来的大大小小的建筑物吞噬了许多。在雪湖边,我们直闹腾到很晚——回去时,分明大家各自都有了心事,是什么呢?却又说不出来。细细打量着夜色里的雪湖,我想,世事变迁,如电如幻。这一切的一切雪湖不知道,只剩下那绿荷知道,风知道。但,一种如泥土般朴素的感情油然而生,却狠狠地攥住了我的身心。

2000年9月24日,北京东城区和平里

寂寞的菩提

一个作家的山水之缘总是奇特的，“江山也要文人捧”。其实，文人“捧”的不只是江山，而是他们心头上的那永劫不灭、难以释怀的一盏心灯。因为，对于真正的作家来说，山水正是滋养他们灵魂的一份甘露，是他们在寻找精神家园的过程中，迢迢心路历程中一处最为轻松和自然的驿站，是他们心灵婆娑的一树菩提。

在天柱山，我听作家邓友梅讲了一个真实的美丽感人的故事：多年以前，日本作家水上勉来到秀丽的天柱山，在他心怀崇敬的禅宗三祖寺悄悄拿走了一粒菩提籽，种植在家乡遍布樱花、秀竹的院落。不想，这菩提籽竟然发芽、长大了……身居岛国，白发苍苍的水上勉面对这株从异域而来的菩提树，竟在心灵里摇曳出一份浓浓的感恩之情……也正是这情，成就了中国作家邓友梅与天柱山的缘分。为了却异国作家的心事，邓友梅不声不响来到三祖禅庭，代水上勉还了心愿，又悄悄地回去了……

尽管一切都是在悄悄中完成的，但邓友梅先生第二次来到天柱山，还是忍不住讲出了这段故事——这时我发觉天柱山实际上也已成为作家邓友梅心头上一个无法释怀的情结。

顺着邓友梅先生的话语，我脑海里立即闪现出水上勉与那株菩提寂寞相视的样子。而这，又使我奇怪地想到我所崇敬的天柱老人乌以风与天柱山寂寞相守、顾影自怜一生的情景。一个人游遍天下名山容易，而终生厮守一座山殊非易事。一生都为一座山修路、建亭、修志更是难上加难。可这一切乌以风先生都做到了——我无法知道人终其一生守着一座山是什么滋味，但我至今忘不掉，我在与晚年的乌以风相识时，他那平静得像一泓秋水般澄澈的嗓音与胸怀——他仿佛就是一株寂寞的菩提，以致寂寞得当作家余秋雨寻找寂寞的天柱山，竟然忽视了他的一生和他那本厚厚的《天柱山志》。应该说，余秋雨对天柱山灵性和沉重的寂寞的发问是准确的。寂寞就是这样地"擦肩而过"。

"天柱通神！"作家王蒙为天柱山喝彩。

"天倚此柱，地挺乃峰！"作家张贤亮深有感触。

"野性并诗心，原来俱在此。"这是作家邵燕祥的惊叹。

也许，现代的作家们已无法重回闲适的古典和浪漫了，但我还是惊异地发觉，他们对天柱山水的文化咀嚼和对这份山水的理解与认同竟是惊人地相似！

诚如陶渊明悠然见南山，是采摘那株精神的菊；李白纵情山水，是不愿摧眉折腰事权贵；梭罗结庐瓦尔登湖，就渗滤进湖水美妙的思想及人格……天柱山，作为人类人文精神中的一个驿站，成为文人心里能够点燃或辉煌或平淡或失意的人生灯盏由来已久了……李白、王安石、苏东坡、黄庭坚都曾在这里留下了一个个

“万里归来卜筑居”“待吾还丹成，投迹归此地”的精神慨叹。直至今天，我们也许还会责备他们留下空洞洞的豪言壮语而无法兑现，但又有谁能够否认，天柱山不是他们漫漫坎坷人生路上的一盏心灯呢？对于他们，我想无论是在宫廷深深的黄瓦红墙内的忧愁，还是身居自然，在满目繁花的喜悦中，天柱山肯定都在他们脑海里倏而闪亮过，且照亮过他们一段或失意灰暗或得意光明的人生之路。有时，山水就如水上勉悄悄拿走的那一粒菩提籽，是他们心灵生长的一株精神的菩提。

试想，当他们在怀想到天柱山时，天柱山那刚劲峻拔的山峰与脊梁尽管孤傲，但又该是何等地苍迈和有力？天柱山那份自然和恬静唯其寂寞，又是多么地平和与冲淡？汉武帝封岳是禅封，隋文帝废岳是禅废。当一个人经历过从生命的高台跌入荒凉的深谷时，“寂寞开无主”，悄然独拔，未尝没有一副铮铮铁骨而凸现出的大彻大悟后的化境！

缘此，天柱山也是一株寂寞的菩提吧？！

2000 年 10 月 25 日夜，安徽天柱山

夜读韩城

在寂静的夜晚，你如果一个人独坐在书房里，伴随着书的一股淡淡的馨香，或炽亮或昏黄的灯光下，你抬起头就能抚摸到你面前那一排排书。当你眼光定格般地停留在那部古老的《史记》上时，你心中荡起的也许会是一种悠久而深远的历史自豪感。你当然知道书的作者司马迁是西汉时期的史学家、文学家、思想家，你对他人生的遭遇充满了深深的同情和叹息……

他，司马迁，三十八岁继父职担任了太史令。但天汉二年，为大将李陵败匈奴辩护，却激怒了当朝皇帝汉武帝，于是株连下狱定为死罪。后又以酷刑免死，出狱后任中书令。他苟且偷生，忍辱负重地活了五十八年，竟是“究天人之际，通古今之变，成一家之言”——为了一部书。这记载着从传说中的轩辕帝到汉武帝太初元年，约三千年历史的洋洋数十万言，后来被人称作是中国第一部纪传体通史……现在，这部书就摆在你的面前，尽管它湮没在浩瀚的书的海洋中，但你会经常伫望到它，你的眼睛还常常被这书里散发出来的巨大光芒所灼伤。

同样在这样寂静的夜晚。当你的双脚一踏上关中的韩城——司马迁生长与终老之地,你就会发觉韩城竟也是那么适宜于夜读。夹杂在老城里的文庙,那浓浓的朱漆大门虽然关闭,但只要你站在那红墙门外,依然可以感到那琅琅的读书声破壁而来。历史上,在这样的小城曾出了一千三百多名科举及第人士:"两朝宰相""祖孙御史""一母三进士,一举一贡生"……那声音气宇轩昂,都是大大的。如果嫌吵你且走开,浸着如水的夜色,你到党家村去。那可是关中一个充满着梦幻般色彩的村落:高高的墙、看家楼、宝塔和节孝碑,方方正正的四合院,住下了一千多口人。但在这样的夜晚,竟宁静得也没有一丝的声响。理解这座村庄,你只要看看那高大气派的走马门楼上的牌匾:"及第居""耕读居""太史第"……如果这还不够,在一家堂屋里你读到了"春山眉宇秋水精神",就知道这是怎样的一个村子了……渐重的夜色,此时已将党家村剪落得如一幅版画,画面上一切悄无声息。太恬静,太美丽了吧,如果你真的心潮如水,你再折回身子踏上那条叫司马坡的路吧!

走进坐落在黄河岸边一座山冈上的司马迁祠,你心里一直充盈着的浓浓的书香和宁静的田园风味,立即就会被一种旷古的伤感剥落得一干二净。读到韩城这部书的高潮了,你唯有叹息。仿佛是一种提示,通向司马迁祠的路立时也变得凹凸不平起来,无边无际的苍凉感涌上来。月色里你也许会思忖,这石头铺就的路是人们有心设置的崎岖,还是风雨的磨砺与岁月的蹂躏?——都说回首历史之路充满了艰险和幽暗,谁掂量过一个忠实记载历史的人的人生之路,比历史本身更为痛苦和黑暗的程度呢?数千年历史的辉煌，无一不是手记历史的人用血泪铸成的。你陡然明白了历史和历史中人，看来更像一具肉体与灵魂的关系。谁能说得清谁活得更为长久与灿烂？

月色朦胧。即便走近司马迁那尊巨大的铜像前，你还是看不清他身着的衣袍是怎样的颜色，历史的风雨已将他的全身冷却得冰凉冰凉，但你还是感受到了他那潇洒的神志，你发觉他炯炯有神的双目，还在深情地凝视着脚下的土地，注视着飘忽在面前的那条浑长的黄河。石道的两旁，整整齐齐的松柏静静地耸立，松柏有着千万个苍劲与刚正的比喻。可此时你只觉得它是太史公攥在手中的一支支如椽大笔。“人固有一死，或重于泰山，或轻于鸿毛。”一个雷霆万钧、力透纸背的声音似乎在你耳边回荡，你直觉得那声音是从那坟茔的裂缝中发出的。坟茔上的五棵遒劲的松柏，在古城文庙里你也见过，由于出现过“一母三进士，一举一贡生”的盛举，当地把这叫作“五子登科”。媚俗就是这样的简易，但你想，这恰是太史公那张开且挥舞着的五指，在竭力地呼唤和呐喊着公正、自由吧？……直言敢谏，愤而著书，太史公用一生垒起一座精神的“泰山”，就是想用刚正不阿的忠实历史告诉后人，人类该怎样地创造历史！

天道人心，人心里的历史总是一杆公正的秤！

紧接着在司马祠那些摆置的碑石上，你又读到了一则神话般的故事：说是司马迁曾有过一位名叫随清娱的侍妾，那侍妾钟情司马迁，在司马迁遇害后闷闷不乐，忧愤而死。但她死后阴魂竟然久久未散，以至到了大唐年间，她还曾托梦于时在关中任刺史的唐代名臣、书法家褚遂良：“乞一言铭墓，以垂不朽。”正走在人生下坡路上的褚遂良，于是大张其事，立马借她所托之梦，以为她作墓志铭的方式勒石传世了。故事有些浪漫和凄然，但何尝不是褚遂良对太史公的一种曲折的理解呢？

手植春花待宾客，他年凭吊知音多；
今日植花表心愿，后世自有爱花人。

你读到了这首诗。据说这诗还是两千年前太史公的夫人柳倩娘在埋葬好丈夫司马迁之后血泪交融而写的。史书记载，柳倩娘在丈夫司马迁遇难后，与儿子司马临、司马观，通过女婿杨敞、外孙杨恽买通官府，历尽艰辛将司马迁的骨骸运回了家乡，掩埋在这片山冈。千秋太史公，遭遇的就是这样地悲切与凄惨！然而，柳倩娘没有屈服，她似乎在丈夫那里早就读懂了历史最终的真正的写法！她在此植柏为记，朝夕相守——她算是理解太史公的千古第一知音了！人生易满，知音难求。你叹息着，你把眼光投向茫茫的黄河大地，你陡然身心恍然。你看到此时韩城的新城老区灯光正明明灼灼，一抹新世纪的曙光似乎就出现在远方的天际下。但在皎皎的月色里，你还是觉得韩城像是一部渐渐打开的古书，一部厚重的史书那样陈旧且耐读。你就喜欢这样长久地读下去。只是，夜读韩城，书里那女人纤纤玉指划过的痕迹却突然让你触目惊心，胸怀怅然起来。

2000 年 12 月 1 日，北京东城区和平里

言而无信的时代

在我的印象里，对语言深怀敬畏之心的是些识字很少的乡下人。他们对算命先生的语言、对寺庙纸签上的谶语，大都有着无以复加的畏惧与虔诚。俗话说“唾沫能淹死人”。这一方面是众矢之的的作用；另一方面就包含着语言的巨大宿命——有一次，和一位朋友聊起语言，他说村妇们骂人：“烧成灰也认得！”你说人死后在骨灰盒上还镶了相片，能不认识吗？更有意思的还有“天罗地网”，看现在大街小巷的“网吧”，不都是“一网打尽”了？语言很“毒”，所谓天机不可泄露矣。

这或许真有语言的宿命。这宿命终于将人类带进了一个言而无信的时代。“言而无信”作为成语，肯定释为说话不能兑现，缺乏信用——信任危机的出现其实已经很早了。它现在让人领会到的妙处只在于“信”的本身。“信”在字典里解释为：按照习惯的格式把要说的话写下来给指定的对象看的东西。这“东西”曾几何时就是人类维系感情的一种工具。“烽火连三月，家书抵万金。”信是比黄金还要珍贵的东西。裹着绵绵情谊的信会使人开心，捎报平安的信会使人释怀；而一封情书却让相恋的人尽管远隔千山万水，心灵也能贴得很近很近……即便是一声噩耗，让人在悲痛之中也会领略到世间的真情。一封谩骂的书信，比如骆宾王的千古奇文《讨武曌檄》，也让人感觉出人间的一股豪气与正义。至于像鲁迅与许广平的《两地书》，其间所饱蘸着的生活与艺术人生的清香更是盈耳扑鼻……信，就像一只只蹁跹的蝴蝶飞翔在人类的心灵，它有着春的消息、夏的火热、秋的祝福和冬的问候，收藏着人类一年四季的幸福与快乐，传播的是一个个美丽的花瓣……

然而，生活很快就在本质上发生了巨大变化。工业革命像是一把双刃剑，既传承了文明，又刺杀了文明。首先是那思想交流的工具都被一根根看得见或看不见的电话线所代替，所有的爱情都被一句短短的、硬邦邦的电报式的语言侵蚀了。简捷已成为语言最大的杀手，信由此而受到一次巨大的心灵戕害。淋漓尽致的文明的“屠戮” 随之接踵而至。当电子物已“随风潜入夜”时，因特网、伊妹儿席卷而来，它们更如一股强劲的飓风，风卷残云。终于就将人类最为古老而又富于人情味的“信” 掠夺得一干二净。这真是一个奇怪的悖论：一面是先进的、更为广阔的思想交流和传播的工具，一面却又把人类挤到一个最为逼仄和狭窄的心灵交流的边缘。语言既庞杂又多余，铺天盖地、眼花缭乱而又苍白无力……

我们必须面对的是一个言而无信的时代。这个无信的时代，巨大的电子波无处不在，在所有的文字里再也读不出“手稿” 的芳香，辉煌的书法艺术退缩到了一个非常不起眼的角落；这个无信的时代,人的精神与灵魂似乎不再需要亲人和朋友的抚慰与爱怜,但一个个貌似强大,却又显得孤立无援和不知所措。每个人面对生就的一副冷美人面孔的伊妹儿,自己的心灵也冷如枯槁;这个无信的时代,人生的一切酸甜苦辣都如过眼的云烟,不再需要用精致的绸缎小心地包裹收藏……这个言而无信的时代,似乎本就是一个既不需要收藏,也不需要观赏的时代;是一个“今日脱下鞋和袜,不知明天穿不穿”的时代。这个时代,今日黄花明日花黄,历史也喜欢作秀和涂抹口红。这个时代,是小姐不再坐在绣楼上,即便坐着也不会再有“一帘幽梦”的时代;是可以光着身子上街,街上的人也如你一样赤裸裸的时代……

言而无“信”的时代——语言不幸言中和提前到达的时代。坐在炽烈的日光灯下,我发觉我仿佛已有一个世纪没收到信了。所有的语言都已经在面前的电话与手机里流淌过去。伴着一盏孤灯,沏上一杯绿茶,静静地在灯下展读一封才思妙涌,或者亲切温情的书信的机会已经少而又少,几近于无。而同时燃上一支香烟,一手夹烟一手执笔,给亲人或朋友写信的行为也变得十分隔膜……记得那时或读或写着书信,朋友或亲人的面孔就会在眼前浮现,甚至还能想象出他们当时的情形。但现在我听见的只是键盘的一种敲击声,面对的是一个比我的面孔还要可憎的荧屏,我机械地敲打着,冰冷伴随着冰冷……

这可真是该诅咒的“言而无信”的时代啊!

2000 年 12 月 4 日,北京东城区和平里

清晨

突然凝视着清晨,浑身就有了种战栗的感觉,这是以前少有的。那么多的清晨似都在梦境里度过。即便现在,我仿佛也还置身在梦里:土地有些潮湿,浅浅的水洼袅出一层热气,空气似乎过滤了许多本不属于它的杂质,有股甜丝丝的味道。那些站立在地上的树,伸着缱绻的叶片,不像是打哈哈,而一个个都似是有组织的家伙,做沉思状。

车厢里的一切都在蠢蠢欲动,纷纷露出了一些"复活"的迹象,眼前的灰尘也在苏醒着。鼻间,有股难闻的气味不怀好意地袭来。我扭头打量着窗外,头就不再移过来。但毕竟隔着一层(或者两层)玻璃,那鲜活清新,通常属于清晨的质地明朗的感觉就没有了。厚厚的玻璃将清晨弄得很是隔膜。铁轨如一架没有尽头的梯子,缕缕阳光和清晨一起跳跃着越过大地、河流、水塘……像是一个晨练的跑步者。跑着,跑着,就将"清晨"渐渐跑丢了。那个大家非常熟悉的、充满喧嚣的日子,像一块脏布立即将"清晨"和我的心灵一同包裹起来,扔在了一边。我分明听到了某种巨大的喘息声，觉得一位如花似玉的姑娘又被莫名其妙地强暴了……一切都是瞬间的事，并非悄无声息。在某种意义上，我不仅是一位旁观者，更是一位同谋。

我是一个懒睡主义者。这样，使我只有在长途旅行时才偶尔见到清晨的模样。这里抑或就有一个永远的“隔”。其实，我的人生最早就是从打量清晨开始的。小时候，我和姐姐或者妹妹总要在外公、外婆家住一阵子，然后由外公送我们回家。外公的方式是用稻箩挑着我们——一筐一个。外公家门前是一排密密匝匝的篱笆园，我们出门的时候总是清晨，寥廓的天空残星点点，挤眉弄眼的，似一块块晶亮的小石子。坐在箩筐里，我用双手抓紧箩绳，眼睛滴溜溜地仰望着星空，就害怕那石子会砸下来。下意识地一动作，箩筐却撞到了布满绿叶的篱笆墙上，随即箩筐荡悠起来，在清晨里旋转了一周，让我一下子就将世界看了个够——自然，那星星没有掉下来，倒是沾在篱笆叶上的露珠，沁凉沁凉地溅到脸上，滚进了我的脖子里……那是个春晨，那里有童年的惬意和畅快，咯咯的笑声十分清纯地掷扔在晨风里。

印象里外公是他们那个村子里起得最早的人——他趁清晨送我们回家，也是为了赶上做白天的农活。有时，他在清晨早早起床，拢着袖子，就在村庄里收拾一些猪粪、狗粪……或是干脆扛着一把锄头，到田畈上转悠一圈才回家吃早饭，这养成了他早起的习惯。他病逝那年，我记得是在一个冬天的清晨被乡亲们送上山的，出门的时候雾气蒸腾，等到他落土的时候，雾气却迅速退尽了，一座新垒起的坟茔开始散发出空前的新鲜的泥土气息。旁边，树脚下积攒了的一层树叶湿润、沉闷、安宁，它亲眼看见了一个生命在鲜活的清晨归于永恒。那个早晨，我算是目睹了我第一位亲人的离世，它深深地刺伤了我的心。

人类从来不曾是
大地的儿子以外的东西
大地说明了他们
环境决定了他们

多年以后，我在勒尼·格鲁塞的《草原帝国》里读到了这样的句子，猛然就想起了外公被泥土埋葬的那个清晨。我冷不丁打了个寒噤，我发觉外公在那个清晨给我留下的真是一个“隔”——这边，我实在需要打磨起茧的心灵，承接无数从清晨开始的日子，幸福以及缓慢地生活。

2000 年 12 月 19 日，北京东城区和平里

父亲不说话

二〇〇一年二月二十八日，直至坐上北上的火车，我这才发觉地里黄黄的油菜花已经盛开，而父亲躺在山上也快两个月了……他再也看不到这让他激动的油菜花，嗅到乡村朴素的芬芳了——我是与父亲见了最后一面的。一千多里路程，在哐当哐当的火车车厢的连接处，我一支接着一支地吸烟，一支支白棍铺就了我要见父亲的路。但父亲没说一句话。

赶回老家，父亲躺在床上昏迷不醒已经一天多了。我泣声地喊着，然而父亲眼神呆滞，人事不知。这是他第三次患脑溢血。母亲说，父亲这次发病后说的最后一句话，就是："我再也说不出话了！"望着早已在声音中迷失了的父亲，我突然觉得我如同一个正在吃奶的孩子，被狠心的母亲突然断掉了奶一样。我饱尝着焦渴、无望和行将被抛弃的痛苦。恍惚幼小无知的我与父亲在无边无际的大海里划船，父亲却说："我划不动了，你划吧！"不由分说就丢下了我……无涯的暗在我周围汹涌不已。

闻讯赶来看望父亲的乡亲络绎不绝。见父亲全身僵直、气若游丝，他们就不停地提醒我：你父亲上有慈母健在，下有一双未成家立业的小儿女，他死不瞑目，他是在惦记着他们哪！你是长子，你得跟他说点什么……他熬不过这个冬夜了。我先是像机器人一般，上蹿下跳地找医生，后来就像是一只泄了气的皮球，朝着父亲不停地喊。然而父亲不说话。直到最后乡亲们让我与妻同声向父亲做了保证，我才看到父亲眼角滚下了一大滴无声的泪。他的嘴唇嚅动了下，果然大限到了！

这是二〇〇一年一月七日的五点三十八分，一个该诅咒的时刻！

外面依稀漆黑一团，土地上蒸腾了一层浓浓的雾气。推开屋门，我就感到了一种彻骨寒心的冰凉。仿佛兄妹们的哭声将夜深深地刺疼了，天空一阵痉挛，倏而就下起了一阵小雨。隐隐约约，我觉得有人不断地在我耳边说：没父亲的孩子像根草！……天旋地转，我竟没有发觉天已大亮了。

我与妻子对临终的父亲所做的诺言，使父亲的死在乡村蒙上了一层神奇的色彩。远远近近的乡邻们赶来，都为父亲的死失声痛哭。没有人再能体会出我内心的凄楚。这该诅咒的“诺言”！一遍又一遍地，我在心里憎恨着。我憎恨我与妻子的“承诺”，竟将父亲的生命很快推向了虚空，把他留在世上的生命的最后火焰浇灭，而让我们从此幽明永隔……大颗大颗的泪花在我眼帘飞翔，我内心的哭声更大。

父亲不说话。守在父亲的灵前，我静静凝望着父亲像棵熟透的庄稼一样舒泰和安详，就痴痴地想：假如父亲能够说话，他最后会说些什么呢？——自从父亲得病后，实际上，我们父子是有过几次交谈的。然而都是我说他听，彼此都透着莫名的尴尬。从父亲独特的自尊的脸上，我更感觉出他那心怀的惴惴——作为一位优秀的乡村手艺人，一位铁匠，父亲打出的铁器曾是精美无比，享誉一方。这样一位如同雕塑家般打造自己的物件，一生都在追求完美的人，当内心清楚再也无法为九十岁的老母送终尽孝，无法为膝下的一对小儿女嫁娶婚配，心里的苦楚可想而知。多年父子成兄弟，“一对沉默寡言人”。我突然明白我一直痴迷歌曲《北国之春》这句歌词的原因了。

父亲生前操持的是一个很大的家庭。他侍奉着年迈的双亲，直至二叔、小叔参军回来，给他们娶亲生子后，大家才真正地分开。“弟兄们多仗义呀！”那时，乡亲们说这话多半就是称赞他。俗话说，一阉猪，二打铁，三捉黄鳝四叉鳖。——父亲长年累月在外打铁，年轻时肯定也挣了一些钱。“你父亲年轻时，小手指钩肉都钩弯了！”父亲死后，就有不少的乡亲在我面前说起——那年头乡下有猪肉吃就很幸福。但父亲上有老下有小，肉哪能到他的嘴里呀？然而父亲义无反顾！他甚至独自出钱为父母双亲很早就添置了寿材。当年，这在乡村是一笔不菲的开支，也使他“孝子”的声誉更为响亮。

造屋是乡下人一生的梦想。父亲做过的一件最为爽心的事，恐怕就是他和小叔在乡下率先盖起了一幢明五暗十的瓦房。这让乡邻们眼红过的房屋，曾惹得当时县“革委会”的主任还特地跑来“参观”了一番……但仿佛就是这屋建造起来后的不久，家里的境况却每况愈下：队里大呼隆生产，父亲每年交生产队里的三百六十元钱,到年底“分红”时却只变成一百零八元,只顶人家半年挣的工分。家里因此也莫名其妙地戴了个“欠钱户”的帽子,戴了好多年。记得有年年底队里池塘网鱼,只有一条大青混。分鱼抓阄时偏偏那阄让我抓上了。可等到拿鱼时,竟有人嘀咕:“他们欠钱户,还吃那么好的鱼呀!”父亲听了,一脸的尴尬。

父亲,是从那时就变得不爱说话的吗?

在父亲死后的第三天,我独自清点了父亲的遗物。我默默地保留了父亲生前用过的一把小铁锤,用心地擦拭净了铁锤上的锈斑——只有我内心清楚:在父亲全部的六十六年的生命里,这一把小铁锤曾是他人生最大的寄托,是他与这个世界曾经对话的唯一的方式。

父亲一辈子大多数日子都是在炉火前度过的。父亲死后,在他那结实的胸脯上,我看到了他那被火烙伤而结痂的疤痕,这正是他生命的印记啊!……铁匠活在乡村是最苦、最累、最脏的差事。然而,敲击着那坚硬冰冷的铁砧,铁锤却成了父亲生命里最丰富和最有权威的语言,成为他生活中最为舒心的部分。熊熊燃烧的炉火前,一手用铁钳夹着热铁,一手挥舞铁锤。铁锤落处,炙热的红铁火星四溅,声音砰砰的,一块毫无生命的生铁便会按照父亲的意志化硬为柔、化柔成形、化形为器。父亲将铁锤时而敲在铁砧上,那声音叮当叮当的悦耳动听,就极富节奏感……听似闲音,却是一种物件锻造成功的前奏。那时,他只要将铁锤稍作娴熟地鼓捣一下,一件精美的手工铁器就诞生了——放下小铁锤,父亲挂满汗水的脸才会露出一丝得意。

父亲用铁锤为乡村锻造出了成千上万的锄头、刀斧、锅铲……也为他养活一个大家立下了汗马功劳——但父亲很少说话,却也与这把铁锤有关:他原在公社的综合厂打铁,刚刚时兴承包制度时无章可循,厂里就将他的工钱压得很低很低。另一位在厂里工作的亲戚告诉他,这活计非你莫属,你摆他两天,让他们抬高了工钱你再来!老实巴交的父亲就摆了两天。然而没想到,他的这个活计很快就让人给钻了去。当时不允许个体营业,父亲只好收拾小铁锤回了家。一个终日从事繁重体力劳动的人突然闲置起来,仿佛一棵正旺盛生长的树遭到了雷击,父亲有力无处使了……可到真的自己可以开铁匠铺时,却又由于铁匠活的繁重,他再也无法找到搭档——偶尔,父亲只是默默地打点小物件送人或挣点小钱。

这以后,父亲仿佛更是少言寡语。

在我关于父亲的记忆里,父亲说得最多的一句话是说与我们听的:“铁都锤扁了,我捶扁不了你啊!”

直至现在,我才渐渐地弄明白:父亲一生本就是一把蕴含无穷力量的铁锤。当铁锤已经深深融进了他的生命里,他把他的子女们也都当成一块“生铁”在不停地锻打着,他希望岁月将他的儿女都能够锻造成为一件件有价值的“物件”……然而,每每事与愿违。在父亲晚年的时光里,我发觉父亲看到别人一幢幢地矗起楼房,而他住的还是他三十年前亲手建造的土砖瓦房时的那份无奈和痛苦——房子成了他内心的一个斩不断的情结,成了他的一块心病——看出父亲的心思,我省吃俭用,东挪西借地在城里购置了一幢两上两下的小楼房，并在一年春节里将他接去过年。可他却嫌在城里清静，没过几天就吵着回家了。

对于我的楼房，他好像并没说些什么。

可现在，父亲不说话——他永远也不会说话了。

在一个小雨且下且停、淅淅沥沥的早上，乡亲们排起了长龙般的队伍簇拥着我，送着我一生深深挚爱的善良的父亲归山。然而在山坳里，在父亲将要长眠在那个地方的那一刻，当乡亲们还在为我父亲悉心地安顿的时候，我突然猛地抹了一把泪水，毅然决然地大踏步离开了那里……独自一人，我朝回家的路不停地走着、走着，我竟是十分地害怕回头看了。父亲不说话！——在这之前父亲尽管沉默寡言，但我总是走在父亲那饱含深深期待与温暖的目光里，可如今竟连这目光也不会再有了，人生虽然不是表演，但实在却需要一种真情的注视，现在陡然缺少了这种注视，我觉得我所干的一切都失去了许多意义。我本能地往前走着，我在心里不停地给自己鼓气：即便一棵孤立无援的树，也要继续着生长啊！

父亲逝世两月祭

2001 年 3 月 7 日，北京东城区和平里

天柱山冬云

在天柱山峰顶，原是要观日出的。然而，经过长时间的等待，那轮于想象中通红的太阳，却像是一位失约的情人迟迟未来——冷硬的山风刮得浑身凉飕飕的，我们的心仿佛比风更冷。当许多人失望地转下山时，我与朋友索性就赖在一块岩石上，静静地看着日出的地方。记得哲人说过，有一种错误是美丽的。隐隐地，我们也预感到这一次观日的不同寻常。

这是一个冬天的早晨。准确地说，为了抢占这块观日的岩石，我们几乎半夜就起了床。开始，大家充满期盼地等待着，仿佛吃了一种兴奋剂，并没感觉出身上的寒意。但很快又都失望了——远处，那本该日出的地方尽管也现出了一丝光亮，但日头如同一只被敲碎的鸡蛋，蛋黄已无声地滑落到无涯的云海里，只剩下那滑腻的白了。天空低沉，大片的云彩斑驳着，如同一位画家正用心勾勒出的底色。天际之下，尘世的一切都被云海消弭。再近处，云海里青峰数点，恍惚孤帆远影，恍惚沉浮不定的岛屿，若隐若现着。面前的松树朵朵霜花，已凝聚成球状。我们从半夜就陪伴着它们,谁也未曾留意这些“花朵”的开放。一阵山风,在耳边迅疾地掠过,那白色的花朵微微地颤抖了几下,溅下些许的花瓣,然后又耸然地挺立,使面前显现出一种格外地凝重与肃穆,似乎有种“白云回合望,青霭入看无”的意境了。

记忆里也有过冬天观云的经历,那是在福建连城的石门湖。那里的冬天暖洋洋的,像是四月的小阳春。我们撑着一叶扁舟静静划在绿幽幽的湖面上,总也扯不断的乳白色的水汽在四围蒸腾、缭绕着,那样子似乎是在温泉里浑心无碍地沐浴。抬头望天,低首观湖,竟都是蓝天云彩,一朵朵白云锃亮地变幻和飘荡。苍狗浮云,犹如人与狗在湖面上嬉戏、追逐。手掬一捧清水,如同拧起小狗的耳朵;篙撑湖心,又像是打捞着一方仙人失落的纱巾……只是那狗在跑,纱巾在飞,一切都如雾里看灯,镜里观花。那种倚云难抓的妙趣却搅得心头痒痒的——虽然也曾有过生命流逝的惘然,可一份活泼泼的欣喜却留在心头了。

相比较而言,与天柱山冬云的邂逅,我此时的心境就显得苍凉、凝重了些。摩诘说:“行到水穷处,坐看云起时。”看着面前的情状,倒是觉得只需将那“水”改成“日”字,凑巧,就暗合了眼前的这一切。只是这浮起的大块的云,在灰蒙蒙的天空中的黯淡,就让我们不知不觉,心里陡然染上了一种颓废和沉重,以至体会到的竟是“不觉碧山暮,秋云暗几重”的意味了——无端地,我想起青莲的《听蜀僧浚弹琴》里的诗句,立即,心里很疑心他是错把“冬云”当“秋云”了。当然,青莲居士不仅听过蜀僧弹琴,也是吟过天柱山的,这有他的诗句为证:“奇峰出奇云,秀水含秀气……待吾还丹成,投迹归此地。”说的就是天柱山。他一辈子终没归来，就只当他是“丹”未还成吧！现在我们坐看云起，看着看着，心里倏而一亮，就有着“柳暗花明又一村”的欣然了：这冬云，虽然没有日出的磅礴和蔚为大观，但它在山峰间轻盈缥缈，它与山峰的亲吻，透出的竟是缠绵的爱意；它在树丛里走动，忽而又不见，就如衣袂飘飘的仙人。纵然，它那猛然间的云翻波涌，诡谲无常，我觉察到它透出的也还是生命的本相——在山风呼啸、云海滚涌的一刹那，我就有一种驾驶一叶扁舟行驶在江心的感觉：人生种种原就是自然种种，难怪连圣人也惊呼富贵“于我如浮云”！

“浮云游子意，落日故人情”——我想，面对永远的落日和浮云，古人的浮想联翩也许是对的。只不过，这日、这云却并不会仅仅是那“游子”和“故人”的情意所能说得清的。山重或水复，“日”穷即云起。细究起来，生命的真谛原早在这一“日”一“云”间就安歇好了的。

2001年3月10日，北京东城区和平里

又见桃花源

都说桃花源是一枚乡愁的邮票，绝版了。然而在这里，见到满目青翠，听到一山的鸟语，我们的心灵立即就变得绿意蒙蒙了。轻轻拂面的是甜丝丝的风，扇动鼻翼的是纯净得不含一丝杂质的空气……走着，走着，我们就觉得浑身舒坦，齿颊生香。冷不丁，我的心头悚然一惊：原来，我们深深隐藏在心底的那份对简单自然生活的向往，竟只不过是东晋那又古又老的陶渊明式的翻版。

树丛里叽叽啾啾，久违的鸟声如雨珠般滴落在我们心头，清脆而湿润。阳光如洗，把天空照得如宝石般湛蓝。有一片白色的云彩朝我们低低地依循，仿佛专门就是为了呵护它下面的那一条清溪。浓密的树叶在两岸流着绿、滴着翠，因此满溪涌动着的便就是那绿、那翠的流淌了，且浓酽酽的，稠得化不开，犹如乡村四月人们用观音楂揉成的绿色豆腐。有一条渔船在清溪里游荡着，大概是一对年轻的夫妻吧，俩人都高高地竖起了竹竿，溪水与阳光将他们浑身染得绿影幢幢……这时看溪，就如同看一匹打了皱的绿绸。俩人像是轻轻地摆洗，又像是用心量裁着它——要剪那大块的绿，做一个抵挡风雨的屏风。只是那硕大的绿绸太结实、太有韧性了，怎么也剪不断……静静地看着，我心里就有些神动，真想做一尾快活的鱼游进清溪里，做一次千年万年清醒的呼吸……

朋友们也都激动着，终于忍不住大声叫唤起来。一个说，这就是陶渊明笔下的世外桃源；一个说，那打鱼人怕就是那东晋人的后代！……幽寂的清溪旁，那声音格外地响亮，且传得很高很远。可抬头看看那两位打鱼人，却依然波澜不惊，怡然自得，只一门心思地打鱼，连头也没有抬一下……“不知有汉，无论魏晋”，让我真的就疑心见到两位遥远而高蹈的“桃花源”人了——但，这分明不是桃花源，是那出过“红色娘子军”和“清清的河水清又甜”的地方，是隔着江、隔着海的五指山下的万泉河。而同时，我们也听说，远在海峡那边的所谓真正的桃花源，已经开辟成了一个旅游景点，纷至沓来的游人的脚步声，和一天到晚都在播放的流行音乐声，早已将那里吵得沸沸扬扬了……朋友若有所思，一脸苦笑地说，所谓桃花源，现在实际上已成为我们城市人心头上的一道素餐，是人们吃腻了十全大补膏之类的补品，喝惯了油杂荤腥，闻多了自己制造的混浊空气之后的一种移情别恋。要是让我们真的住在桃花源，怕是一天也不会习惯的。

朋友说的当然是对的。但伫立在这条清溪旁，我却忽然不想挪动自己的脚步了。我想陶渊明笔下的桃花源也无非这样：一泓清溪在绿树间蜿蜒，沿着绿树的山冈走，重峦叠嶂，泉鸣谷幽。开始路也极窄，但山重水复，柳暗花明，其内也必会“豁然开朗”；俨然屋舍，有良田，有美池，有桑竹，阡陌纵横，有鸡犬之声相闻；小桥流水，有万朵桃花灼灼……我不想再走，是害怕我们这一群俗世的足音，会突然玷污了“桃花源”人纯净的目光。我甚至屏住呼吸，不敢高声喧哗，是怕我这唐突的声音，扰乱了“桃花源”人的恬静——不管面前是不是真正的桃花源，只要我们看到那对打鱼人与这条清溪的衷心厮守，就是一个美的存在了。既然看到了这种存在，何必一定要用双脚去践踏自己心灵上经常浮现的那一份大美呢？

又见桃花源，又见打鱼人……我在心里说。

2001年3月13日，北京东城区和平里

两三松树老疑仙

——记《新民报》史上的“三张一赵”

一

翻开灿烂的中华文化史，我常常被那一颗又一颗璀璨的明星所吸引，更会久久地伫立在那“双子星座”或“群星”之下……“初唐四杰”“竹林七贤”“扬州八怪”等等。凝望着头顶上那一束束硕大的光亮，我想，它们总是在尽情地燃烧着，其中星与星之间也许不乏磨砺和碰撞，但绝不会减少它们的锋芒。它们在星空产生的一种巨大的光辉已随着时间的恒远，愈加耀眼，令人灼目。

这里，我想叙说的是中国近代文化史上无法避开的一个文化星座——“三张一赵”。

“三张一赵”即张恨水、张友鸾、张慧剑、赵超构——关于这个称呼，现在，我们当然无法追寻到“版权”所有者了。但是倒退到二十世纪三四十年代时的山城重庆，我们就会发觉，当时，“《新民报》三张”“《新民报》三剑客”“三张一赵”的说法，却在那山城雾都不翼而飞。同时因为“三张”都是安徽人，报界还有“三个徽骆驼”“张氏三兄弟”之称……从流传下来的一些文字看，有关“三张”的记载也非常之多。

“二十余年间，报坛艺苑，论文章雅畅，撰辑精闲者，莫不推三张为巨擘。不佞囊客三都（北平、南京、重庆）滥竽报界，于此三子，夙接欢笑。”一位署名叫铮洵的先生曾撰文《前尘回首忆“三张”》，这样评价他们。

一九七八年，香港的《大公报》上也刊载过著名报人刘郎先生（唐大郎）写的一组“三张”记事诗。每诗一“张”，别出情趣。特援引如下：

其一，咏张恨水：

多年病发命摇摇，
出手书名身价高。
重向春明寻旧梦，
弦声一路过天桥。

（听说，上海一家出版社，正在为已故的小说家张恨水的名著《啼笑因缘》重新校勘，重新标点，看来将重新出版。果然，则樊家树、沈凤喜之名，又将流传于今日青年人之口矣。）

其二，咏张慧剑：

白门柳色尚依依，

乱世才轻命亦微。
老死情丝无半缕，
一生慧剑竟空挥。

（一九七二年我在奉贤时，从南京传来慧剑噩耗。作为老友，我是非常悲恸的。那时正是“四害”横行，他在南京遭到批判。一天，他觉得胸闷难忍，由他的侄子陪往医院，不料中途病发，竟气绝于三轮车上。慧剑与我同庚，死时只六十有四。终身不娶，也从未听说他谈过恋爱，是朋友中的一个异人。）

其三，咏张友鸾：

三楼直上急匆匆，
推门进来见老翁。
为道闲处无个事，
任他南北赶西东。

（去年秋天，友鸾从北京来上海。一天，突然摸到吾家三层楼上。十多年不见，须发如银，齿牙零落，问其年，诳称八十四。其实只七十五岁。他已退休，来沪小住，即去杭州，再往合肥，因那里都有他儿女的住家。后来听说他今年才返北京，而且又在为出版社写点什么了。此人形象衰老，但精神奇健，每食必饮，饮必“硬货”，我请他吃饭，饷以啤酒三瓶，他甚不乐意。)

在诗的最后,唐先生写道:上面三位姓张的都是《新民报》的旧人,各有一支健笔,故当时人称“新民报三张”。

而这一“赵”,就是被人称为“报界名人,晚报先驱”的——赵超构先生。他在新闻界耕耘了一辈子,大部分时间是在《新民报》及《新民晚报》度过的。一九四四年,他在担任《新民报》主笔时,曾赴延安采访,受到了毛泽东等人的接见,写出了被誉为中国人写的“西行漫记”的《延安一月》。在主持《新民晚报》的数十年岁月里,他以“林放”为笔名在该报“未晚谭”专栏发表了难计其数的笔锋犀利、脍炙人口的杂文……生前,他还担任过全国政协常委、上海市政协副主席、民盟上海市市委副主任委员、上海市文联副主席、全国新闻工作者协会顾问、全国晚报工作者协会会长、上海《联合时报》社社长等职。

有人曾评价说,对于《新民报》,“三张一赵”代表了一个时期,一“赵”开创了社会主义时期《新民报》的新阶段。

但不管怎么说,“三张一赵”为中国的新闻出版史增添了一则佳话。

二

如果要查询“三张一赵”声誉鹊起的缘起,追溯时间的河流,我们还要回到抗日时期的山城雾都——重庆。

“烽火连三月,家书抵万金。”那时,祖国的大好河山正遭受日本侵略者铁蹄的蹂躏，国土沦丧，百姓流离失所，背井离乡。而国民党所谓的陪都重庆，当时却通货膨胀，奸商肆虐，食品匮乏，贪污成风，一片乌烟瘴气…… “三张一赵”正是在那时相继来到重庆的。由于他们干的都是新闻，共同的爱好和事业心，使他们不约而同地都走进了《新民报》——

张恨水二十几岁步入报界。做过校对、编辑、记者、主笔、总编和社长，编过副刊《夜光》（北平《世界日报》）、《明珠》（《世界晚报》）、《花果山》（《上海立报》）、《南华经》（《南京人报》）——但对《新民报》，他却并不陌生：他曾在这张报纸上发表过小说《旧时京华》和《屠沽列传》。因此，一九三八年一月十日到重庆后，他应《新民报》老板的热情邀请，就欣然加入了该报。

张友鸾于一九二二年进北京平民大学新闻系，曾师从邵飘萍，为《京报》主编《文学周刊》，还曾受李大钊委托主编《国民晚报》，被成舍我聘任为北京《世界日报》《世界晚报》《民生报》《上海立报》总编辑——作为《新民报》老板陈铭德最初揽到的人才，他实际上一九三〇年在南京就加入了《新民报》（此前他与张恨水曾在南京创办《南京人报》，可惜没维持到一个月就停办）。

一九三四年，在上海中国公学大学政经系毕业的赵超构，曾受聘于南京《朝报》任编辑记者，开始撰写新闻评论，从事新闻生涯……一九三八年，他因陈铭德、邓季惺先生的聘请进入《新民报》任主笔，同时兼任国际新闻编辑。

张慧剑十八岁开始写小说，向报刊投稿，受到北京《舆论报》社长的赏识，邀他编副刊《瀚海》。说起他进《新民报》还有段小插曲——

抗战开始不久，应《昆明朝报》的邀请，他与一位老报人屠石鸣由武汉到昆明。当时兵荒马乱，交通阻塞。走走停停，他们个把月时间才到。这天，他们在郊区找了个狭窄简陋、嘈杂不堪的小客店，因喜欢秉烛读书，他要了个单间。刚住下，就听见店伙计在外面喊："各位客人，我们小店欢迎大家，只是顺便提醒一句，这里小偷扒手多，衣帽银钱，各自当心……"大家或锁箱子或打包裹，立即警觉起来。可他却绕到街上逛地摊去了。到了傍晚，他才提着曲靖韭菜花、宣威火腿罐头等大包小包的土特产回来，老屠哭丧着脸告诉他，因他出去门没锁，房间里提包、大衣、护照和现款统统被偷了。但他知道后若无其事，第二天仍早出晚归，还向老屠滔滔不绝地大谈特谈大观楼的长联、西山的落日……老屠劝他报案，他呼地拍案而起："妈——哟！还没进衙门，就给绑了票，还报个啥子案，昆明待不了，到重庆去！"

在《新民报》，张恨水主编的是副刊《最后关头》，在一月十五日的发刊词中，他亮出了他和同人们的以抗战为己任的旗帜：

> 最后关头……那暗示着绝对的只有成功，不许失败……我们只有绝大的努力，去完成这一壮举，所以副刊的命名，有充分的呐喊的意义包涵在内……那意味绝对是热烈的、雄性的、愤怒的，决不许有一些消极意味。我相信，我们总有一天，依然喊到南京新街口去，因为那里，是我们南京报人的。

除了这篇《征稿须知》外，张恨水还写下了《编稿一感》《卖弄名词病》《战斗文字难求》等文章，他要求稿件要以宣传抗日为主旨，在文风上也要转变。他反对堆砌铺张名词，内容浮泛空洞。他说，那些在前线打仗的兄弟没工夫写，“而没材料的人，要写又无从写起”，“这是抗战文艺界的一个大问题”，号召“拿笔杆子的人，从今为始，应多交几个武装同志朋友，实行合作才好，不要终日在自己的园地兜圈子……”

当时，“三张一赵” 在《新民报》都开设了专栏。张恨水写《最后关头》（后改为《上下古今谈》），赵超构写《今日论语》《新闻窗外》，张友鸾写《山城夜话》，张慧剑写《山楼一百话》《世象杂谈》《黄粱茶话》等。这些专栏文章一经发表，立即博得了山城读者的好评。“三张一赵”也不负众望，开创了《新民报》史上的一个新纪元。

三

一九九一年一个炎热的夏天，《新民晚报》的总编赵超构在自己的寓所里，意外地接待了一群不速之客：离世二十多年的同事和挚友“恨老”的故乡人——望着慕名而至的亡友乡亲，听到熟悉的安徽乡音，时年八十二岁高龄的赵老恍惚又看到了朋友的身影……他娓娓而谈，意犹未尽，竟激动着颤巍巍地写了一段话：

> 张恨水先生画过一幅青松赠予老友，并且附诗一首：“托迹华巅不计年，两三松树老疑仙，莫教堕入闲樵斧，一束柴薪值几钱？”这是朋友间的相互勉励之作，但也可以说是恨水先生的自我写照。他平生热爱祖国，辛勤笔耕，洁身自爱，砥砺

气节，他就是托迹华巅的青松……

这诗的确是朋友间的勉励之作。但如果我们仔细搜寻“三张一赵”的人生轨迹，就不难发现，赵老此时写出这番话，包含着他久久萦怀、蕴藏在心的一种怎样的情愫？因为这首诗就完全代表了“三张一赵”——这群文化巨子人生最终的价值取向。

这诗里有个故事：在重庆《新民报》时，张友鸾住在大田湾一处名曰“惨庐”的简陋不堪的破屋里。当时“长安居，大不易”，有这么一间东倒西歪的屋子聊避风雨就不错了。张友鸾的一位当社会局长的朋友，见他生活清贫，就一天三趟来找他，想聘请他去当主任秘书。张恨水听说后，便画了几株青松，题了这首诗送到“惨庐”。当他得知张友鸾已谢绝了那个“肥缺”，要撕了这画——被张友鸾阻拦，画才得以流传下来。

其实对于当官，友鸾早就没了兴趣。在从事新闻之始，他就义无反顾地针砭时弊，为民请命。三十年代初，成舍我聘他办《民生报》，他因揭露一桩贪污受贿案，害得报社被查封，成舍我坐了四十天的大牢；在上海办《立报》，他因报道青帮头子顾竹轩杀人受审的情况，几次收到帮会寄来的子弹恫吓信；在成都办《新民报》时，他报道黄包车车夫一家五口因贫困交加而自杀的消息，得罪了成都市市长，被勒令“驱逐出境”。抗战胜利后，他创办《南京人报》，呼吁和平民主，反对内战独裁，几次遭到反动当局的迫害，致使报社屡屡被特务砸毁，报纸被勒令停办。

要朋友不与“柴薪”为伍的张恨水，也有过某大官请当“秘书”而坚辞不就的事情。请缨无门，抗日无路，他就在《新民报》上发表长篇连载《八十一梦》，把满腔愤懑寓之于梦，托于寓言，将自己对黑暗统治的不满诉于笔端，无情地揭露国民党重庆社会的种种丑恶……“无天日处”的富公馆，从“钱眼车站”出发可以鸡犬升天；西门庆门联上大书着“励行礼义廉耻，修到富贵荣华”；龙女捣毁酒店，潘金莲怒打警察；李师师后门通天，通天圣母要“取十万八千人鲜血，一只飞天宝瓶”朝拜西天……他把矛头直指陪都的国民党要员，以致小说写到第十三梦时，当局派人以同乡的名义出面干涉，问他：“是否想到息烽营（当时的监狱——笔者注）去休息两年？”恨水后来曾辛酸地写道：“《八十一梦》的文稿被老鼠咬坏，只剩下了一少部分，耗子大王虽有始皇之威，而我也就是伏生之未死。”

但这部书发表后，却是意外地受到了周恩来的赞扬。他说：“同反动派作斗争，可以从正面斗，也可以从反面斗，我觉得用小说体裁揭露黑暗势力，就是一个好办法，也不至于弄到开天窗。恨水先生写的《八十一梦》不是就起到了一定的作用吗？”

据说，当年陈立夫得知重庆《新华日报》和毛泽东、周恩来等中共要人对张恨水都礼遇有加，就十分生气地埋怨部下：怎么连张恨水这样的人，都被共产党统战统去了？

战时的重庆，一面是朱门酒肉臭，一面是老百姓终年难以见到猪肉。面对此情此状，张慧剑感慨万千。他别出心裁，竟在报上连续发了三期“猪”的副刊。在副刊上，他还时常讥讽蒋介石：蒋六十岁的生日时，他编了西太后六十岁生日专辑；蒋介石一九四七年登基总统大典前，他编了个袁世凯专辑……

身在大后方，张慧剑念念不忘的是沦陷了的故国乡土，因此，他写文章不仅有极大的讽刺性，还总是饱含着炽热的爱国热情和浓烈的民族意识。当时，爱国人士凡收藏民族英雄岳飞画像或“还我河山”题词，都被指为“游击队”而惨遭拷打与屠杀。但他毫不畏惧，他鲜明地指出北平的岳飞庙中的塑像何以面向东视，是敌人当时不仅在北亦在东之故（重庆在西，沦陷的苏沪均在东，敌政权亦在其地），锋芒毕现。

清正、耿直、率真，不畏权贵的性格几乎伴随了他一生，以致六十年代，北京有位嗜古版书如命的客人，不知从哪儿打听到他藏有一部明刻本《董西厢》，就向他借书一饱眼福。谁知此书一到北京就泥牛入海，说是“康老”看了高兴，搁下了。慧剑一听，说，“书是一定要还的！”弄得借书者费了好大的周折，才把这书要回来。可他藏有另一部很珍贵的清代施鸿保的《读杜诗说》，成都杜甫草堂一九六三年商量借去展览，他却干脆就将此书送给了他们。这一“要”一“送”，就足可看出他爱憎分明的立场了。

四

“新闻奇才，章回大师，校注名家，殊绩自有评说；北李弟子，人报遭砸，胡子情长，邦国久为萦念。”——一九九〇年，张友鸾在南京病逝时，灵堂里曾挂有这样一副挽联。看到朋友们对他这精辟的评价，我心里猛然一动：如果撇开那下联，这副挽联放在他们任何一人身上都不过分——这挽联简直就概括了“三张一赵”们的一生，是他们一生辉煌成就的缩影。

被誉为“校注名家”的张友鸾，古典文学功底非常深厚。当年,他被推荐去《世界日报》当总编辑时才二十几岁,老板成舍我先是同意,后见他年轻又反悔,悲愤之余,他写信骂成舍我:“狐埋狐骨,反复无常。”可这一句语出《国语·吴语》的责骂,成舍我看了不但不生气,还大加激赏,说:“此人虽出言不逊,但骂得痛快,文章写得漂亮,有才气,此人非用不可!”二十岁时,他发表的《西厢记研究与考证》就被郑振铎编入了文集,其中观点也被日本汉学家青木正儿著的《中国文学发展史》引用。以后他又作了《汤显祖与牡丹亭》一书。有人见过他发表在《世界日报》上的《杨将军拒写九宫格》的文字,说那可以跟《史记》相媲美。

五十年代,张友鸾调人民文学出版社,专事古典文学研究。他花了很多精力,与人合作选注了《史记选注》等书。他所注的《水浒》七十一回本,被作家舒芜称为中国出版史、中国古籍研究史、中国古典文学整理研究史上的一座纪念碑。值得一提的是,他对中国古代寓言也有研究。他编选的《中国寓言选》《古译佛经寓言选》《中国古代寓言二百篇》就曾被人称道。六十年代,他选译的一本《不怕鬼的故事》,更是风靡一时。他还将元曲《清风楼》《魔合罗》等十余种改编为白话小说,注解出版了《关汉卿戏曲五种》。他曾说:“莎士比亚和关汉卿是同时代的人,英国人将莎士比亚的戏剧全部改写成故事,广为流传,我们也应将元曲故事全部译出,以流传后世。”

张友鸾也擅长写小说,虽然没有张恨水多产,但也足可称“章回小说大师”。他曾创作过一部反映南京歌女、舞女、女招待等底层人民的痛苦,揭露国民党反动统治腐败、堕落现象的言情小说《魂断文德桥》;还将南京的传说故事写成了章回小说《沈万山》

《胭脂井》《志公传》等。一九四七年,蒋介石召开“国大”选“总统”,他采访积累了大量素材,新中国成立后写出了一部《“国大”现形记》(后更名为《秦淮粉墨图》)。他发表的散文作品也为数可观,有一篇名为《胡子的灾难历程》的散文,他以胡须之微道出自己坦荡的胸怀,深幽心曲,写出了老一代知识分子的命运以及对待命运的态度,文章旁征博引,波澜迭生,谑而不虐,可谓“胡子情长”,一世美文了。

人称“副刊圣手”的张慧剑,不仅以精编副刊而闻名于世,而且还擅写古体诗,曾有“半个黄仲则”之誉。他写散文,文字优美;写评论,尖锐泼辣,浑成一家。一九三七年六月他访问幽居的吴佩孚,写的采访曾传诵一时。可惜他的这些数以千计的作品散见于二十年代至五十年代的报刊,未能成书。唯有一本《辰子说林》汇编了他在成都《新民报》主编副刊时撰写的二百多篇专栏文章。或笔记杂文,或历史掌故,或时事记载……无不闪烁着文学艺术和知识的辉光。

一九五三年,夏衍组织创作电影《李时珍》,遍寻下来,最后还是定了他。他原本对中国医药史就有研究,但为写好作品,他仍下功夫查考了数十种资料,仔细研读了《本草纲目》,并两去李时珍的故乡收集第一手资料。《李时珍》放映时,好评如潮,至今也被公认为是好的故事片之一。除了创作,他也校注古典文学,他为人民文学出版社注释的《儒林外史》,就因他熟悉明清两代人物的风格、典章制度,被公认为学术价值极高。六十年代,他埋头编撰了一部《明清江苏文学人物年表》。

晚年的张慧剑,定居在南京城南的白酒坊的一座小楼里读书、著书。他有许多描写南京景物的诗词、散文，皆极优美。如他写月下钟山绝美：

> 钟山迤逦于前，峰半受月，现乳酪色，气象幽玄崇美，不可言状。其月力所不及处，蓊然内凹。峰极微秃，仰之弥高，而青苍压眉，意大愉适。

张恨水更是“国内唯一的妇孺皆知的作家”（老舍语）。他创作的一百多部中长篇小说和散文作品就像是一座山一样，令人高山仰止。一边写连载小说，一边编报，这种工作贯穿了他一生。早在一九一九年编《皖江晚报》时，他就写了中篇小说《小说迷魂游地府记》，连载于上海的《国民日报》。二十年代，他分别在北平《世界晚报》《世界日报》，上海《新闻报》连载长篇小说《春明外史》《金粉世家》和《啼笑因缘》，使他小说家的声名大振。那时，由于他的小说能够扩大报纸的销路，所以许多报纸都约他写。有一个时期，报上要连载他的五六篇小说，他几部小说齐头并进，今天这篇写上几千字，明天那篇写上几千字，应付自如，从不错乱。他写作也不计较环境，一九三六年在《南京人报》时，他每晚赶到报社那狭窄的编辑部里，看过当天的报纸大样，编好《南华经》副刊，就坐在临街的窗前写小说。窗外，一阵阵地传来南京夜市的喧闹声、卖馄饨的小锣叮当声、五香茶叶蛋的叫卖声、汽车嘟嘟的喇叭声、马车嘚嘚的蹄声……

张恨水喜欢京剧，当过票友。据说，当年恨水看见青年画家刘元穿了一身崭新的绿西服，脱口就一句京剧念白：“惨绿少年，你来了!”很是地道,很久还让朋友感到韵味无穷。

五

还是回到战时重庆——茫茫雾都的“惨庐”里来吧。因为张友鸾所住的那个著名“惨庐”正是“三张一赵”们经常聚首的地方,是他们漫漫人生路上相伴相扶、相濡以沫,缔结下深厚而纯洁友谊的一条纽带,一段历史的见证——“惨庐虽然简陋,却并不惨象,倒是时常传来他们欢乐的笑声……赵伯伯他们与父亲在一起睿智、幽默地谈天,常使我这个小娃娃着迷,有时我会端着张小板凳坐在旁边静听。”赵超构先生去世时,张友鸾之女还款款深情地忆起了“惨庐”。

这“惨庐”是张恨水赐名的。其实它还有个斋号叫作“未完堂”,这就是张慧剑的杰作了。他的“未完堂”有两层含义:一是嫌此屋破简歪斜,似尚未完工;二是“影射”张友鸾的妻子生了六个儿女,可给人总像挺个大肚子,老也生不完的感觉。一语双关,可谓谑而不虐也……

在朋友中间,张慧剑性最诙谐,仿佛总喜欢开玩笑——早年,他在编《南京朝报》副刊时,就曾写过一篇《南京报坛点将》,把张恨水比作宋江,张友鸾比作吴用,每人都有一段点评。写别人合适与否且不说它,他自喻为花和尚鲁智深,在朋友们看来,他后来终生未娶,倒有点儿成为“谶语”了。有人就说他与近代诗僧苏曼殊、弘一法师李叔同有着惊人的相似。

这“三张一赵”中,张慧剑与张友鸾同庚,都生于一九〇四年。

张恨水年长九岁，故他们一生都尊他为“大哥”“恨老”。赵超构生于一九一〇年，年龄最小（小张恨水十五岁，小张友鸾六岁）。“三张一赵”们尽管以前也相知、相识，但正是“重庆会师”，在那风雨如磐、米珠薪桂的岁月，他们才得以朝夕相处，相互鼓励，共同呐喊，彼此用善良呵护着友谊，用真情温暖着心灵，从而抵御着时代的炎凉，结下了生死之盟……

张恨水与张友鸾都家住长江边的安庆古城，他们之间的交往也总充满了诗意。一九二六年，张友鸾结婚，因夫人与之同学，恰巧也姓崔。其时张友鸾正在研究《西厢记》《牡丹亭》，张恨水就写了一副对联：“银红烛下双双拜，今生完了西厢债。”这贺联天衣无缝，令人忍俊不禁，传诵一时……

俩人的第一次共事在北京，恨水任《世界日报》总编辑，因故辞职，同乡吴范寰介绍张友鸾继任，算是认识；第二次共事是在一九三五年，成舍我约他俩到上海办《立报》，张友鸾任总编，张恨水编副刊，写连载。那时他们同住在德邻公寓，由于对文学的共同爱好和对时局看法的一致，对办报宗旨的共识，使他们之间的友谊大增。俩人还商量着合办一张自己的报纸——这就是俩人一九三六年创办《南京人报》的缘起，也是他们的第三次共事。关于这次办报，张友鸾后来曾深情地回忆道，“用自己的稿费办报，唯有恨水一人”；第四次共事就是在重庆的《新民报》了。尽管当时生活异常艰难，但他们之间的友谊却愈加深厚，两家因此也成了“合家之好”。张友鸾喜欢喝酒，也喜欢打麻将，而打麻将恰与张恨水夫人同好，因此他就常常在恨水家打牌。对此，张恨水曾写诗：“日常睡起无情思，闲看夫人打小牌。”为了让他们开心地打牌，张恨水就带着子女们上山采撷花草……

五十年代，张友鸾调到北京，张恨水由于得了脑溢血，半身不遂，不能动弹。于是，张友鸾就常常约着几位老朋友，每人带着一个菜去恨水家里聚会。他们都围在恨水的病榻前，谈古论今，安慰老友，一起打发着寂寞的晚年……

“文革”中张恨水（一九六七）和张慧剑（一九七〇）相继病逝，张友鸾也沉疴不起。“花自飘零水自流”，这时，只剩下远在上海，比他年小，却也已经是白发苍苍的老朋友赵超构了。赵老倒是常常写信问候他，传递着那长达半个世纪的友情。

在张友鸾逝世的那年，正逢《新民报》创刊六十周年纪念，赵超构在南京开会，特地扶杖去探望了他。其时，张友鸾重病失语，赵超构失聪。据说，那天俩人就坐在病榻前，双手紧握，热泪双流……坐着，望着；望着，坐着。张友鸾的夫人看在眼里，禁不住叹息道：“你俩，真是一对天聋对地哑啊！”在座的人听了，心里都不由得一阵发酸。

张友鸾与张慧剑在二十年代互相知名，但他们之间真正的交往却在一九三二年。当时张友鸾还住在重庆的乡下，张慧剑独身。于是，俩人就在报社的寝室里住在一起，一道上夜班，一道吃午饭。突然，有一天警报声大作，日机又来轰炸了，俩人丢下饭碗就跑，跑着跑着，张友鸾就要钻进附近的一个隧道里躲一躲，但张慧剑不由分说，硬是拖着他回到了报社七星岗的洞子里。恰好，那天日机狂轰滥炸，大隧道里的几个出口都被封死，数千人被活活地闷死，造成震惊中外的“大隧道惨案”——后来张友鸾回忆说：“幸亏慧剑的犟脾气，救了我一命。”仿佛从那时起，俩人就结下了生死盟约：生为挚友，死亦为邻。张慧剑去世后，他的侄子将他葬在了南京郊外的牛首山下。张友鸾知道后，十分伤感，独自去张慧剑的故居和牛首山的墓地凭吊了一番。一九九〇年，张友鸾在南京过世，子女们便按照他临终的要求，将他葬在牛首山旁，与张慧剑的墓地相距仅数十步之遥……

“三张俱逝，一赵何堪？临电悲怆，不知所言！”

这是张友鸾逝世时，赵超构先生发给友鸾子女的唁电。然而没有想到，就在两年之后，赵超构先生就在他上海的寓所悄悄走完了他生命的最后里程——至此，在《新民报》史上，甚至在中国新闻史上都赫赫一时、遐迩闻名的“三张一赵”就这样无情地消失了！赵老先生这追念朋友的最后的绝笔，便成为他为“三张一赵”长达半个多世纪友谊画上的一个圆满的句号！

“无论是多情的诗句，还是漂亮的散文……它们都代替不了亲密的友谊。”——在不断地追寻“三张一赵”这一群星座那成功的事业、泰山般的学识、深厚的友谊时，不知怎么，我心里不止一次地冒出了俄罗斯著名诗人普希金的这句名言。关于“三张一赵”，我想，他们对中国的新闻界文化界和报人文学所做出的贡献，也许会另有一番评论。但只要我们真正地走近他们、了解他们，我们都会为他们之间所凝结的那至诚至爱、挚情白头的友谊所感动，为中国新闻和文化史上出现的这个奇特现象而深深地祈祷和祝福。

2001 年 3 月 14 日写，17 日完稿，北京东城区和平里

五四两乡音

倾听浓浓的乡音当然是件愉快的事，设若这乡音有穿透时空的力量——许多年前，我和复旦前辈贾植芳先生有过一次聊天。聊着聊着，贾先生忽然扭头对我说：胡适、陈独秀可是“五四”运动的两面旗帜。如果没有他们两个，中国现代文化史恐怕又是另一番景象了。说起来很有意思，陈独秀生在安庆，胡适家在徽州，两人合起来就是一个“安徽”。那时，这两口“徽音”可是气冲霄汉，穿云裂帛啊……

“五四”新文化运动使陈独秀与胡适这一对安徽乡亲成为风云人物，的确是时代给予他们的荣耀。但是现在看来，陈独秀假如当年不做《新青年》主编，胡适不在那上面发表《文学改良刍议》的文章，这对“乡音”的出现就会大为逊色——这种假设也不是没有可能——实际上两个人就是被“五四”新文化运动的浪潮卷到一起也纯属偶然：陈独秀投身革命，从自办《安徽俗话报》到主编《新青年》，其时已年届四十，而胡适当时才二十多岁。无论年龄、学识、资历，还是社会影响，他都无法与陈独秀相提并论。

况且据胡适的入室弟子唐德刚后来在《胡适杂忆》中透露，胡适当时写那篇文章，原是给自己在美国主编的《留学生季报》用的，只是抄了一份给《新青年》。按现在的流行说法，也是不折不扣的“一稿两投”。但风云际会，时势造人。这两口“乡音”终于交织到了一起，从而嘹亮了一九一七年以后的中国新文化的天空。

“老乡见老乡，两眼泪汪汪”，当然会为他们所不苟。但陈独秀对于胡适确实是有知遇之恩，起码促成了他们从此成为从事新文化运动的同一战壕的战友，让胡适的那篇文章与他的《文学革命论》一起出名，成了一个划时代的最强音。据说，对此两人就相互“恭维”过。胡适说，没有陈独秀的《文学革命论》，白话文文学就难达今日之成就。陈独秀也对胡适说：没有你的《文学改良刍议》，文学还会停留在八股文的牢笼中——这番话颇像两个人站在汹涌的新文化运动的大潮中，互相拍着肩膀说的。幸好都是从大处着眼，胡适也没有流露出那种感激涕零的意思。

胡适后来倒是写过一篇《五十年来中国之文学》的文章，说出发表《文学改良刍议》之后自己的心境。他认为：“文学革命还在讨论的时期……若照他这个态度做去，文学革命至少还须经过十年的讨论与尝试，但陈独秀的勇气恰好补救了这个太持重的观点。”他说，陈独秀有种“一往直前的定力”。这话虽然是说其时其事，但足以当作说其人的——正道出了两个人性格的差异。从两人的家乡来看：陈独秀生在长江边，性格上既有“月涌大江流”的爽朗，也有“龙性岂易驯”式的豪迈，属于那种才华横溢、豪放不羁的人物；而胡适家住云遮雾罩的徽州山区，性情上既有“停车坐爱枫林晚”式的持重，又有着“走走且停停”的迂回与遮掩。这表现在两人对待情爱的态度上就尤为明显：陈独秀敢于和妻妹高君曼同住，又逛“八大胡同”（妓院），直至老年还敢于与一位二十刚出头、成天打扮得花枝招展、嘴里哼着流行歌曲的潘姓女士结婚；而胡适却能与乡村发妻从一而终，其间脑海里尽管也晃动过表妹曹诚英以及韦司莲女士的倩影，但也只是欲爱不忍地藕断丝连。他曾说：“爱情的代价是痛苦，爱情的方法是要忍受住痛苦。”这话到了陈独秀嘴里便变成了“依我看不但爱情如此，爱国爱公理也都如此”“酒旗风暖少年狂”，陈独秀一直气可拿云，是性情中人；而胡适耽于考究，如他自己所说的“持重”。另外，胡适流于虚浮、炫耀的这一脉，如他没有获得博士学位前，就在姓名前加上“博士”衔。这事陈独秀就断然不会干出来的。在江津监狱，陈独秀书房里摆满了经、史、子、集，埋头钻研的也只是“文字学”。他绝不会像胡适那样，动辄就是《蒲松龄生年考》《醒世姻缘传考证》之类的皇皇大论。

对胡适的爱炫耀，陈独秀当然不满，但胡适对陈独秀也有不讲情面的时候。胡适有一封《致陈独秀》的信，对陈独秀就提出过批评。信云：“贵报三号登某君长律一首，附有记者按语，推为‘希世之音’，又曰：‘子云、相如之后，仅见斯编，虽工部亦只有此功力。’”但“细检某君此诗，至少凡用典套语一百事。……适所以于不能言进，正以足下论文学已知古典主义当废，而独啧啧称誉此古典主义诗，窃谓足下难免自相矛盾之诮矣”。尽管如此，两人的感情实际上却是十分真挚的。陈独秀被捕，胡适出面营救过，两个人见解不同，也没有闹到水火不相容的地步。倒是互吐心曲，互为惋惜。陈独秀在牢里时，胡适曾对他说：“我真替你惋惜，你若不做政党领袖，专心学术研究，想来也不会有些成就而身陷囹圄的。”而陈独秀也说他：“你若只做学术研究，也许不会被人鄙视的。”这话，个中滋味就值得让人品咂回味一番——陈独秀做过中共总书记，然而胡适自称“过河卒子”，后来出任驻美大使，又兴致勃勃地从美国回台湾。这就不能不使人想到，两人尽管走的是两条路，但细究起来却有殊途同归的意味了。

在新世纪之初，细检“五四”新文化运动的风云人物，我们会发现那个时代的年轻人都有雄心大志。除胡适、陈独秀外，还有周氏兄弟、刘半农等等。日前读到孙郁先生的《鲁迅与胡适》一书，他说：“鲁迅与胡适，在我的视野里是两个窗口，一个是通向深邃冷寂的长夜；一个连着开阔、暖意的春的原野……”那么相对于他们，年龄偏大的陈独秀呢？我想，他的这扇窗干脆就是“开窗放入大江来”了。只是那时的江水太混浊，太肮脏了……以至于使我们现在怀想起这两口浓浓的乡音，也只能是心怀怅然。

2001年3月18日，北京东城区和平里

大地书页

龙 松

原也知道有许多松树是与“龙”有瓜葛的。但没有想到在京都的戒台寺,我仿佛一下子就掉进了“龙窝”里。那葱葱郁郁、苍翠挺拔的粗大的松柏,一棵棵都披挂着斑驳的鳞片,或曲或直,或卧或躺,真的就像一条条巨龙。在寺庙山门的左侧,更有一棵形态奇异的古松,粗长的躯干,宛若一条老龙正扭身爬过山门的矮墙,去紧紧地拥抱一位高僧塔——这棵松被叫作“抱塔松”,当然是后人的附会。实际上清代李恒就称它为“龙松”,留有诗句:

怒涛夜吼雷声雨,
抱塔龙松啼月黑。

诗中隐含着一个民间传说:说“抱塔松”本是天上神龙的后

裔，它被玉皇大帝派到戒台寺护卫高僧法均和尚。法均和尚“圆寂”后，为感念恩主，它就站立在和尚的塔前。一个电闪雷鸣、风狂雨急的夜晚，“龙松”怕天上的霹雳将塔击倒，于是扑身向前，用自己的“利爪”牢牢地抱住了灵塔……传说的确神奇。其实“龙松”既受玉皇大帝委派，“雷”“电”二神应该是与它在一个“衙门”里共事，互相打个招呼就可以了，用不着这么费劲的。可这传说人们都信。

还有两棵松柏直接是以“龙”命名的曰：“卧龙松”“九龙松”。看“卧龙松”真有卧龙的气魄，它粗大硕壮，鳞片参差、斑驳，似一条老态龙钟的神龙倚石卧云地在憩息。“九龙松”自然也不俗，浑身白皮，俨然龙象。松枝的主干分为九支，犹如九条银色的小龙呼地而起，向浩瀚的天空扑腾而去，密密的松叶演绎成一团浓云绿雾……

潭柘以泉胜，戒台以松名。
遥看积翠影，已觉闻涛声。
入门各相识，俯仰如相迎。
一树具一态，巧与造物争。

这是清代诗人赵怀玉咏戒台寺“古松”的诗句。我觉得这诗最有意思的是最后一句：“巧与造物争。”争什么？争地位。因为，在大千世界所有的“造物”中，龙是人们心目中至高无上的、最为尊贵和神奇的动物。它身躯奇长，有鳞，有角，能走能飞，能腾云驾雾、兴风造雨……就传说中的龙的外观说，龙，是饱经沧桑而又永远充满了健康的生命活力;就其本质来说,龙又是盛气凌人,神圣不可侵犯的。所谓“神龙不见首尾”,谁也没有见过它。无疑,龙是造物中的“王”,是一种律令的代表。姑且不说封建帝王喜欢将自己喻作“真龙天子”,借此挟持天下;诸葛亮在田间垄上以“卧龙”自居;甚至就连普通老百姓也望子成龙呢……龙舟、龙灯、龙车、长城是龙、长江是龙、龙的中国、龙的传人,我们是一个将“龙”当作图腾,对“龙”充满着无限敬畏和崇拜的民族……

难怪,人们会把那些苍劲的松柏喻作“龙松”了!

“蟠龙松”“虬龙松”“游龙松”“蛟龙探海松”……在我们民族自己的思维、华夏的名山大川之上,那些挺拔的松柏以“龙”获名的恐怕已是数不胜数。苍翠的松柏以其坚硬而粗糙的树皮模仿了“龙”的鳞甲,通过自己肆意生长的树杈和枝叶模拟了“龙”的利爪与胡须,更由于它的一身正气与历史的苍迈,于无意中又制造出“龙”的尊严……如果说,封建统治者是利用人们对“龙”真相的误解,而欺骗和愚弄老百姓,那么,这苍翠的松柏,却是出于自己对“龙”的理解和膜拜,真正地表现出了一副凛凛的龙骨!一棵棵松柏深深扎根于大地之中,在民间,它与许多植物们友好相处,丝毫没有统治的欲望。它没有“龙袍”加身,却自擎着一把“龙伞”,几千年的风霜雨雪,刀劈斧削,它历尽炎凉,饱经沧桑,却巍然挺拔。活着,它枝叶舒展,仪态大方,如伞一般婆娑的树叶给人们遮阴送凉。其高风亮节,老而弥坚,一生透泄出来的都是铮铮铁骨!死后,它尽管也会化成一段腐朽的树桩,但它把生命的全部都交给了泥土,“化作春泥更护花”……至于,戒台寺里的那株“护塔松”的舍生取义,更是叫人感念它的直通人性了!

这是真正的青松品质，真正的龙之精神！

当然，也会有“龙颜大怒”的时候——那必定是它遭遇到了狂风的肆虐、冰雹的侵袭。但它并没有如人们想象中的那种飞扬跋扈和张牙舞爪，它在风雷电掣中顽强地抗争，仿佛是在抵抗着来自独裁和外来势力的强权霸道……现在，伫立在这一棵棵“龙松”下，仰望着龙松擎天的华盖，我一遍又一遍地触摸着它那干硬、粗糙的皮肤，我就不由得惊叹它那无比坚固的铠甲，感觉它如同一个即将出征的武士！忽而，一阵风突然从头顶上吹过，瑟瑟有声的，树叶就如浓密的胡须披挂了下来。这时，看面前的“龙松”临风捋须，谦然潇洒，恍惚就是一位和蔼可亲的中国老人了。

水　色

王勃的《滕王阁序》里有“落霞与孤鹜齐飞，秋水共长天一色”之句。说起“水色”如天——在碧空如洗的秋天，那水该是青蓝色的吧？若是在江南水乡，人们见到的水色大都是这样。那里的大河小溪或池塘里的水，终年都碧波荡漾，秀美清纯得如处子。轻轻地掬起一捧，水在指缝间流淌着，人们立即就能感觉到那水透明、多思的气质。那样的水色，潮湿的思想如芳草萋萋。

便以为所有的水色都是这样地青绿或青蓝，延伸到蔚蓝色的海洋，在我脑海里也充满了奇妙的幻想。及至后来站在长江、黄河的岸边，我见到那水，竟吃惊得一时说不出话来。那是怎样的水啊！浑黄色的水，混浊、灾难深重的水，一个旋涡接一个旋涡地咆哮、汹涌，那种颜色如将一把碎草塞进了我憧憬美好的心灵。“黄河之水天上来，奔流到海不复回”“星垂平野阔，月涌大江流”……我莫名其妙地吟诵着有关长江、黄河的诗，心里所有关于水的颜色的记忆却霎时荡然无存了。

于是，就很是哲学地相信“水”是无色的。

不料，我的这种想法在川西北的藏族九寨沟一下子又放弃了。在九寨沟，在黄龙，在被藏民们称为“海子”的地方，赤、橙、黄、绿、青、蓝、紫……我随便地驻足一望，水的生命的颜色竟是那么丰富多彩！绿宝石般晶莹、玛瑙般玲珑剔透的水，流泻在茂密的荫荫森林里，似一位珠宝商人遗落或者挥洒下的珍珠。那些水重重叠叠，层层相染，相互辉映，就凝聚成了一个“水在树中流，树在水中长；鸟在林中飞，鱼在水中游”的奇特景观。一摊一摊，如宝石和玛瑙般的水，又像是被谁磨成了一块块宝镜：映照万古不化的巍峨雪山，便变成了晶莹的白色；涂抹着奇异的绿树，便作了葱郁的绿色；盛着碧蓝的天空，便成了蓝色；在火红的太阳的映照下，突然又变成了红色……移步易景，一景一色，以致我脑海里不断地出现了幻觉，不知自己是置身在天堂琼池，还是在人间仙境……幸好，不断从森林深处传出来的鸟鸣，才把我从梦境里拉回到活生生的现实。徜徉在黄龙，漫步在九寨沟，嗅着清新、洁净的森林气息，如同轻吻一个刚刚诞生的婴儿。眼前色彩变幻莫测的，当然都是水——水的色彩，水的风景。珍珠滩的飞珠泻玉，长海的碧波荡漾，五彩湖的彩波点点，树正海的湛蓝，芦苇海的安详；而火花海在阳光下干脆就像一把红色的火炬，呼啦啦地燃烧起来了……水，因周围色彩的变化，时而焕发出一种纯洁的神的光芒，我被它诱惑着、激动着，还是感觉自己置身在一个不真实的五彩斑斓的梦境里。终于，我忍不住了蹲下身子撩拨起“海子”来。但就在这时，突然，我发觉我一旦走近了它，那水或红或绿或蓝的颜色立即就在眼前消逝殆尽——清澈见底的水，只静静地倒映着葱葱森林、悠悠蓝天和白皑皑的雪山……我看见一株千年古树倒卧在水里，如同一尊植物的化石。那化石般的树干，新生的枝丫却又让人感受到一份生命的神秘……

大地自有自己的地理。从当地的一本小册子上得知：九寨沟是由盘信寨、彭布寨、尖盘寨、故洼寨、盘亚那寨、荷叶寨、树上寨、则查洼寨、里角坝寨这九条寨组成的。它那独特而古老的自然地貌，是由于第四纪造山运动、地壳变化、冰川侵蚀、岩熔作用等演绎而成。九寨沟的奇峰、冰川、飞瀑、森林和多姿多彩的“海子”是大自然的鬼斧神工，是它馈赠给大地的一份珍贵的礼物。但这海子的“水色”说穿了，就是由那些“钙”质显现而来——这就是九寨沟丰富水色的由来！真水无香，但这摄魂夺魄的水竟然一下子就漫滤进了我的生命，成为我看到的最美最好的水色了。这样的水色，无疑是来自富有生命情调的大自然，来自大自然的一尘不染。

梭罗在《湖滨散记》中说：“一个湖，是美景中最美丽、最有表情的景色，望着它的人，可以量出自己的深浅。”他说的“湖水”，当然是指那些有颜色的湖水——因为，只能是有着颜色的水才会有灵魂，才会有眼睛，才会说话。它奔腾不息，或静如处子，或跌落有致；或幸福坦荡，或痛苦忧伤，它都有着自己评估自然和生命的方法——诗人说：“问渠哪得清如许？为有源头活水来。”只有这染了色的水，才会用自己生命的活力和颜色不断地掂量出，你是否真正地懂得自然，懂得爱。

坟　墓

都说人是一部大书……有时候在大地上行走，就真的觉得那大大小小散落在大地上的坟茔，就是一部悄悄合上的大书。书的主人仿佛刚刚才离开这张大地的书桌。坟茔所散发出的泥土草木与阳光混合的气息，犹如书的油墨的芳香……阳光缕缕跳荡、装订着，或白，或黑的大理石的墓碑似乎成了这书最后的装帧。通常它会把这书的内容告诉人们：

警告世人入森林，大意丧生最可惜。

这是出自罗马尼亚北部山区萨宾塔墓园的一句“墓志铭”。据去过那里的人介绍，那墓园里的六百多座木制的墓碑上，无一例外地都镌刻着这样措辞活泼、幽默滑稽的打油诗，读来叫人感觉妙趣横生。到过欧洲一些国家的人都知道，那儿的墓园已成为他们土地上最为华丽的一页，墓志铭写得非常地优美。我也看过一些俄罗斯墓园文化的照片，那些坟墓或宁静地沐浴在雪松里，或静静地躺在一片鲜花青草丛中，或伫立在海风习习的海边……黑白各色的大理石雕塑，或圆或长的坟墓，以及墓志铭上优美的句子，在皑皑雪地与明媚阳光的日子里，散发出的是一种朴素、安详、和谐的光泽。纷繁的花草与喷香的果木，使人如同流连在玫瑰和郁金香的花园。在他们那里，墓园像是他们大地上的一枚胸针，像他们心灵上的一件完美的装饰。他们对墓园的态度与对待教堂、花园一样，似乎有一种宗教式的神圣、肃穆和温情。

但在我们的大地上，却很少有这样如花的墓园。即便有，也只是帝王将相们的一“花”独放——他们偏偏又不叫墓，而叫作“陵园”。那帝王陵寝的骄奢与豪华，远远又不是一般的墓园所能比拟的。那些陵园，占尽了天下大好“风水”，气势的显赫与他们生前一样，他们在那里将生之骄奢与死之跋扈推到了极致……陪葬品数以万计，甚至有的还用活人“陪”葬，其缺乏人性的残暴，简直与血淋淋的刽子手没有什么两样。在一处处帝王的陵园里，人们当然会寻访到一个朝代浓缩的历史。但踏访这些陵园，奇怪的是我怎么也感受不到墓园文化的那份洒脱的美，反而会在心里陡添了一种压抑的情绪。就连武则天的“无字碑”，除了一份阴冷和那渴望不朽的欲望，实在也品味不出多少诗意。

在乡村的土地上，散散落落的许多坟墓也极大地充斥着“二律背反”。一方面是“哪里黄土不埋人”的随意，一方面是堪舆学兴盛的苛求。这种奇特的对待死亡的态度与审美，结果往往就造成了坟墓的无序失控的状态。那些坟墓大多依着风水先生的指点，占据一个山头，或一个山坳，废弃了大片的土地，浪费了阳光和树木……久而久之，还由于缺少生命的关爱、人情的濡染，使死亡的气息更加地浓郁和沉重。随处可见的凸立的坟冢，丛生的杂草，透出的便是一丝丝阴冷、颓败、落寞的荒凉之感。孤魂野鬼的异乡人的坟墓尚且不说，单是一些有“主儿”人家的坟墓，一般除了过年、清明，他们的后人去烧几沓香纸之外，平时也根本就无人问津。坟墓因此也常常容易与破败的屋宅、废弃的古井连在一起，阴森森地透着凄凉，因而也就便宜地成为蒲松龄笔下狐精鬼怪滋生和出没的地方，令人不寒而栗——记得儿时，除非是跟大人们一起偶尔去逝去的亲人的坟前，否则我一个人也是不敢在那儿逗留的。

大地上，还有许多是有“坟”而无“墓”的。

一九二八年，奥地利的著名作家茨威格怀着一种敬畏的心情，顺着一条羊肠小道，穿过林间的空地与灌木丛，就去拜见了这样的一座坟墓。后来他记下这次见闻，说：“他的坟墓成了世间最美的，给人印象最深刻的、最感人的坟墓，它只是树林里一个小小的长方形的土丘，上面开满了鲜花——没有十字架，没有墓碑，没有墓志铭……世界上也没有比这最后留下的纪念碑式的朴素更能打动人心。”——在这座坟墓里，埋葬的是俄罗斯伟大的作家托尔斯泰。托翁没有树“碑”立传，但他却是真正地名载史册，永垂不朽了。可见，真正的墓碑是远远超越土地、超越时空的，朴素沉静的土地照样会为一个优美的灵魂祈祷。“生不用封万户侯”，死后只需一抔土，泥土是真正的大地之子心中共同扣系的一个情结。

《圣经》上说：你来自泥土，又必将归于泥土。既然人的生命最后都要化为泥土，那么形式有什么重要呢？人一旦死亡，其实，也就意味着时间的静止，意味着人退出了生命的舞台，意味着腾出了一块地盘……它没有肉体的跳动，只有灵魂的若有若无；没有体积的存在，只有气息的缥缥缈缈。这灵魂，这气息，与土地、阳光、海洋的气息一样，不过是游荡在活着的人们心灵上的东西——有什么比心灵上的坟墓更美、持久和永恒呢？

2001年4月3日，北京东城区和平里

写在虫子的边上

蜜　蜂

一个小东西，自从诞生的那天起，她就错把面前的道路当成了五线谱，在音乐的花丛中穿行。她激动是因为她的音色甜美。她毫不羞涩地与听众一次次亲密地接触。

与别的虫们不一样。她额头上的“宓”具有安静的意思——这与歌喉无关，却与品质有关。

胡乱投掷的箭矢是一次次提示：别忘了，听我的歌唱。

蜘　蛛

一只最后的、浸淫着五千年中国传统文化的精灵。踏在八卦阵中，他脚步生风，衣袂飘飘，就如一位玄衣武士。那已修炼了千年的剑气密不可泄，罩住东邪西毒，罪恶如秋天的树叶……纷然飘落。

蜻　蜓

款款而飞。不是一种时尚,而是一个美丽的错误。人们仅在心情明媚的时候,才看她像一架无声的直升机,翅膀让阳光的抹布擦得雪亮。

一生都在为别人迎娶着新娘。蜻蜓点水,是她花枝招展之后按捺不住的落寞的心情。

蚕

一只过早夭折了的虫子。绿色桑叶铺就的华被上,她把自己的梦死死囚进了雪白的匣子里。

那只旧娘的灯盏——无穷的丝是她对大地最后的遗嘱。

蚊　蝇

很欣赏人们将“蚊蝇”连在一起的做法。它们本就是一个豪门大宅院出来的一对恶少:一个胖得像猪,一个瘦得像猴。

它们声音嗡嗡的。它们的无趣是因为它们自以为有着蜜蜂式的歌喉。私下里,我倒认为它们就是几架美国的 EP－3 电子侦察机。它侵入了别人的家园,还满嘴蛮横无理。

蚂　蟥

橡皮筋、难缠户、吸血鬼……

当所有的恶行聚集于一身的时候，对付它的唯一方法就是切断它的水，让它也懂得焦渴和抽搐。

蟑　螂

温情主义保护伞下的细菌兼小道消息的传播者。

为防止事实真相大白于天下，它的腿跑得比谁都快。

螳　螂

只为那流传了千年的用臂“挡车”的笑话，从此变得无地自容。

可惜的是，它一生居然都将错就错，把“臭屎”当成了黄金。

蝉

一个拙劣的模仿秀，总是在别人挥汗如雨时出现。

尽管它自以为知道得很多，其实只是学到了一点皮毛，所以，除了浮躁的日子，它都知趣地退出时间的舞台。

蚂　蚱

春天的匆匆过客。它像一个杀人越货的盗寇，它走过的地方，生命留下的是斑斑伤残。

曾见过一位机械师把它捉在锅炉上烤食——原来它还有一个别名叫作“蝗虫”。它那如同锯齿般的细腿，横七竖八，像是机械师拆卸了一地的零件。

秋后的蚂蚱长不了——食人者总是被人食。

萤火虫

谁家的小妹妹提着一盏生命的灯，照人回家的路？

夜晚里兀自一声叹息。我发觉，望乡人的肩膀上已落满了一粒粒晶莹的泪珠。灯光里，那人头发如雪，脸白如霜。

蚯　蚓

一列寂寞的夜行货车，所有的地铁道只为它一个人开放。

不幸的是它的生命一旦落入水中，便成了一个被人利用的诱饵，做了他人戕害另外一个生灵的巨大筹码。

蟋 蟀

“唧唧复唧唧，木兰当户织。”那“唧唧”的便是它的声音了。

叫一声它的别名——促织。就想起外婆、纺线车和那白白长长的棉线……开始是外婆黑黑的头发，白白的线棰；结果，是染了色的棉布，外婆那满头的银丝。

2001 年 4 月 7 日，北京东城区和平里

散文的碑石

那样子像举行一场盛大的婚典。推推搡搡，我们几个人就稀里糊涂地被推到了“新郎官”的位置。司仪亮着嗓子喊了声：“开始！”便一起郑重其事地掀开了那红红的绸盖头。鞭炮脆脆地炸着，周围哗哗响起了掌声。礼毕，人们立即围了上去。咔嚓、咔嚓，一阵灯光闪烁，就留下了一张张“合影”——只是那披着红盖头的不是新娘，而是一块冰冷的石头，太湖石，上面刻着：

中国散文学会山东散文学会创作基地

林非　周明

二〇〇一年三月

这是二〇〇一年四月十五日，一个阳光明媚的日子。本来，揭这“红盖头”的应是石上留有大名的那两位。只是两个人都忙，都没来。于是就演了一出“拉郎配”——山中无老虎，我便做一回“猴子观石”了。但这散文创作基地的设立，似是中国散文史上史无前例的壮举,是当代中国散文界的一件盛事。亲历其事,大家仿佛都抑制不住兴奋,都乐着、闹着,连远处一排排的白杨也在风中快活地笑,似乎也在发着议论。我忽然想到了孤独,悄悄地躲开了热闹。

吃过中饭,自觉该好好看看这刚刚经过仪式的"冷美人"了,便又一个人走了出来。这时,喧嚣退尽,地上的鞭炮碎屑已经被打扫得一干二净,太阳浅浅地照在美丽的太湖石上。乍眼望去,就像一条跃动的比目鱼,嘴微微张着,眼睛亮亮的,有点儿漾在水里的样子。看着看着,就觉得石上有些潮润,阳光竟全作了温柔的水了。细看,它的腹部凹下去的方正一块,刻满了水草般的文字,便小心地读了下去:

> 世纪开元,百事催张,万物兴茂。长天厚土,一派灿然。春风梳柳,夜雨润花,阡陌万里,牡丹飘香。当此时也,四方雅士,欣聚曹州,信步田塍,吟诗唱酬。襟智者而乐水,怀仁者而乐山,阅群芳而吐妙语,醉天香而著华章。正所谓:"菏山日暖八面来风人才盛,雷泽水明三生无报事业兴。"适逢菏泽市散文学会诞生之际,中国散文学会山东散文学会设创作基地于斯,幸甚至哉,勒石以志。

文字清丽,记事抒怀颇有古风。这文与书便是当地的才子所为。当地古称曹州,现名菏泽,以牡丹甲于天下。四月春风,菏泽大地,牡丹竞开,群芳斗艳……遂想:岳阳楼立于洞庭,就有范仲淹的"先天下之忧而忧,后天下之乐而乐";滕王阁建于鄱阳,就有王勃的“落霞与孤鹜齐飞，秋水共长天一色”。散文碑石立在这牡丹之乡，“散文大国”果然与“国色天香”互为辉映，各得其所，就该大块假我以文章吧？“阅群芳而吐妙语，醉天香而著华章。”观牡丹园里，百花齐放，万里飘香，就欣欣然。胸中一股躁气依稀被那牡丹之香荡涤而去，眼前一派澄明。陡然，又觉耳边一阵私语：文章千古事，得失寸心知。真正的散文碑石，当立在世道人心、长天厚土中矣。不觉莞尔。

2001 年 4 月 15 日晚，山东菏泽

近乡情更怯

在徐州，最让我心灵震撼的是“戏马台”和“歌风台”。这倒不是因为项羽的“拔山盖世”与刘邦的“大风起兮”——两位王者的业绩有多么了得，而是他们各自生命中流露出来的对故乡的一份异样的情愫：一边是英雄末路的楚霸王那“无颜见江东父老”的羞愧，一边是汉皇高祖“威加海内兮归故乡”的倚风独唱——萦绕在他们两人心目中的对故乡深沉的痛和惭愧，以及狂热的爱和炫耀，在此竟形成了鲜明的对比。似乎这是两杯质地不同的陈酒，让人至今一闻就醉。

窃想，成就了帝王基业的刘邦，内心是应该清楚他手下败将项羽最后面对故乡时的那一份惶然的。他高歌一曲“大风起兮云飞扬”，在他的潜意识当中，就很难说没有一种胜利者的扬扬得意，一种世俗生命故作张扬的心绪。

实际上，对于许多游子来说，是很少有人能够具备刘邦那种狂傲得不可一世的心境的。“近乡情更怯，不敢问来人”——倒是唐代宋之问的这句名诗，真正地抒写出了大多数游子归乡时的那种心态。因其典型，所以千古流传。

在所有游子的心目中，故乡永远是他们人生的第一个舞台，他们在那里留下的第一声啼哭最为嘹亮，在那里睁开的双眼也最为集中和关切。那里的一草一木、一土一石都会成为他们永恒的观众。一个人，无论离乡多久，不管走到哪里，也不管他的心胸怎样豁达，怎样充满了一股"天涯何处无芳草""无处不青山"的豪迈之气，但只要一想到故乡，他的心头肯定会泛起一丝眷眷的思念之情——"露从今夜白，月是故乡明"，连月亮也是故乡的明亮了；"独在异乡为异客，每逢佳节倍思亲"，是一种殷切的呼唤；"壮岁惊心频客路，故乡回首几张亭"，是一种铭心的牵挂；"一杯浊酒家千里，逆旅多情送饼迟"，是一种落寞的张皇；纵便像李白那样大声喊着"但便主人能醉客，不知何处是他乡"，也在浪漫、潇洒的情怀之中透出了一种"乡关何处"的沧桑乡情。或许，正是由于故乡这枚纽扣的系挂，才使"叶落归根""衣锦还乡"成了古往今来攘攘游子心里常常怀揣的一个美梦。然而，这些游子可以经年累月地在心中叨念故乡，但真的踏上了归乡路，他们心里却又驱散不掉那份"怯怯"的情——那情形，就像他们在故乡面前，怀里都揣了一只扑扑乱跳的兔子一样。

项羽兵败乌江，那里离故乡很近。他自觉无颜见江东父老，这是一种铭心刻骨的奇耻大辱带来的"怯"，因而他采取了极端的方式结束了自己的生命。但仔细想想，刘邦的"衣锦还乡"，何尝不也是一种"怯"？他的"帝王"之路无论是多么辉煌、多么灿烂，但在故乡人眼里，他终究不过还是穿着"开裆裤子"，从市井小儿和无赖长大的。可以说，他选择这种慷慨激昂的回乡方式，也只不过是想用虚张的声势掩盖他心头的那份“怯”罢了——儿不嫌母丑，狗不嫌家贫。按照常理，游子之于故乡，是没有理由惧怯的，但这“怯怯”之情，却成了千百年来游子们一个无法逃脱的宿命，一道心理上无法逾越的鸿沟……

“儿童相见不相识，笑问客从何处来。”这是一份由于久违和陌生带来的“怯”，它是美丽的——但试想，若这“客”原在故乡时就是一位干尽了坏事的泼皮无赖，或许异乡的明月也洗涤了他的肺腑，但他回到故乡时，仍然会有一份不好意思的“怯”；若“客”生长的故乡，从小就没有给他留下美好印象，甚至故乡还是他心中的一块伤心地，他那一份往事不堪回首的“怯”也是情有可原的。“客”清，故乡美，可这“客”两鬓苍苍回到故乡，看到面前的景物仍是旧时模样，他肯定就会有一种恨铁不成钢般的“怯”……我曾在一位作家的文章里读到他笔下美丽的故乡。然而，我们一行陪他回到故乡，当他看到他记忆中清亮的小河，如今已变得混浊不堪；往昔美丽的小路，已变得尘土飞扬。倏而，众人在他眼里就看到了他那份“怯怯”的眼光，体会出了一位赤子情怀内心夹杂的苦楚——还有，“大禹治水，三过家门而不入”的故事固然动人，但我们不妨设想一下，这里面是不是也有一丝丝对某种势力惧怯的成分存在？洪水泛滥，灾祸横行，前辈们已经为治水丧失了性命，他受命于危难之际，能够置治水事业于不顾，频频回乡去相妻教子吗？

“近乡情更怯，不敢问来人。”这首已经世代流传、让人齿颊生香的唐诗，真的是道尽了天下游子内心那份想家又怕家的苦楚，但这首诗其中的隐情谁又作过深究？据史料载，这诗的作者宋之问事实上就是唐朝历史上一个有名的见风使舵的佞臣。早年，他因媚附武则天的宠臣张易之，担任过宫廷侍卫。张被诛杀后，“树倒猢狲散”，他便被贬做了泷州参军。但不久，他却逃往洛阳依附了武三思，摇身一变又成了修文馆的学士。后又因受贿而又被贬为越州长史。睿宗即位后，将他流放到了钦州，而最终，他还是没有逃脱被唐玄宗赐死的命运——这样一位朝秦暮楚、臭名昭著的人“近乡”，当他面对故乡人一双双爱憎分明的眼睛，他能不“怯”到家吗？言为心声，从这个意义上讲，宋之问也算是自酿自饮一杯苦酒，然后自吐衷肠了。

2001 年 4 月 19 日，北京东城区和平里

半堵墙

有谁会一下子就经历丧父又痛失祖母的打击呢？即便我也快到人生的中年，但在这短短时间里家庭发生的不幸，还是让我的心变成了如脱干了水的沙粒，在阳光炙热的暴晒下时时发出灼伤般的痉挛。有时，在夜半醒来，巨大的痛苦伴随着夜气一同沉沉袭来，竟使我跌入了渺渺不可知的深处。

就是在这样无眠的深夜，无意中读到了川端康成的《父亲》。他抄录的是他与父亲一段虚设的对话。我抄下的是其中很小的一部分：

——你老觉得自己还年轻，是吗？我死了，下边该轮到你了。我过去是一堵墙，挡着你，叫你看不到死亡。如今我没有了，你再也不能认为你的父亲依然活着了。

——我感觉到了。眼前一片明净，我和死亡之海风云相通呢！

——母亲也遮挡着你的半面。父母只能起这种作用。

如今死后才明白这样的道理……

原以为父亲死后，下边就该轮到我了。及至读到里面关于母亲的句子，我的心头悚然一惊：我排挞不去内心的伤痛，怎么就没有注意到正在为我遮挡着风雨的“半堵墙”的母亲呢？母亲陡然间失去了与她相依为命的丈夫和婆婆，她心中饱含着怎样的凄苦，我怎么就视而不见？我的因为失去亲人的思念，原来掩藏的却也有一个自私的疏忽。我感到了羞愧！

自然，祖母是我父亲的“半堵墙”。然而，父亲却先于祖母七十多天离世而去。依家乡迷信的说法，祖母已经九十一岁高龄，父亲去世时才六十六岁——家庭中有一个年岁特别长，那么就会有人短命，这叫“夺寿”。记得父亲刚去世时，家族的人在哀恸之余，就有人嘀咕着此事。母亲当时听到了，说：他叔叔，不会的，各人的寿数各人修的。你老大，他只有这么长的寿数，怨不得谁。

谁曾去体会母亲说出这番话的心情呢？

祖母是清楚父亲去世的。就在父亲咽气的前一刻钟，凌晨五点多钟时，她突然从床上颤颤巍巍地爬起来，还走进了父亲的房里——知子莫若母，仿佛，她是知道父亲的大限已到。很快，她被我搀扶了回去。不一会儿，父亲走了。祖母在床上独自哭泣了起来。尽管我们没让祖母参与丧事，但祖母差不多立即陷入了一种恍恍惚惚的状态。清醒时，她说我：“你没给你父亲留下照片？”糊涂时，她却问我：“你父亲好了些没有？”再后来——就在父亲死后十几天的大年初一，她在小叔家吃年饭，终于抑制不住内心的苦楚，轻轻地摔了一下。从此，竟就躺在床上一病不起，直至辞世也没吃没喝。母亲压住悲痛，和婶娘们侍候着她，陪床守夜，端屎端尿，母亲从未有怨言。有时，婶娘们怕她刚遭受剧痛，怕她累垮了，劝她歇会儿，而母亲却依然默默地照料着祖母——默默地。

母亲说她是替下辈尽自己的一份孝心。说得轻松——可母亲也是六十多岁的人了。在祖母面前，她是下辈，但在我以及我的儿子眼里，她也是一位年过花甲的老人啊！显然，母亲也被这突如其来的打击打蒙了。在父亲死后的一段时间里，二婶、小婶经常地到我家里来陪她。有一回，小婶郑重其事地告诉我："你对父亲是尽到了心。可你对母亲要好啊！你晓得吗？你母亲生你时闹血荒（血崩），差一点儿就命丧黄泉了！养你可真是不容易！"说得我心里一酸，加上父亲刚刚过世，我的泪水簌簌地就下来了……

母亲本就是一个苦藤上结的瓜。

外婆一生共养了八个儿女，到后来只剩下我母亲一人。母亲嫁到我们这个大家族后，上要服侍二老，下要照料我们兄妹五个。父亲是个手艺人，长年累月在外，为了挣工分，母亲只得和男劳力一样出工，一样上山打柴火。外公、外婆年老后，见我父母负担过重，不愿意随母亲住到我家，母亲就常常一个人起早摸晚地回娘家，为她的双亲砍柴挑水、缝衣浆衫……白天照常出工。家里本来缺盐少油的，而父亲又好朋友，他在家时，家里总断不了客人（有的甚至就是街上要饭的），每到这时，母亲总要想方设法地弄出几碗菜。那时，我们还小，遇到可口的菜总是一扫而光，轮到母亲忙完，吃饭时已经没有菜了。

外公与外婆辞世时，陪伴两位老人的仅仅只有我的母亲一人，那也是她的“两堵墙”啊！可惜那时我们还小，不太理会到母亲当时的心境。倒是后来的一次无意的谈话，母亲说出了外婆离世那天晚上的事——傍晚时，她得知外婆病重的消息，歇工后，连饭也没来得及吃，她就朝外婆家赶去。天下暴雨，电闪雷鸣，夜被笼罩得漆黑一团，她已看不见路了。慌乱中又没有带亮，她只能借着闪电的光亮走。走一阵，停一阵，四五里路却足足走了半夜。连滚带爬地跑到外婆家，外婆在床上烧得稀里糊涂，嘴里尽喊着死人的名字。又没有电灯，煤油灯发出鬼火似的光亮。母亲孤零零的，求外婆队里人将电灯安装起来，队里人却说：“老鬼哪等着要死啊？死了才安！”母亲央求着。可是，等队里人将电灯弄亮，外婆就死了！“这亮便成了为外婆办丧事照明用了！”说到最后，母亲岔开了话题。然而，我脑海里长久地驱散不掉的是母亲那天跌跌撞撞夜行的身影。

母亲一生没有跟人吵过嘴、红过脸。队里人都说她吞声大、忍性好、贤惠。对自己的儿女，她也是百般溺爱。儿女们对田里活干不来的，懒得干的，她总是不言不语地自己去做，弄得自己瘦成了一根筋。左邻右舍的看不上眼，也有人当面说她：“你就不能让你的孩子们干干？”母亲嘴里嗫嗫嚅嚅的，总也说不出什么，至多说一句：“他们也有他们的事！”母亲是念过几年书的，识得很多的字。听她的同辈说，她小时候读书还是班里的学习尖子。只是为了我们，她再也没有工夫看一行字了。但供养孩子们读书却成了她一生最大的事情——遗憾的是我们兄妹几个不争气，都未能如她所愿。她的劳苦的结果，却是使我们都遭到了“报应”。我们兄妹长得一个比一个瘦，全像她。

为自己的双亲尽孝,又随着父亲度日如年,再为我们这些下辈担惊受怕。母亲像是一只劳燕不断地衔着食,待喂养大了我们,现在她就只身孤守着一个空巢了。那样子,她的确像是被风吹雨打的半堵墙,屹立在故乡的土地上,饱经沧桑。

父亲逝世后,我也动过将母亲搬到城里去的念头,我将想法说与母亲听。母亲却担心家里的田和地,而弟弟也还未成家立业,这也是她心头的一块最大最大的痛。她硬是舍不得丢弃田和地,还有,她尽可能地给予弟弟依傍。尽管是“半堵墙”,她却在死死地为她的后人们抵风挡雨,遮阳蔽雪,尽一个为人母亲的神圣职责。

祖母病故后,我匆匆赶回家里。得知祖母的丧费,开始二叔、小叔不要我们家里承担。但母亲执意不肯,她为父亲“争”回了一份尽孝的义务和权利。我奔丧回到北京后,因妻子、孩子都还住在家乡的小城,我就经常打电话。有一次,接电话的竟然是我的母亲,我问:“妈,你进城了?”

“你家的(指我妻子)今天生日啊!你的身体还好吗?”电话那头,母亲大声问。

我一听,顿时泪如泉涌。

这就是我那如丰碑般挺立的“半堵墙”啊!

2001年6月1日,北京东城区和平里

一个“富裕中农”的写作生活

——访著名作家李心田

二十世纪七十年代，随着电影《闪闪的红星》的播映，“潘冬子”“胡汉三又回来了”立即成了那个时代的主流话语。从浪漫的作家之梦开始，作家李心田的名字随之也走进千家万户，并为他打磨出了一个“红色经典”的作家形象。但二十世纪末，在中国文学冲破“高大全”的模式化牢笼，又被汹涌的商品大潮洗刷得七零八落之际，我们发现——李心田，这位曾红极一时的作家仍在笔耕不辍。既写出了像《银后》这样的畅销小说，又创作出了《梦中的桥》《寻梦三千年》之类的社会思辨小说。至此，他的文学的梦越做越圆，他在文学上的思想也越发清晰地凸现出来。

在同类作家当中，他的存在无疑是一个例外。

二〇〇一年四月十五日，听罢他在一个散文笔会上的讲话后，趁着暖暖的春夜，我采访了他。他身材不高，却长得粗壮结实。窝坐在沙发上，他边说边打着手势，语气显得和蔼可亲，且时时流露出他那率真、朴实的性格。我发觉，我们这一番无拘无束的谈话，也使这个春夜变得更加温暖和动人。

无一例外，话题又从《闪闪的红星》开始。李心田说，从那以后，他由一个浪漫的小作家变成了一个红色教员。

徐迅：可以说，我们这代人都是看着《闪闪的红星》长大的。“潘冬子”几乎成了我们少年时代的精神偶像，这里有您自己生活的影子吗？

李心田：没有。但贯穿在这部作品当中的却有着我精神的经历。我写这部作品时，其实已经是一名教员了。那时，我们班上就有许世友、包先智的儿子。你得知道，那个时代有许多革命者的孩子都有着不平凡的经历，毛泽东的三个孩子也是。“潘冬子”在某种程度上就是这些孩子的缩影。

真正诱发我写这部小说的直接原因，是一位老红军留下的一顶帽子。战争年代，这位老红军丢了一顶写了他名字的帽子在家里。新中国成立后，他的后人凭着这顶帽子就找到了北京，结果果然找到了他。这件事触动了我。我当时写的小说名字叫《战斗的童年》，写这顶帽子。后来想到帽子上的红星，就改名为《闪闪的红星》。结果又考虑到“红星”是苏联红军的标志，于是又写成了“红五星”。可念起来又太拗口，还是改回来了。小说里的母亲是以胶东半岛的一位女共产党员为原型的，她被敌人活活烧死了。那时候我们听到的这类故事很多，小说只是一个载体。

徐迅：不管怎么说，这部小说使您获得了成功。

李心田：其实，在写这部小说之前，我还写过一个小说叫《两个小八路》，也拍成了电影。关于《闪闪的红星》里面有一个小插曲:这部小说完成后,我将稿子投到报社,突然害怕了起来,又要回了它。直到一九七二年才出版。不想,这部小说在人民文学出版社十七个印刷厂一下子就印刷了七次,不下五百万册。还被翻译到德国、奥地利、法国等十一个国家。同时,它还被当作“和平使者”带到了罗马尼亚。著名儿童文学作家刘厚明有一次出访坦桑尼亚,他见到我们的援建工人,那里工人们提出的口号就是“向潘冬子学习”!我常说,我是二十有志于文,四十而立,五十而自觉,六十而自由。这“立”就是指这部小说的出版,它使我在文学上找到了自己的立足之地。

徐迅:这话有点儿意思。能谈谈您的“二十有志于文”吗?

李心田:当然。我的文学起步很早,让我步入文学殿堂的是曹禺的几部戏。那时我十五岁左右。我看了曹禺的《日出》《原野》《雷雨》,很快就被这几部戏所产生的巨大的艺术感染力震撼住了!后来,我还读了老舍的《赵子曰》《离婚》、沈从文的《月下小景》。我写的第一篇东西就叫《月下故事》。那时才十七岁,我用的就是戏剧手法。当时我在徐州的一个商店当学徒,我将稿子投到了《徐州日报》,没想到一个星期就发出来了。后来,我受弗洛伊德的影响,写了一篇《吴小芳》,发表在上海的《清清小溪流》上,写女孩子怀孕的事。那时我很天真、懵懂。直到参军,我还带了一本自己写的《自伤集》的诗集。二十一岁那年,我写了一个电影文学剧本《茫茫怨》,大悲剧,惹得一位女教员看了直落泪。

徐迅:这种最早的对文学的本能的热爱和追求,是否可以说为您日后摆脱文学的政治教条奠定了基础,从而才使您五十而自觉,六十而自由呢?

李心田:对！除此以外,就是读书。一九五一年左右,我曾列了一个十年的读书计划。这期间我读了契诃夫的小说和戏剧,读了陀思妥耶夫斯基的《被侮辱与被损害的》,还花了很长时间读了托尔斯泰的作品,他的《战争与和平》我就花了八个月的时间读。到了六十年代,我在济南军区大学当教员,我更是用心读了许多古典诗词,《诗经》《楚辞》,我都下了功夫。这是文学上的一种准备,尽管那时我是一个红色教员,但自己的这一番苦读,使我如同一滴水回到了大海里。

三个板块,五十年文学路。李心田用自己的儿童文学、军旅文学和社会思辨小说的创作,垒起了他"这一个"文学的金字塔。

徐迅:因为您的《闪闪的红星》的成功,使您成了儿童文学的代表性作家之一,能说说您的儿童文学创作吗?

李心田:我的儿童文学创作可以说是一以贯之。每个时期我都为孩子们留下了书。红军时期的《闪闪的红星》,抗日战争时期的《两个小八路》,解放战争时期的《流动的火焰》,十年"文革"我写了《十幅自画像》,新时期我写了《屋顶上的蓝星》,还有《第六演播室》《船队按时到达》,另一个小说集《夜间扫街的孩子》。这几部书我最满意的是《屋顶上的蓝星》。这个小说我通过孩子的视角,写他的父亲与一位党员科长倒卖汽车,事发之后,孩子的父亲被判了徒刑,而那位科长仅只受到了党内警告处分。对于孩子,这是一个问题。因为法律面前人人平等嘛！他不能理解,他就要抗争,这个抗争的过程肯定是沉重的。这么一个沉重的东西让一个年仅十四岁的孩子承担太残酷了。我自己认为这部书写得最好。结构严谨,有时代感。小说发表后,一些评论家以《从红星到蓝星》为题作过评论,认为像我这样的中年作家关心社会,关注被人冷落的领域,是文学的一种进步。

为孩子们写作是幸福的。其实我的五十年的文学路,创作上应该分为三个板块,除了刚才说的儿童文学,我还有军旅文学、社会思辨小说……

徐迅:您的一些儿童文学作品,其中也涉及了军事题材。您对您的军旅文学的创作满意吗?

李心田:你知道,我一直生活在部队,是军队这个大熔炉铸造了我。五十年代,我为《华东战士报》写过两个相声《着装要整齐》和《他在保卫祖国》,还得过奖。后来我在部队文化学校当过文化干事,又在部队话剧团当创作员,还下过连队当指导员。我参与过一些军事演习,写了一些快速反映部队生活的纪实作品。有两个中篇,一个是《沙场春练兵》,一个是《蓝军发起冲击》,还有电影《卫星窥测不到的地方》。孟良崮战役,我写了一个话剧《火与花》。我写的一些军事作品,我自己感觉还不错。

徐迅:这是一个板块。想请您谈谈您的社会思辨小说。

李心田:我特别想要说的也是这个。说到这,我想,一九八七年应该算是我在创作上的一个分水岭。我们这一代作家,大家都知道,经历比较特殊。但从八十年代开始,我开始了思考,而且一直思考了下来。当时环境变了,我们中国知识分子的处境也得到了很大的改观。我就在思考着中国知识分子的处境和独立人格问题。改革开放,我们找到了一条发展的路子,老百姓应该怎样生活？执政党与人民群众应该是怎样的对应位置？一九八七年，我写了一个小说叫《梦中的桥》，思考的就是这些问题。地上搭起了一座金桥，金桥搭到了天堂，结果桥塌了。这期间，我还写了《流动的人格》，写农民改革家的。这部小说在《人民文学》上发表后，各个地方，包括台湾都转载、广播了。这是一个呼唤独立人格的作品。一层纸戳破了，我觉得知识分子应该站出来说话。

我有一个中篇小说集《潜移》。写一位革命者由于抵挡不住各种诱惑（他老婆以及儿子），结果“潜移”到非革命者一方去了。这也是一部反腐败的作品。这个小说集可以说是代表了我十多年来的文学思考。说起来，我这个人比较认死理，小时候跟父母在徐州乡下种田，后来参加革命，一开始我就认为文学与党与人民应该是一致的，一心一意地跟党走，心里比较干净，很坦然。现实生活教育了我。大炼钢铁时，我见不管白天黑夜，千军万马炼钢铁，树砍掉了，钢铁却炼成了焦炭，我就发生了怀疑。我说“胡风是诗人”，就这一句话，我就被人狠批了一顿，连未婚妻也不让见，还被人抄箱子，有一种受侮辱的感觉……这些，促使我认真思考文学，思考人的处境、心态以及命运。

徐迅：这种思考，使您认为在文学上找到了自己，“自觉”起来了？

李心田：是的，包括引发我后来创作长篇小说《寻梦三千年》……文学公社解体了，我面前还有一块小地，我现在是想种什么就种什么——从“红色经典”到自由作家，我完成了自己的一次飞跃。

徐迅：我曾经注意到，您参加过深圳的一次文稿竞卖活动，那次您的收获怎么样?

李心田:哦!那正是我的文学创作处于自觉状态的表现。当时香港的作家梁凤仪的小说挺火,听说她一边坐在车上,一边写小说。我觉得太轻松了。于是,我就写了一部畅销书,长篇小说《银后》,拿到深圳的文稿竞卖会上去了。这算是我“以身试价”吧!我的这部小说品位很高。后来北岳文艺出版社出版了,还改成了一部电视剧。

刚才说到《寻梦三千年》,我还想说几句。我觉得我的这部长篇小说是我的思辨小说的代表之作。这部小说对中国知识分子独立生活、独立人格的思考,我是花了力气、下了功夫的。这本书由江苏文艺出版社出版,可惜删了一个章节。关于这类题材,许多与我同时代的老作家都不怎么写了。我想,我的这部书的创作表明了我的创作由一个“自觉”进入了自由状态。作品要真实,作家要真诚……

徐迅:作家的思考应该是永无止境的。在这次散文创作会上,我听到您说,散文、诗歌里面的文学含量要高于小说,作品中如果没有“诗性”,就像沙漠上的沙子一样……

李心田:我说过。我说作品中的“诗性”,就像是沙漠里长了青草一样。散文应该是有“诗性”的。诗性就是艺术性的东西。我写小说其实也很注意。比如,我的《十幅小画像》,我写童年,写蜜蜂,写燕子……老诗人屠岸看到了,他说我的这部作品用的是散文的笔法。嘿!说到这儿,我真高兴,文学在走下坡路,今天,我们却有许多人聚集在一起来谈论文学,实在值得尊敬。看来,我们文学的信仰还没有消逝……

徐迅:当然,我们现在不是还在谈文学吗?

李心田:嘿!说起文学,我的一位朋友说我说得很对。他说我在文学上没有多高的志气,有一种“富裕中农”的写作心态。也是。按照道理说,我走了五十年的文学路,是一个走长路的人。但我既没有被打成右派,也从未当过“先锋战士”,走的是一条平坦的路。现在,“文学公社”解体了,但我面前还有一块小地。我热爱劳动,这就使我想种什么就能种什么,自给自足,丰衣足食。我可以把我的整个身心都扑到文学上去。我说我“六十而自由”,里面也有这个意思,我觉得我的写作获得了更大程度上的自由自在。

徐迅:那么,在创作上,您还有什么新的打算吗?

李心田:有啊!现在我正在写一部长篇《结婚三十年》。我已经写了十二章十五六万字吧!这部书我主要还是写中国知识分子的命运的。我们国家的知识分子相当长的一段时间匍匐在地,尘世间的惯性总会让一些人在人性上走到异化。比如电影《芙蓉镇》上的那个老村长喊的“……二十年再来一次”!能再这样吗?我们当然要说:不!我的这部作品还是要讲真话,写我真正想要写的部分,写我的思考和探索,写我正在追求的一些东西。

徐迅:那就等着看您的这部书了。

李心田:谢谢!

2001 年 6 月 1 日下午,北京东城区和平里

七月的早晨

麻雀在屋檐下叽叽喳喳的。三叫两叫的，就吵醒了我。看窗外已是一片大白，我赶紧爬起了床——其实也就是沙发，信步走下了楼。

昨晚连衣服也未脱躺在沙发上便睡了。尽管睡得不算踏实，但起来简便，光着脚板站起就是——夏天的好处就是让生活趋于简单。它像是一支删繁就简的如椽大笔，三下两下就将裹在人们身上的臃肿剥落干净，极近自然。七月的早晨，空气由于夜气的过滤，再加上前天的一场雨，不再敷热，清凉得像是一只慵懒的小白猫在身上舔着。草在早晨格外泛绿、发亮。院子里几棵石榴树上喇叭状的红花，谢得只剩下那么一两朵，夹在绿叶丛中，耀眼醒目。枝丫上结着拳头般的石榴，劲灵灵的，仿佛在七月的早晨宣誓着，小拳头握得紧紧。

看到与我差不多早起的人，却是几位长者。老爷子和老太太们，都只穿着一件背心、一条裤头，清清爽爽。或神情专注地站在绿草坪上比画着太极拳，或赶或牵着一只小狗之类的动物在院子里溜达。人打拳打得有条不紊,一套一套,严丝合缝。那小动物跑起来却没有了章法,一蹿一蹿的,害得主人跟在后面,撵得气喘吁吁。嘴里还不停地吆喝,像是喊着自己的心肝宝贝。

街道上的门脸没有完全打开。有一家隔着厚厚的玻璃,倒是看到蒸包子和馍馍的蒸笼上冒着浓浓的白汽,影影绰绰的。主人在辛勤地准备着早市。我上前与那位正忙着的大嫂搭讪,大嫂说:"哟!你起这么早?包子还要等一会儿才熟呢!平时可没见你起这么早啊!"

我常在这里吃早点,混熟悉了。经她这么一说,我倒不好意思起来,发觉自己真是无意中起了个大早。折回原路,我也甩甩胳膊、踢踢腿。但我还不会像那些老爷子、老太太一样放下架子,比画几下太极拳;也无法如那些有钱或有闲的人,牵着一条动物闲逛;更不曾试着从早晨开始忙碌;我只能在七月的早晨来回走动。风吹在脸上很惬意,陡然,我感觉早起原来远比我窝在床上美妙、舒服得多。即便这样随便走走,也使我心头充盈着一股清新的东西。我为自己失去许多这样的早晨感到遗憾。

结果,我还是来到了那几棵石榴树下,紧紧盯着那如拳般握得紧紧的石榴,下意识地把拳头也握得紧紧。互相对视了一下,终于我还是松开了拳头——石榴没有与我对峙的意思,而它的那一种平和与冲淡,自然也不是我能够学到的。

绕了一圈,我回到了房间。朋友还在床上呼呼大睡。对于他,像我在所有的早晨一样,有许多趣味都是未曾享受过的。我很想把七月的早晨这小小的感受告诉他,让他分享。但看他睡得很熟的样子,又作罢——忽略往往就在这不经意之间。

2001 年 7 月 1 日,北京东城区和平里

飘忽的青布衫

——我心目中的张恨水

一

我是见过张恨水的，当然是照片。一会儿是西装革履，风流倜傥；一会儿是中山装（那是毛泽东送给他的面料），熨熨帖帖，矜持庄重。但不知怎的，我的眼睛每每定格在他那身着青布衫的照片上，脑海里总抹不去黄昏里他那飘忽着的青布衫的影子。

如果假以天年，他要是再活上一段时日，我想我们是能够见面的。但他还是匆匆离开了人世。那时我才四岁，四岁的孩童当然不会知道什么。况且，家乡那座巍峨挺拔的天柱山深深地挡住了他的身躯、我的视线。

当我知道他时，仅仅知道他是写过很多很多书的人，一位落魄的文人。乡亲们提到他，脸上常挂着一丝不可名状的神秘的苦涩——他从故乡的天柱山走出，天柱山又像一道屏障一样永远地拒绝了他，隔膜了他。他用“我亦潜山人”“天柱山下人”做文章，但天柱山甚至没有让他上去过一次。现在，我也从天柱山走出，并且走进了他一生开始和结束的大都市，一晃就是六年。我感到了山外面的世界真的很精彩。

他也很精彩。

他一生都是报人，又倾其一生，洋洋洒洒写下了三千万言，涉猎小说、散文、诗词、歌赋……论成名作有长篇小说《啼笑因缘》，论代表作有《金粉世家》《春明外史》《八十一梦》。专家们说，他用传统文化在中国现代文学的地带上构筑了一座“金字塔”，在中国传统小说向现代白话小说的过渡中，他起到了承前启后的作用。他是中国传统文人黄昏里一位孑然而行的独行侠。

与他屡屡被人们误解差不多。我觉得他那煌煌巨著时隐时现在中国现代文学史上的情形，与我们家乡的天柱山惊人地相似。天柱山本受汉武帝封禅，贵为“南岳”，但很快又被隋文帝诏废，一时打入冷宫，冷落千载。后又随着时代的变迁知名天下。他也是。一出道就名满大江南北，连报馆门前人们也排起长队，争睹他的小说，一下子却又被奚落为“鸳鸯蝴蝶派”，掩封在历史的尘埃里。然后，又像出土文物一样被挖掘出来……

他的家乡，现在人们都津津乐道一山一水——一“山”一“水”，命运何其相似乃尔！

二

他随着“恨水”的名字声名远扬。然而，又随着“恨水”之名被人们搅得一头雾水。

本来，作家们用笔名并不是一件什么稀奇的事。但稀奇的是他的“恨水”横空出世就被人们善意和不乏恶意地猜测着。有人说他是爱慕冰心，追逐不成，故“恨水不成冰”。他活着时，就有人这么问过。印象里，他回答过两次——

一次是在一九四二年，他在重庆中央党校讲课。讲完课，就有一位同学站起来发问：“张先生，都说女人是水做的。您是不是与哪位小姐谈恋爱，不幸情场失意，所以才起名恨水？”他背诵着李煜的《乌夜啼》，解释了一回。另一次是二十世纪五十年代，一位名叫徐京诏的忘年之交拜望他，俩人天南地北，海阔天空地聊着。突然，徐京诏忍不住将搁置在心里的这段谣传和盘说了出来，问：“先生，您知道‘恨水不成冰’的传闻吗？有这回事吗？”

恨水呵呵一笑，说：“那是牵强附会。你想想，那时候我一天要写五六千字的小说，还要给报纸发通讯，哪有工夫想到这上面去？再说，谢女士的书也读过，人家是名门闺秀，我是百无一用卖文为生的人，压根儿就没有攀龙附凤之心！”

这一回，他是直接针对“恨水不成冰”而说的。

其实，他的这个带有凄怨色彩的名字是源于他的家境。他本是武门之后，祖父与父亲都是行伍出身，祖父还在湘军里任过参将。童年、少年时代的他都是在衙门里长大的。生活不说一帆风顺，却也衣食无虞。他天资聪颖，小小年纪就博得了神童的美誉。少年不知愁滋味，他便由着性儿吟风弄月，其乐陶陶。然而，就在他十七岁那年，他正准备听从父亲的建议去日本留学，父亲却患上了一种叫“走黄疔”的急病，三天头上就过世了。在父亲弥留之际，他泣不成声地跪在父亲面前，保证“孝顺母亲，培养弟妹，尽一切支撑家庭”！他勇敢地挑起了一家生活的重担。

他饱尝到的是一个由中兴家庭遽然破败的滋味。与寡母从父亲的任上回到故乡，他也可以就此沉沦下去，或者碌碌无为，老死牖下。但他却迷上了文学，青春的惆怅，伴随着叩响文学圣殿起始的艰辛，使他一生再也没有轻松过。开始写稿，他自然是愁肠百结，于是就起了个笔名“愁花恨水生”。其典出自南唐后主李煜的词：“林花谢了春红，太匆匆，无奈朝来寒雨晚来风。胭脂泪，几时重。自是人生长恨水长东。”后来，他截取“恨水”作笔名，原是想告诫自己，要珍惜时间。

他第一次用这笔名远在一九一四年。但是没有人细究。至今还有人问我：“说‘恨水不成冰’，这是真的？”

于是，我也一遍一遍地解释——大概在二十世纪八十年代，我被调进了一个研究他的单位。我极不愿意被人说是吃了老先生的一碗饭，可惜终究没逃脱。

三

在很长的一段时间里，他的那三次婚姻也是屡屡被人谈及的。

张恨水曾在一篇文章里说过：封建婚姻诚杀人之道也。是的，他有三个夫人。但在那个年代，我想怎么说也不足为怪。那时，鲁迅、胡适、郭沫若都曾经历过包办婚姻的痛苦，像鲁迅之于朱安、胡适之于江冬秀等等。张恨水也不算为过吧？

他的第一位夫人名叫徐文淑，是他十八岁那年娶的。“父母之命，媒妁之言。”新婚之夜，他屈从地走进了洞房。见她与他在书上看到的才子佳人、风花雪月的感受大相径庭，他伤心地落了泪。然而为了母亲，他还是与她拜了堂。了却了一位乡村寡妇的心愿，也成就了他一个孝子的责任。

一九二四年，他到了北京不久，便在《世界晚报》上连载长篇小说《春明外史》。这使他在文坛上声誉鹊起，名噪京华。但由于他一人孤身在外，形单影吊。远离家乡的忧愁，失败婚姻的阴影和一个才子的浪漫情怀，抑或还有同情？他从北平贫民习艺所领出了孤女胡秋霞。他调养着她，无依无靠的胡秋霞也找到了生活的依傍。他们的结合尽管缺少诗意，但也不乏真诚。抗战前，张恨水在南京与朋友创办《南京人报》时，胡秋霞爽快地拿出自己的首饰和私房钱；在他生病时，胡秋霞也倾其所有为他医治。但错就“错”在恨水心灵深处始终荡漾着一个爱情之梦。渐渐地，也由于秋霞的脾气，使张恨水义无反顾地寻觅到了最后的爱情驿站。

那年恨水三十五岁，而走入他情感生活的情人周南才十六岁。是恨水那名噪大江南北的小说《啼笑因缘》做的“媒”。两人见面，一见钟情。“强为欢笑谁能说？字字看来是血丝。”一辈子替人儿女说相思的张恨水，心中充盈着寻找到知音的欢快、红袖添香般的缠绵……经历过两次婚姻的恨水，对爱情的那种执着也可想而知……

与许多人不同的是，他都没有遗弃她们，而且相伴了一辈子。在生活好转时，他甚至用稿费在北京购置了一座大小七进的四合院，使自己有了一个良好的写作环境，并用他那支笔养活了全家三十多口人。赡养母亲，照料夫人，供弟妹们读书……他一生都想做一个完人，做儿子，做丈夫，做兄长，做父亲，他都尽到了责任与义务，哪怕牺牲自己——在一些宁静的夜晚，有时，我就独自一个人默想：我的这个操着一口安徽乡下大嗓门的老乡，凭借的是怎样的毅力与意志？

从情感上说，他曾渴望红袖添香般的柔情，却又涉足在传统道德和责任的河流中；从性格上讲，他一生奉行君子不党，却又常常抨击时政；他一辈子都在做“新闻苦力”，却又创作出了浪漫的文字……流自己的汗，吃自己的饭。面对误解，他只是淡淡地说“真的说不假，假的说不真”。默默地，他只做一头推磨的驴子。

这样的人生，难道不凝重浑厚得就像是一条大江？

四

有一段日子，我在坊间书报摊上常常看到一些丰乳肥臀、玉体横陈的照片，印在书的封面上。翻开里面的文字，也是恶俗下流，不堪入目。同样在一些宁静的深夜，我躺在床上总爱做梦。我不断地梦见张恨水，梦见他与我进行着一番对话：

——这世界是怎么啦？我那时写小说，动辄就被说成是“鸳鸯蝴蝶派”。可我的所谓言情，言的也只是朋友之情、亲人之情、男女爱情呀！

——是啊！我看您的小说，写女人并不裸露出肉体，可现在常常是看不到两分钟，就会脱裤子，床上动作就出来了……

——这不是“鸳鸯蝴蝶派”？

——现在没有这个名词了。现在是裤子脱得越快,肉体暴露得越多就越走俏。时代不同了!您看您创作的武侠小说,也太规矩了些吧?

——原来,我想我作小说,就是想让一班人不要去看那些口中吐白光、才子中状元、佳人后花园私订终身的故事。因此,我的小说总是以社会为经,言情为纬。这只是图了个故事的构造和文字组织便利的缘故……

——嘿!现在谁还想这么多。现在的小说是侠客必会口吐白光,才子也必有“床上戏”,您太生不逢时了。要不,现在也能赚一大把的钞票!

——此话差矣!“卖文卖得头将白,未用人间造孽钱。”我愿意这样,我不后悔!

……

醒来,我茫然四顾,孤零零。徒有一声叹息。

时势造人,造化弄人。他背上“鸳鸯蝴蝶派”、黄色小说家的恶名,按现在的眼光看,真是大大地冤枉了他。就说他的《啼笑因缘》吧!这部小说以青年学生樊家树的人生经历为主线,展开了他与侠女关秀姑和鼓书艺人沈凤喜以及与她长得一模一样的富家小姐何丽娜的一段多角恋爱。故事最后以沈凤喜落入军阀之手被逼疯、关秀姑锄恶后逃亡,何丽娜出走、隐居深山的悲惨命运结束……小说揭露的是军阀割据年代社会的黑暗与残忍的现实,书里露骨的肉俗描写根本没有,更不见床上动作……

他是一位有骨气、有良知的中国传统文人。

正是这种知识分子的良知和骨气，使他后来在国家沦亡、民族危难的关键时刻能够挺身而出。他创作了据说是第一部反映南京大屠杀的长篇小说《大江东去》，写出了揭露国民党黑暗统治的《八十一梦》和激励民族抗战的长篇小说《水浒新传》……甚至，他还直接发出了“国如用我何妨死”的呐喊，并摩拳擦掌地请缨抗日。一个手无缚鸡之力的文弱书生，为了祖国，为了民族，在民族生死存亡的关头，敢于冒着被日伪列入“黑名单”和上门纠缠的危险，毅然决然地挥洒出中国人的民族气节！

五

“得失文章千古事，纵横风雨任人评！”

一位长者曾站在张恨水先生的老屋前，感慨万端地发出了这样的叹息。

现在，纵观他的一生，我们当然会感觉到他的不幸：父亲突然病逝，使他失去了到日本留学的机会；生活的重压，使他失去了刚到北京时想到北大求学的机会；做新闻苦力，又使他减少了精心打磨小说艺术的时间；他以小说自立于世，却又不幸地被蒙上“鸳鸯蝴蝶派”和黄色小说家的阴影；当他刚刚结束了长达四十八年的报人生涯时，他却在自己奋斗了一辈子的报纸上，读到了捏造罪名、几乎把他说成是国民党特务的文章；家乡土改，又使他抗战时期保存在老家白崖寨的十二箱书和手稿被付之一炬；更重要的是，他的许多著作曾被当作“禁书”，打入了冷宫……生活的艰辛，情感的失魄，世态的炎凉，他都饱尝到了。

但是，他又是幸运的。从家乡天柱山下那个小山村一走出，他即在中国的新闻界找到了立足之地，在文学界创造出了奇迹，成了一代报坛巨匠、小说大师。凭借自己的稿费，他做到了在父亲死前保证做到的“养活一个大家”，让兄妹们都读上了大学，尽到了孝道。而关键的是，他终于在人生的黄金季节，找到了一只承载自己感情的小船。甚而，由于一代伟人的关心，他还免遭了那场“文化浩劫”的皮肉之灾……

他一生最挚爱的妻子周南于一九五九年十月先他而去。蹊跷的是，他的第一位夫人徐文淑是在头年的十月因中风去世的。第二位夫人胡秋霞照顾了他晚年的生活。他以七十二岁的高龄，平静地度完了自己的一生。

他死在一九六七年的正月初七——那个山雨已来风满楼的日子。据说，就在正月初六的早晨，他从孩子们拿给他包着油条的传单上，看到了他的朋友老舍投湖自杀的消息。老舍曾称他是“国内唯一妇孺皆知的作家”，是一位“最爱惜羽毛的人”，对于这样一位知己朋友的含冤离世，他心中隐藏着什么样的痛苦，我们现在已无法知道。只是在第二天的早晨，他起床穿衣，正要低头穿鞋时，倒在了床上……

一代文学奇才就这样遽然长逝。我发觉，他那飘忽的青布衫倏然定格在中国文人的黄昏里，永远，永远。

2001年7月2日，北京东城区和平里

一座山与一个人

一

成就事业的人，毫无例外地都有着非凡的意志、韧性和智慧。但其表现方式却不外乎两种：一种是轰轰烈烈，一种是寂寂无闻。

轰轰烈烈成就事业的人横空出世，动辄就“惊天地，泣鬼神”，也因这磅礴的气势很快就会被人瞩目、关注；而那些寂寂寞寞地成就事业的人，往往就鲜为人知。他们就像一朵朵寂寞的莲花，开在水上，又悄悄地枯谢在时间的湖上。

我所了解的乌以风先生就是这样一个人。

乌以风，一九〇二年生，山东聊城人，别号天柱山人。早年就读于北京大学哲学系，曾受教于李大钊、蔡元培、鲁迅、胡适等著名教授。先后在浙江、安徽、四川等地孜孜不倦地从事教书育人工作。后半生他把自己的满腔热情倾注在天柱山的开发与宣传上。著有《天柱山志》《儒释道三家关系史》等。一九八九年二月二十六日，他以八十九岁的高龄在天柱山“谷口草堂”，走完他坎坷的人生之路……

这是乌以风先生逝世后，当地报纸上发出的一则讣告。读了这简洁的文字，许多天柱山人既为他感到了遗憾，又感到自豪。作为北大哲学系的一位高才生，他本完全可以走到另外一条道路上去。但为了天柱山，他完全放弃了。而且一放弃就是默默无闻了一辈子。甚至许多人与他擦肩而过，都忽略了他的存在。

二十世纪九十年代，著名作家余秋雨上了一趟天柱山。后来，他在一篇名叫《寂寞的天柱山》一文中写道：“天柱山一直没有一部独立的山志。”——乌以风穷其一生，著述一部《天柱山志》，竟然没有引起余秋雨先生的在意。

当然，这不完全是他的失误，而是乌以风清净人生的又一次寂寞的注脚。

二

不能不说到天柱山。

正如余秋雨所说的：“现在很多文化人完全不知道天柱山的所在，这实在是不应该的。”天柱山，她坐落在长江北岸的江淮平原，山脉雄迈，神奇灵秀。远在汉武帝时，她就被封为“南岳”，但到了隋文帝，抑或是为了扩大疆土的需要，他诏废天柱，另立了湖南衡山。天柱山悻悻地从皇家园林的视线走到了民间。但因这点瓜葛，天柱山却有了些皇“亲”国“戚”的意味，也冷落得就让天柱山人寒心……

其实挺好。天柱山本就是一位朴素的乡野村姑。养在深闺无人识,她却以自己清纯的山水如一株带露的莲花独自开放;用自己博大的胸襟和浓浓的宗教氛围接纳了禅宗一脉;又以自己美妙的摩崖石刻和诗文溅射出山水人文的光辉……她还以她巨大的热情收留过李白、王安石、苏东坡、黄庭坚等一代代文豪的足迹,以致他们来到这里,就产生了一种安家立身的愿望。无论是李白的“待吾还丹成,投迹归此地”,还是苏东坡的“青山祇在青城隅,万里归来卜筑居”,他们在此所流露出的终老之计的心愿,恐怕是其他名山所无法比拟的。

“从古代诗人到我们,都会在天柱山的清寂山道上反复想到一个远远超出社会学范畴的哲学命题:家。”余秋雨这样慨叹着。

徐霞客游黄山会喊出“黄山归来不看岳”,李白登五岳会呐喊“五岳归来不看山”……但他们大都是对名山的惊鸿一瞥,然后又会自顾自地纵浪山水去了,没有人会把自己的一生完全托付给一座山的。

真正把一生交付给一座山,恋山、修山、写山,乌以风无疑是奇异的一个。由此,天柱山是寂寞的,也是幸运的。

乌以风与天柱山的结缘,现在看来其中不乏悲壮、忧伤的色彩,但充满了诗意。一位名叫黄复彩的作家追寻他的足迹,曾叙述道:“乌以风在安庆北郊雇了一头毛驴,于是,他骑着这头毛驴沿着那条黄土路一步一步地向天柱山走去。那是一个收获的季节,路旁的稻田里,有农人在那里收割晚稻,远处的大沙河业已干枯,那一泓秋水在白亮的河沙的映衬下显得无比清亮美丽,乌以风似乎一下子喜欢上了这个地方……”

由“一下子”喜欢到一生的挚爱，乌以风的心灵经历过怎样的风雨？

三

在此之前，乌以风的人生道路是平坦的，甚至平坦得当一种传奇来到他的身边，他还浑然不觉，以致有些措手不及。

从他晚年自费编辑出版的《马一浮先生学赞》一书中可以看出，对他一生影响最大的是海宇闻名的饱学之士马一浮先生。“中心悦服，别后弥坚。”这是他在二十八岁那年第一次见到马一浮先生时的印象。此后每有闲暇，他都请教马一浮先生，与马先生结下了深厚的师生之谊。更为荣幸的是，马一浮先生在四川筹设复性书院时，他被选中担任了先生讲学时的司仪，得以昼夜侍奉在先生的周围……

“予未从先生学以前，专治哲学，尚知解，自以为有得。及从先生学，受先生教，方悟以前所学，只是在知解一边层层增上，学是学，我是我，学用打成两橛，和我的身心了不相干。从学以后，始知向己难求，从自己的气质偏处克治。所以我从先生学，是我重新做人为学的转折点。”乌以风在晚年曾这样回忆道。

他当时很得马一浮先生的赏识，跟先生学佛、学诗、学做人。依他未曾出版过的《儒释道三家关系史》和其他哲学著作来看，如果没有意外，乌以风先生很可能也会轻摘一束哲学的绿枝的。

但是事情还是意外地发生了。“月出寒云江不迷，江声月色共高低。嘉陵江水峨眉月，水向东流月向西。”这是乌以风的一首言“情”诗。诗里隐藏的爱情悲剧，他曾五六十年未与人吐露过。后来，人们才知道，一九四二年，他和美丽的妻子避难到重庆时，妻子经不住国民党的一位财政官员的引诱，分手了。生当死别，乌先生与妻子在房里相拥而坐，当他发觉一切真的都无法挽回时，他默默地请来轿夫，送走了妻子，然后检点行装，悄悄地告别了重庆，也告别了先生……

“买山早是爱山居，世味应同绮障除。马祖庵前松柏下，如何不寄一行书？”当马一浮先生知道他到了天柱山，留之不及，扼腕痛惜。

他和马先生的命运有着惊人的相似。马一浮无嗣，然姐弟情深意笃，乌先生婚变，然闻知父亲逝世，泪如雨下，自叹“割肉报恩时悔晚，添香煮水梦难开”。马一浮先生一生坚不出仕，他也是——只是马先生不知道，乌先生之所以选择天柱山终其一生，是因为一九三七年拜望远在西湖香桥别墅的他，江轮路过安庆时，当那巍峨挺拔的天柱山出现在他面前时，他心灵领略到的一种奇妙的灵光。

就是那次，他骑着一条毛驴登上天柱山。

四

我想，起始乌以风先生走进天柱山，也许只是一种情感的逃避，他只是想把自己隐遁在天柱的山水间，做一个隐姓埋名的隐士。从他自号“忘筌居士”（“筌”是他妻子的名字）就可以看出一些端倪。

但很快，天柱山以它独特的自然山水和浓郁的宗教文化氛围感染了他。一个本质上对山水天然迷恋和能够以人文色彩观照人生的人，一旦与山水奇妙地结合起来，它所产生的精神的圆融无法估量。在天柱山，乌以风被面前的一切震撼住了：一座千余年前就名震宇内的名山，荒草弥天，寺院残破，古建筑颓倾倒塌，大量珍贵的文物被破坏……可当时的政府却根本无意于开发名山，保护文物。

他是入世，又是出世的。乌以风诛茅开径，朝着自己的理想迈开了艰辛的步伐。他捐资修建天柱山房和望岳亭，又约友人募资修建了岳云山馆、七人洞以及从良药坪至拜岳台的石阶二千四百级……在深壑野莽中，他拄着拐杖，背着干粮，同时实施了他“修”山、“写”山的宏愿。这时，天柱山在他面前幻化出的是“两座”：一座是面前重峦叠嶂、幽谷深深的现实中的大山，一座是掩埋在历史尘埃中的典籍的古岳……

在漫长的艰辛跋涉中，哪怕得到一个小小的收获，也给他带来莫大的惊喜。在破败的古寺中挖出一个石碑，他用衣袖擦去石碑上的泥土，细细辨读。原来是梁昭明太子读书处的石刻，上面刻有四十一个字，他抚摸着石刻，心中一阵狂喜！……就在这筚路蓝缕的工作中，他发觉史籍中的不少记载与实地情形不符，他感叹前人因袭旧说，附会传闻太多。他必须订正典籍中关于天柱山记载的所有讹误，因此再险的峰壑他也攀登。

天柱峰顶海拔一千七百八十米，当年清朝的李云麟在药农的帮助下曾登临过一次，写下了《天柱刊崖记》，断言“悬崖绝壁，无人能上”。但乌以风找到当地的药农，也硬是爬上了绝顶。站在峰顶，举目四望，黄山、九华山耸立在天边；周围峰峦连绵，岚霭万千，远山如画，烟云迷离。“立极方知天地大，凌空不见古今愁”，他忍不住仰天长啸起来……事后，有人悄悄地问他的感受，他说：“悬在危壁如蜘蛛结网，瞩目万丈深渊，令人瞠目结舌，但转而思索，葬在名山，死而无憾！”

可那是个腥风血雨的年代！日军侵入天柱山，炮击虎头岩；国民党军队又轮番进山搜剿，残杀无辜。天柱山人生存在刀尖上面，生活尚难自保，他又哪能静心撰写山志？十几个春秋过去，他的写志的愿望像泡影一样一次又一次地破灭……原以为天柱山是世外桃源，但真正地生活在这里，他发觉人生也无时不充满变数……

五

这还要从他第一次到天柱山说起。

那次，他来天柱山住在马祖庵里。住持妙高和尚热情地接待了他。第二天一早，妙高和尚还带他绕过马祖三峰，登上蛇形坦，跨上西关寨，尽情地游览了一番。由于他博学佛经，妙高和尚对他产生了好感。可当他再一次从重庆落魄归来相投时，妙高和尚心里不知不觉却发生了微妙的变化，先是劝他出家，说他要出家必成大法师云云，乌以风说：“还出什么家？我已经无‘家’可出了。”妙高和尚立即翻了脸，连庵堂也不让他住了。于是，他孤身一人只好走进天柱山房，他手脚冻疮，还得亲自砍柴挑水料理生活，有时他就靠吃点炒米充饥。经过一次痛心疾首的打击，幸好对一切他都有了准备，枕着松涛瀑布、鸟语花香，他与天柱山默默对语。山，给了他莫大的慰藉，也更坚定了他给天柱山立传的心愿……

然而他没有想到，致命的打击开始了。他勤勤恳恳搜集资料，考证古岳历史，确定山岳方位，细心辨别讹错，写出十三卷的《天柱山志》初稿，在交给一位朋友油印时，他却被以“历史反革命和右派”的罪名关进了大牢。这位年逾花甲的老人，在监狱里默默含冤，顽强地生活着。他用纸片写下了二百三十三首诗，取名《囚隐集》，抒发自己对名山大川和师翁挚友的怀念之情。“灯下飘零尔伴予，花前月影共安家。可怜异类同忧患，鹤子梅妻我不如。”一首《戏玉猫》的诗，至今读来还让人感到一股凄婉之情。

可令他伤心的事还在后头！一九六九年六月，他被押回天柱山劳动管教时，他发觉他那本《天柱山志》被抄家抄走。数十年心血付之一炬，这种打击更为巨大。他难以置信地恍恍惚惚地站在空落落的屋里：三间房子已被抢去两间，几十年的藏书全被抄走。他不停地翻着屋角乱堆的一堆废纸，翻着翻着，竟看到残留的部分《天柱山志》底稿，一把攥住那残存的稿纸。他泪流满面，兴奋地叫了起来：“好啊！好啊！”

从此，无论是寒冬的早晨还是盛夏的中午，人们都能看到他四处捡柴拾粪。到晚上，伴着昏黄的煤油灯，他却又一行行、一页页地写着。苦难使他变成了一个瘦弱的老头，也使他变得更加坚强、高大起来。如此又经过一千个日日夜夜，他终于写出了《天柱山志》的第二稿。写完，他在扉页上写道：“此书系稿本，国内只有一部，其中所搜集之历史资料尚称丰富，可供研究潜山文献者之参考，希望乡邦贤达保存无毁或刊印流传，则名山幸甚，作者幸甚。”这时，他已到了七十二岁高龄。

“一朝被蛇咬，十年怕井绳。”不同的是乌以风不是怕蛇“咬”了自己，而是怕“咬”坏了他的那部《天柱山志》。

六

乌以风死在一九八九年春天的一个阴雨绵绵的日子。

仿佛有一种感应，二十世纪八十年代，上苍对他格外地温情。他晚年的生活也充满了希望和愉快——他的“历史问题”在七十年代的最后一年得到解决；一九八一年他八十岁时，花了三天时间和朋友们最后一次登上了天柱山。在天柱峰前，他像孩子一样大声呼叫着：“天柱山，老朋友，我又来了！”

一九八二年，天柱山经国务院批准，被列为国家级名胜风景区。他兴奋得彻夜难眠，逢人就说：“天柱山又被皇封了！”

一九八四年，凝聚了他一生心血的《天柱山志》在朋友们的帮助下，终于得以出版问世。他欣喜地买下了五百册，逐本签字赠送，还央人挑了一担书到县城，送给朋友……

到了一九八八年，他除出版了二十五万字的《天柱山志》和自费出版了一本《马一浮先生学赞》及《李卓吾著述考》外，还整理出了刘海粟为他题签书名的五十万字的《儒释道三家关系史》、一百万字的哲学专著《性习论》、五百零七首诗结集的《岳云山馆诗稿》和十多万字的《天柱老人书信集》。

他一生潜心于哲学、文学、史学、佛学、心理学、教育学等多种学科，同时长于书法、绘画、古董鉴赏，具有多方面的艺术修养……但这些，都远没有他对天柱山所倾注的热情之深，对《天柱山志》所花费的心血之大。只有《天柱山志》的出版，他觉得才给他的人生画上了一个圆满的句号。

做完了这一切，或许，他才偶尔想到了生命的寂灭。

我匆匆地赶去参加了他灵骨的火葬仪式——那一切都是按照佛教礼仪举行的。但就在法师点燃大火时，突然，一阵如注的大雨倾盆而下，天柱山顿时陷入在一片泪雨滂沱中……天柱山人们纷纷摆香案、放鞭炮，用自己感情最炽热的方式送着他……

目送着这位天柱老人的肉身渐渐消逝在天柱山水间，我仿佛看到他化作一股青烟，与天柱山融为一体。雨，很快打湿了人们的衣服，但人们还久久没有离开。大家知道，这雨，是上苍对他最为深情的怀念——

是一座山对一个人的呼唤！

2001 年 7 月 4 日，北京东城区和平里

阳光照得最多的地方

那是一块阳光照得最多的地方。冬天,父亲还坐在那里。低矮的屋檐,背后是红砖土墙。黑灰色的瓦片垂着耳朵,仿佛倾听着什么。父亲通常一个人不会说什么,只是静静地沐浴着阳光、取暖,像温顺的臣民承受浩荡的皇恩。我每次回家首先要打量的就是那个地方。喊一声父亲,父亲脸上立刻阳光灿烂,笑容如绽放在枝叶里的花朵般颤动。

一个人是会老的。皱纹宛如屋檐上生满绿锈的青苔,上面摇曳着荒草。老人头发花白,牙齿脱落,身边斜靠着一根锃亮的竹拐杖,那样子像是一部接近尾声的黑白电影里的旧镜头。阳光不老,新鲜的光束里尽情跳跃着生命的尘埃。但父亲不见了。如今,阳光照得最多的地方空落落的,如我空落落的心。泪水爬出我的眼帘,阳光使它格外地晶莹,如针芒般的阳光深深刺伤着我。阳光无影无踪地裹走了父亲,又依然照亮那里,如泻地的一摊水银,成为我面前不会消失的极坚硬的事物之一。

“来！晒晒太阳!”在乡村,尤其是冬天,阳光照得最多的地方，窝聚的老人也最多。冬天里，阳光以一种最温暖、最明亮的姿态涂抹大地。树上尚有没凋零的叶片，通体金黄，兴奋得直打哆嗦。地上，一条狗蜷缩在阳光的被窝里，懒洋洋的，像是一只泄了气的皮球或是让太阳烤干的牛粪。老人们开始在阳光里打捞着明灭的往事，交头接耳：谁家的猪崽养得最肥，谁家今年的收成最好，谁家闺女腊月里要出嫁，谁家的小子又有出息啦！……他们大口大口饱食着阳光的盛宴，咀嚼阳光，毕毕剥剥，满嘴流油。通常，他们都以为这儿是离太阳最近的地方，是人间的天堂。他们的笑声、叹息声、诉说声像是无数把叮叮当当的小榔头，把阳光敲成了金子般的碎片，然后乐呵呵地捂在怀里，俨然一个个财主佬。直到起身离开时，还夸张地拍打着屁股上的灰尘，即便有贫穷的跳蚤，在阳光下也被驱赶得一干二净。

我想父亲，包括一些老人，在他们人生的暮年喜欢坐在阳光照得最多的地方，在阳光底下的倾诉，肯定隐藏着某种心灵上的秘密：一定是额头皱纹里隐逸着的生命的苦涩需要阳光的抚慰；内心经历太多，那阳光照耀不到的地方或许往事已经堆积得发霉，必须在阳光下暴晒一番；抑或身上缓慢流动的血液必须与阳光勾兑与打通，才会使他们更加舒展、坦荡、明媚。也可能他们想得更远，无边无际的黑正在向他们涌来，他们得赶紧拾掇起一些太阳的金枝，燃烧生命……因为，不仅一颗晦涩的心需要阳光的照耀，一颗纯净的心也同样需要阳光的映照。最后，阳光收拾走了许多谜底，像父亲肉体生命的消逝正如阳光的消逝一样。只是父亲永远不会知道，他的那块被阳光照得最多的地方，会成为他亲人们心中最大的疼痛——有几回，我发觉与我一道回家的儿子，眼睛朝那地方也怔怔地发愣。以前，他可是撒欢般地蹦跳着扑向那里的。

“为了看看阳光，我来到世上。”这是一位俄罗斯诗人的诗句。写这诗的巴尔蒙特这时仿佛就是一个婴儿，在春天里降生时一睁眼，就看到了温煦的阳光，他身上泛着金黄的茸毛。的确，阳光可以渗透所有的语言，但无法谛听；阳光像一块黄金可以让人贪婪地攫取，但无法永远占有；阳光像一朵鲜艳的花朵，却无法为一个人永远开放。剩下的你只有看看的份儿了！阳光照耀的日子，生活明净得一览无余，纤毫毕现；阳光进入土地上所有事物的内部，使其发酵、膨胀、疯狂和生长。这些人们都可以看到，因此也体会出阳光本身充满的慈祥、温暖、仁爱和平静——果然，在阳光照得最多的地方，又少了一张熟悉的面孔，又多了一条陌生而嘶哑的喉咙。那陌生的嘴角牵动乡村的最后一缕阳光，仿佛是在向阳光作着诀别。我想，一个阳光铺就的舞台，父亲和他的乡亲裁剪着一块阳光的绸缎，然后紧紧地包裹住自己，就幸福地睡去了。

但丁说：“我曾去过那阳光最多的地方，看到了回到人间的人无法也无力重述的事物。”（《神曲·天堂》）仅仅默念这一句，我的心绪在阳光下就显得一派苍茫。

2001 年 8 月 16 日，北京东城区和平里

春天乘着马车来了(外二章)

如果记忆不发生差错的话,莫言的《售棉大道》上一定出现过那种嘈杂——手扶拖拉机。那跑起来突突地冒着一溜黑烟的东西,但这上面如果装载了雪白的棉花,一辆接一辆地从眼前驰过,就像移动着的一片片白云。只是故乡的手扶拖拉机运载的都是冰冷的石头、耀眼的红砖。那些物体连同拖拉机跑动起来,一同在路上发出尖锐的声响,就如暴风骤雨来临之际的一个闪雷。道路还没明白什么,巨大的声浪便轰然在前。

手扶拖拉机一度就这么成了家乡著名的交通工具。它几乎从天不亮就开始,一直狂奔到夜深人静,巨大的声响覆盖着旷野。刚刚浇上沥青的乡村公路已经不堪重负,被它轧得沟沟裂裂,在阳光里发出一股油亮的、难闻的沥青气息。可是很长一段的学生生活,我要走的就是这条公路。虽然只有十几里地,但当时在一个中学生眼里,除了偶尔能奢侈地坐上一回汽车(很少),那么,这种被家乡人称为"蚱蚂子"的手扶拖拉机,就成为我们很眼馋的东西了。

那时，“不准扒车”作为校园安全教育的口号已经被响亮地提出。与此同时，这四个大字还歪歪斜斜地写到了车厢的后面。这差不多就成了另一种别有用心的提醒，成为一些常扒车的同学挂在嘴上炫耀的资本。说起来，手扶拖拉机真是适宜于扒的：它矮小、笨拙，只要在车厢后紧紧拽住，双臂轻轻一用力就会蹿将上去。勇敢的同学一见到它眼睛就会发亮，把肩上的书包投放到车厢内，轻装上阵就上去了。然后打着呼哨，嘴里哼着流行电影里的《沿着社会主义大道奔前方》的歌曲，俨然一位巡视三军的统帅。

一切的奔跑追究起来可能都源于马。在没有马的故乡，人们也会从书本或电影上得到草原上那马儿奔驰的形象。在一个少年的潜意识中，这种形象往往就会滋生出一种飘逸、速度、力量和狂热。夜里刚刚看了电影《青松岭》，那位社会主义大叔赶马疾奔的形象让我羡慕不已。因此，看见一辆手扶拖拉机，我也浑身燥热，毫不犹豫，就奋不顾身地撵了上去。可就在双手触摸到冰冷的车厢的一刹那，我发觉我的胆怯、瘦弱阻碍了我。这不要紧，要命的是拖拉机的主人发现了我的用意，故意将车子在路上开得左右摇摆，试图摆脱我。他没有回头，朝我咧嘴大笑的是车上坐的另一个男人，我认出他是道班上的工人，能坐拖拉机是他们当时的特权。他大声嚷着，手中挥舞着草帽，像是驱赶苍蝇一般。三下两下的，我发觉手扶拖拉机就像一个喝了酒的醉汉，在公路上跌跌撞撞，胡乱跑了起来。我骇坏了，赶紧松开手。这时，拖拉机像一匹失控的野马呼啸着，向公路一侧斜冲而去。只听哐当一声，车上那人像一只大鸟晃晃悠悠地栽了下来……车子被一棵粗壮的梧桐树挡住。那人脑袋朝下,双腿倒挂,拖拉机的一只轮子正插在他的双腿之间。也就是说没有那棵树,那只轮子正好就要从他的下身碾过去!

“小东西,你!你!”司机慌慌张张跑上前,结结巴巴朝我骂着——他最先跳下了拖拉机。显然,现在他也吓慌了。

我当然吓得魂飞魄散。可当时顾不上那么多,只是机械地随同司机从悬崖下拉起那人,又帮着他把车头扭了过来。这回,他一言不发地带上了我。突突地跑到我们学校所在的小镇,把那人送进医院检查了一番——谢天谢地,没什么大事。司机恶狠狠地对我说了句要到学校向老师告状的话。回校的路上,我被一种巨大的恐惧感笼罩,憋了一肚子劲,编造着“与我无关”的理由。提心吊胆地上了一节课又一节课。一个星期过去,我发觉老师见我并没有说什么,心这才轻松得像一只小燕子。只是,从这以后见到手扶拖拉机,就再也不敢扒了……

可是事情总有例外。一年暑假,因为闲暇无事,我还是坐了一回手扶拖拉机。开拖拉机的小叔和我堂兄弟们要运送一些铁器到一个山村的小水电站,邀我一起去。五六十里山路,去的时候倒没有什么。回来的时候,由于天黑,小叔也一直开得很小心。但就在离家不足四里地的地方,我们看见路中间有一个凹沟,话还没有喊出来,我们弟兄三人便像草把一样纷纷被甩了出去,扑通扑通,一个个全躺到路边水沟里去了。等我们一个个胆战心惊地爬起来,才知道开车的小叔打了瞌睡,没看见……面面相觑,幸好没有一个出事。小叔龇牙咧嘴的,赶紧跑到附近的一个村子喊人,把拖拉机从沟里拉了出来。谈到刚才的场面,乡亲们恭维着:

“你们家祖坟山真是高啊!”摇摇头走了。

对于坐车的欲望,在一个物质极端匮乏的年代是奢侈的。在冰冷的钢铁中两次嗅到死亡的气息,后来,我对手扶拖拉机真有些谈虎色变了。高兴的是,不久,除偶尔在田间见到之外,这种交通工具一下子就销声匿迹了。霎时,公路像蜘蛛网一般纵横交错,四通八达;各式各样款式新颖的汽车如雨后春笋般涌现出来,给我的第一个感觉就是:春天乘着马车来了……

秋雨,在北方倏然而至

一声炸雷之后,天空便陷入了死一般的沉闷。少顷,秋雨倏然而至,打落在窗外低矮的瓦屋上,如一匹奔腾的野马,扬起一片尘烟。我数数立秋过了九天,季节的变换终于才在这一番惊天动地中完成。仿佛一种洗礼,天空低垂,雨水向下。疯狂了一夏的太阳缩回了它烈焰般的舌头,舔尽了大地上的燠热。雨水是它吐出的最后的唾液。

就在立秋后的那个早晨,我骑车穿过林荫小院,赤裸的双臂被清凉的风抚摸了一下,我打了个喷嚏。一只蝉仿佛被我的唾液打惊了翅膀,刺溜一声,嘶声哑气地叫唤着,飞走了。这样过了一段时间,天空依然没有下雨的迹象。钢筋混凝土的楼群和地面像一把迟钝的刀,削弱了人们对于四季的感觉。对这种人为的混淆视听,我已经习以为常。我发觉一丛丛发亮的树,宽大而绿得发嗲的叶片,膨胀得如同一个孕妇的肚皮,有点撑不住的样子了。

“秋后三天雨,遍地出黄金。”我在心里念叨着一句农谚,遥念着南方的乡村。因为我刚刚从乡下回来,亲眼看见了那里刚刚栽插下去的禾苗,由于缺水,正像一群嗷嗷待哺的小鸟,翅膀泊在接近干枯的浅水里,渴望着向上的飞翔。干旱,巨大的阴影,也如另一种大鸟的翅膀,压迫在农民的心上。他们满含焦怨、忧郁,脸上布满愁云,叹息声到处流传,绝望像瘟疫一样泛滥、游荡在村庄的上空。通常,我与远在南方的妻子通电话,都不会问天气怎么样,然后哈哈一番的。但这几天,我打了三个电话,都询问了天气。妻子说:下雨了,早下雨了。你听,现在正下着呢!妻子肯定将话筒移向了雨帘中,电话那头,一种湿漉漉的雨意立即传了过来。这使我的心情为之一振,内心充满愉快、希望和爱情。我知道,南方的秋雨一下起来就没完没了,要连绵一段时日。它会使禾苗吃足雨水,精力充沛,从此让日子慢慢丰盈。不像我现在置身的北方,秋雨倏然而来又骤然而止,像是天空打的一个喷嚏。说起来,农业生产的光芒深入我生命的内核,已经无法剥离。

城市充满了浮躁、诱惑和嘈杂。但有时候在城市里那些经常目睹的事物,突然就在眼前消失了。而那些在城市里无法目睹的事物,比如庄稼、田野、正在拔节的禾苗却又会突然在眼前浮现出来……你深入城市的内部,你酗酒、抽烟,你和朋友成天泡在咖啡馆、酒吧、图书馆,并不意味着你越来越接近城市,相反,你会时常疑心你站在泥土喷香的旷野上。这就是土地带给人的一种功德,是心灵的旷野。雨水,下垂的雨水,在乡野就是一种道德力量所凝聚的液体,像乡亲们生命中流动的血液,总是在他们需要流淌的时候流淌。雨水溅起一束束鲜艳的花朵,有一种奇异的魅力让乡亲们痴迷。他们心灵与正在茁壮成长的禾苗一起舞蹈,通向遍地黄金。

诗人布莱说:“贫穷而能听见风声也是美的。”清贫的风声。记得在贫穷的年代,母亲也说过差不多的话,她当然不是诗人,更不是哲学家。可贫穷与痛苦总连在一起。母亲在一个冬天里手指害了,可能是刺入了某种物体。但母亲一直强忍着疼痛,没有在意,等脓肿得剩下要乡下赤脚医生切除的时候,她的手指便短了一截。那短了的手指,此后总会在秋天的一些时期隐隐地作痛。那时母亲就会说:“天要作变了,要下雨了!”特别是在非常渴望下雨的时候,母亲的话就使人感到,疼痛而能听见雨声也是美的。因为真的到了秋雨连绵的时候,母亲手指上的疼痛感便立即消失。贫穷的乡村,高贵的母亲,为祈祷雨水悄然付出了巨大的牺牲。

在南方禾苗饱尝雨露的时候,连绵的秋雨就为庄稼提供了一个适宜生长的温床。而北方土地上的玉米、棉花、小麦格外需要雨水,秋雨却像一个吝啬鬼,匆匆而来又匆匆而去。待雷声过后,街道上的路便白得像一张轻飘飘的纸,苍白无力。这点倒像城市流行的时尚,一阵风似的过去了。

荞麦枕头

农事在细致的人手里变得琐细、复杂起来——我说的是种荞麦。我们那里盛产水稻,大麦、小麦之类的农作物,一般农民都不种,更不要说种荞麦了。但外公每年照例要在一块小田里种上些荞麦。他的理由是人不能老吃细粮,间或也要吃点粗粮,筋骨才会长得结实，活得舒坦。“在过去，有荞麦做粑吃，可就是富农的日子了！”他告诫外婆。那时候时兴“唯成分论”，外公家是贫农。但外公说这话显然没有忆苦思甜的味道。

荞麦是一年生草本植物，当年种，当年就能收。它能长到小麦一样高，但样子根本不像金黄色的小麦。它的茎略带红色，叶互生，三角状，心脏形，有长柄。荞麦开起花来，泛白色或者淡粉红色。在千篇一律的金黄色的田野，那种花朵飘荡在风中，往往总令人眼睛一亮。在秋天收获了荞麦，脱去荞麦壳，它的果实就可以磨成荞麦粉做粑，或者熬成荞麦糊。它的颜色很黑，味道很香。但吃起来嘴里又怪怪的，苦涩得让你直咂嘴。碾下的荞麦壳，外婆便给我们缝制枕头了。

我现在睡觉离不开枕头，可能就与小时候睡过好几种枕头有关。无疑，母亲和外婆的胳膊一定是做过我的枕头的。收拾完田野里雪白的棉花，母亲还会将一些棉花塞进布袋缝制的枕头里。睡在棉花做的枕头上，温暖、舒适，有阳光和泥土的混合气息。乡亲们说，用菊花做枕头，有凉血、宁神之效。母亲和外婆听到这话，便也在山野采摘大把大把的野菊花，在屋檐上晒干，然后缝制一个清香扑鼻的菊花枕头。仿佛还用茶叶做过枕头，说是能清心明目。那大多是喝过后的茶叶的残渣，好长时间才能聚拢，然后晒干——乡亲们的智慧，在贫穷的年代总能得到淋漓尽致的发挥。乡间现在也还有人用这种枕头，但性质迥然不同，它已成为很少一部分人一件雅致的事了。

外婆为我缝制荞麦枕头，可能还有另外一个原因。那就是我小时候脑后经常生疮，奇痒难忍，抓着抓着就见到血痕。外公和外婆俩人背着我，遍寻了乡村的许多土郎中，吃了好多好多的中草药。我现在还清楚地记得，每天晚上在昏黄的煤油灯下，外婆都会用药水在我的脑后小心翼翼地洗着，然后整好荞麦枕头让我垫着睡觉。每天晚上，清香中带着微苦的荞麦壳就在我脑袋下窸窸窣窣地响着，让我跌入梦乡。睡了一段时间后，我后脑上的疮疤竟奇迹般地痊愈了。与此同时一种源自山野的质朴与清新，似乎浸淫到我的血液里去，使我至今也无法摆脱那一身泥土气息和荞麦的芳香。我知道，这是荞麦枕头赐予我的，我必须倍加珍惜。

“荞麦面，白如雪，做出粑粑黑似铁。”“七月荞麦八月花，九月荞麦收到家……”外婆还教过我一些关于荞麦的歌谣。枕着清香的荞麦枕头，我在这些歌谣，在这些民间的音乐中入眠。梦里，我就会时常看见大片大片白色或淡红色的花朵，涌成了一片海洋，直往天上蹿涌，跟云连在一起，跟霞连在一起了。庄稼都有好心情，它的健康和愉快的样子，就这样驱赶了我贫穷的童年和少年……外公、外婆相继过世后，我曾在外婆家里翻箱倒柜地找过那个荞麦枕头，但那东西奇迹般地消失了。

“三更有梦书当枕。”在我成长的过程中，事情发生了一些变化。我的枕头下放置的几乎都是一本本砖头般厚的书了。少时读书，将书塞在枕头下，起始可能是为了逃避父母的责骂，因为那都是些“闲书”。但后来，我越来越喜欢用书做枕头，这却出于一种嗜好。差不多每天晚上在睡觉之前，我都要看过一阵书才能安睡。书的墨香取代了荞麦的清香，这是一种气息的替换和陶醉。一位作家说，他要写一本可以当枕头的书。我想，这种书当然不仅仅是要有砖头那般厚重，更重要的是这本书应该浸透着一位作家的艺术和道德的良心。否则,他是睡不安生的。人靠上枕头,即是良心最靠近灵魂的时候。心灵的审度在夜晚显得格外严厉。

哲人说,清白的良心如同一个温柔的枕头。我想,我有足够偏激的理由表明,人类要是有着纯净生动而绝不媚俗的灵魂,就应该是荞麦的清香所呵养出来的。来自泥土的质朴、清新与善良往往能使人受益一辈子。

2001 年 8 月 17 日至 19 日,北京东城区和平里

大美无言

——与作家刘庆邦一次关于美的对话

徐迅（以下简称徐）：我想谈谈您小说的美。庆邦，我以为您的小说《曲胡》《梅妞放羊》《鞋》都具有水草般柔美的性质。当然，比喻包含着喻者的个人经验。我这样理解您的作品的美，您以为准确吗？

刘庆邦（以下简称刘）：谈到小说的美，等于一下子切入了小说创作的核心。现在从美学的角度谈论小说的不是很多，人们行色匆匆，不大能耐下心来读小说。就是读了，也无意从美学层面上对小说进行深究。由于受社会转型的影响和密集性信息的摆布，不少读者在阅读作品时，习惯从现实生活中寻找参照，多是从社会学甚至新闻学的角度判断小说的价值。这种价值观反馈到作者那里，一些作者迎合消费者心理，炮制出一批又一批所谓经济效益可观的东西，这是很悲哀的。这种状况有可能会影响到一代人的审美趣味，使人们分不清哪些是美好的作品，哪些是恶劣的作品。近年来，我一直有这个忧虑。也许我多虑了。

我自己所能做的，就是尽量把小说写得美一些，以对得起自己，对得起读者，并经得起时间的淘洗。您提到的上述几篇小说，认为有柔美的性质，我是同意的。但用水草作比喻，我就不大同意。美是抽象的，是无限的。而水草是具象的、局限的。美的感觉当然要借助物象来表达，但借助的物象多是一种象征，而不是比喻。

徐：《鞋》中是一种温馨的美，《梅妞放羊》是一种人性的美，《春天的仪式》是一种风俗的美。

刘：您对这几篇小说的美的类型概括得很准确。美是丰富多彩的，是可以分为多种类型的。但不管哪种类型的美，最终都体现为情感的美，都是以情感美为中心。我说过一个观点，认为小说是不讲道理的。有人问，小说不讲道理，难道可以胡搅蛮缠不成？我说不是那个意思，我的意思是说，小说是讲情感的，建构的是情感世界。不管你的道理讲得再大，再深刻，再精辟，如果没有饱满的感情，都不能打动人、感染人，都谈不到美。可以说小说的形式千变万化，但万变不离其宗，就是离不开情感之美。

拿《梅妞放羊》来说，它的确是写人性的美。人性美与人们通常所说的心灵美不同，心灵美多用于道德价值判断，人性美是生命价值判断；心灵美侧重社会属性，人性美更注重自然属性；心灵美是现实主义的，人性美是超越现实主义的；等等。这篇小说显然是虚构的，它寄寓着作者的审美情趣和审美理想。作者想通过这么一个单纯的故事，写人与自然的和谐，写天人合一。一个小姑娘叫梅妞，她和她朝夕相处的羊是那样亲近，那样息息相通，以至向小羊敞开了小母亲般的情怀。到后来人就是羊，羊就是人，人和羊已不可分离。可最终她们还是不可避免地分离了，这就是梅妞人生的悲痛所在。有好几位女性读者对我谈到这篇小说，她们说读到了小说中一种柔软的情感，给人一种悠远的、欲哭的感觉。其中有的读者还向我提出疑问，说这种柔软的情感应该是女作者特有的，作为一个男作者，何以有这种情感体验呢？我首先感谢她们注意到了小说中的情感因素，再解释说，不管是男作者还是女作者，在情感深处是相通的，都需要一种柔软的感情而不是强硬的感情作为支撑。

徐：挖掘美，是为了鞭挞人性的恶。您在揭示人性恶的时候，往往也给人一种人性美的感觉，即有一种悲剧的美。我喜欢您《玉字》中的玉字，一个姑娘家，能把复仇的活做得那样不动声色。

刘：咱在上面谈到，美可以分为多种类型，比如阴柔是一种美，阳刚是一种美，冷峻、酷烈也是一种美，《玉字》就属于冷峻的美，也就是您所说的悲剧的美，也可以说是悲壮之美。

这个故事是我有一次回家探亲听母亲讲的。有一个姑娘晚间到邻村看完电影，和一个老太太拉着手往家走，两个坏蛋把姑娘夺走，劫持到高粱地里糟蹋了。姑娘隐约知道两个糟蹋她的人是谁，却不敢说出来，忍气吞声，恹恹而死。听了这件事，我很为那个姑娘不平，觉得姑娘死得太窝囊太冤枉了。于是我拿起笔来，把故事进行下去，让姑娘勇敢地站起来，为自己雪耻雪恨。这样，后面的故事就不再是传说意义上的故事，变成了小说意义上的故事；就不再是经验性情节，而是逻辑性情节。正如王安忆所说，玉字从一个可怜虫，变成了复仇女神。

这里我要特别说明，这篇小说我一开始写得并不好。当时在《北京文学》当主编的林斤澜老师把我找去谈了一上午，对小说提了不少修改意见，我才改成后来的样子。回头再看这篇小说，我还是不太满意，主要是语言上下的功夫不够。

徐：复仇是一个古老的情结了。《摩西法》和《可兰经》都认为复仇是对的。复仇，贯穿了“亲亲”，即亲疏等级的原则。五伦之中，人们认为君父最亲最美，父仇是不共戴天的，然后兄弟之仇，朋友之仇，关系渐疏。在古代，复仇被说成是一种神圣的义务，因为“神圣”，也就有了“庄严的美”的意思。您的《走窑汉》，还有上面说的《玉字》，是否也把“复仇”当作一件“神圣”的事来处理？

刘：复仇，这个问题怎么说呢？是不是可以这样认为，复仇小说是用小说把握生活的一种方式，所表达的是一种强烈的感情、极端的感情，或者说是一种激情。

我写的第一篇被称为复仇小说的作品是《走窑汉》，一九八五年写的。当时我正寻找创作上的突破口，正想挖掘人性的复杂性，加上我正在读外国作家的一些小说，比如雨果的小说，就尝试着写一点儿把人类感情推向极端的小说，也就是人们所说的复仇小说。这类小说我写了好几篇，除了《走窑汉》《玉字》，还有《拉倒》《血劲》等。在写这类小说之前，我对复仇并没有过多研究。在写小说的过程中，也没想到把复仇当成神圣的事来处理，只是觉得复仇的故事对表现人性比较方便，同时可以营造出一种冷峻严酷的艺术氛围，能吓读者一家伙，冲击一下读者麻痹的阅读神经，震撼一下人们的心灵。从读者反应看，效果还真的不错。

我们中国的文化传统和哲学传统，讲究中庸、和谐、含蓄，不主张把事情做绝，不大喜欢太强烈的东西。但这不等于我们中国人感情不充沛，不强烈。我觉得表达一下我们的大爱大恨、敢爱敢恨的感情还是必要的。汪曾祺就主张作家在年轻时写一些带血性的狂放的东西。他看到一些作者年纪轻轻的就模仿他，小说写得平实、冲和、雅致，汪先生很不以为然，他嫌年轻作者太缺少朝气和锐气。他说，你们现在就这样写，到老了你们怎么写？（大意，不是原话）

徐：但至少在东汉末年，复仇已成为国家法律不允许的。魏文帝曹丕规定："敢有私复仇者，族之。"复仇有害法律，渲染这种美，是否会对"恶"的形象有所张扬？

刘：关于复仇的话题，我们谈得是不是有点多了？在写小说时，我没有把复仇和法律联系起来想，但我现在来想，复仇是不会消失的，只要有仇恨，就可能有复仇，如同只要有压迫就有反抗一样。复仇有时表现为一种责任，它代表的起码是正义的力量。当然了，在法制逐步健全的今天，最好不要采取个人复仇的办法实现心理平衡。其实说白了，法制也是一种复仇，它是公共复仇，代表着公共的意志，维护的是人类正常的生存秩序。

就我个人而言，从小到大，我从没有真正仇恨过哪一个人。过去，我遇到过不少不愉快的事，受到过一些不公正的对待，曾产生过激愤的情绪，但还说不上到了仇恨的程度。随着时间的推移和阅历的增长，连那些激愤的情绪也早已淡化了。

不可否认，在现实生活中，一些恶人、小人、心胸狭窄的人、嫉妒心极强的人、拨弄是非的小丑等，还存在着，我们有责任通过文学作品揭露他们、鞭挞他们，以抑恶扬善。具体到某一个人，我们没必要拿来当作仇恨对象，更不能在文学作品中发泄私愤，那样的话，作品就会丧失宏大的气度，就不美了。

徐：看了您最近的小说《响器》，您还告诉我，一个人其实就是一个响器。老实说，这篇小说写得也很美。但这象征了什么？是否有一种神秘的色彩？

刘：《响器》发在二〇〇〇年《人民文学》第四期，是我比较偏爱的一篇小说。在写这篇小说时，我觉得灵感奔涌，让人喜之不禁。发表后，我读了又读，老也读不够。如果用两句话来概括这篇小说，那就是写了人类的音乐性，音乐的自然性。人类、音乐、自然，你中有我，我中有你，三者是相通的，是浑然一体的。

我是跟您说过，每个人本身就是一个响器。是的，每个人都会哭，会笑，会喊叫，都有歌唱的愿望，或者说发声的愿望。越是感情浓烈的时候，越是情不自禁的时候，人们越想发声。我们有了高兴的事，不知不觉就哼起小曲。我们到深山里去游览，面对高山深谷，我们禁不住会喊两嗓子。我认为这是人的本能，是造物主赋予人类的天赋。人类用嘴用嗓子喊叫、歌唱还不够，就发明了各种各样的乐器。乐器是人类嘴巴和嗓子的延伸。特别是民间音乐和传统乐器，如我们老家被称为大笛的唢呐，最能抒发人们的感情。我被大笛感动过，我想传达出这种感动。

这样的小说比较难写，因为它不是靠情节取胜。情节只是一个线索，只是一棵树的枝干，细节才是满树的繁花。我力图用繁花把枝干遮蔽起来，让人们只看到繁花就行了。我借助自然的物象，用抽象的语言叙述民间音乐，表现民间音乐的无穷魅力和感召力。我不怕难，有意知难而进。我近年写的短篇小说，每一篇都是向困难挑战，也是向自己挑战。任何美好的作品，都不是轻而易举所能得到的。它必定包含了作者艰辛的劳动和诚实的心血。

这篇小说写起来如有神助，是飘逸一些，可并不神秘。遗憾的是，有的读者读到的还是它的情节，得到的还是新旧观念冲突的印象，真没办法。

徐：美是孤独的。所谓大美无言。我一直奇怪，您的童年生活应该说是不幸的，甚至您过早地领略了人世的辛酸，这种美感从何而来？

刘：美感源于爱，源于对自然的爱、对生命的爱、对生活的爱。一个人心里鼓荡着爱，从一朵花、一棵草、一片云、一滴水里都能看出美好来。相反，如果一个人厌恶这厌恶那，他看什么都会不顺眼。

一个人对美的感悟能力，有先天的因素，也有后天的锻炼。在后天锻炼方面，如果我们经受的痛苦比较多，受到的磨难比较多，不但不会磨钝我们对美好事物的感觉，反而会使我们的感觉更灵敏，更深厚，更有基础。我们知道什么是丑的，才知道什么是美的；知道了什么是恶，才知道什么是善；我们痛苦过，我们才会感到幸福。

如您所说，我的童年生活是比较不幸。我九岁时死了父亲，接着又死了祖父和小弟弟。亲人相继死去，使我过早地经历了生死离别。我小弟弟有残疾，他对生命非常留恋，可他长到七八岁还是死了。小弟弟的死让我痛彻心扉，我哭得手脚麻木，几乎昏死过去。有一位老先生给我扎了几针，才把我抢救过来。加上当时的生活非常困难，我们家经常为下一顿饭发愁。如母亲所说，我们是咬着牙往前过，过一天算一天。我曾在一篇文章里说过，这些生活都像血液一样在我记忆的血管里流淌，只要感到血液的流动和心脏的搏动，就会唤起对童年生活的回忆。我之所以写了一点微不足道的东西，可以说很大程度上是童年和少年时期的生活造就了我，是母亲培养了我。

徐：我说“大美无言”，还有一层意思。即我很喜欢沈从文、废名、汪曾祺这类作家的作品。我发觉您与他们有着某种相似之处，那就是美到极致。但我又发觉，这种美的东西，有时却占不到所谓小说的主流话语。只有当尘埃落定，时间愈久，它艺术的芳香就自个儿溢了出来。

刘：和您一样，我也很喜欢沈从文、汪曾祺的小说。沈从文的小说有一种超凡脱俗的美。所谓超凡脱俗，就是说他的小说是出世的，是超越现实的。所以他的小说不是易碎品，而是有着永久的艺术魅力。

我也很喜欢鲁迅的小说。我把鲁迅的小说和沈从文的小说比较过，鲁迅的小说重理性，沈从文的小说重感性；鲁迅重批判，沈从文重抒情；鲁迅的小说比较硬，沈从文的小说比较软；鲁迅的小说更深刻一些，沈从文的小说更美一些。他们的小说读者都需要。我在想能不能有一种小说，把感性和理性更完美地结合起来。

至于所写的小说能否进入主流话语，这不是作者所考虑的。天上下雨地上流，流到哪里恐怕要听从自然的安排，您说对不对？

徐：日本的川端康成也是这样。时间越久，他作品的艺术价值就越显得宝贵。

刘:川端康成的小说,我是见到有关介绍后,特意找来读了一些。印象比较深的是《伊豆舞女》和《雪国》。川端的小说是不错,是属于川端生命中独有的东西。但我还是觉得翻译有问题,读起来不像传说的那样美妙,那样感人。

我坚持认为,每个民族的语言都有着自己独特的魅力,对于好的小说来说,故事可译,思想好译,韵味难译,美不好译。我不相信翻译过的《红楼梦》和《边城》会保持汉语原著那样令人百读不厌的隽永味道。

徐:好。谢谢,谢谢这次美好的谈话。

2001 年 8 月 20 ~ 26 日,北京东城区和平里

夜　气

坐在漆黑如墨的夜里。深夜。就感觉身后站着一位衣袂飘飘的玄衣女子,她手中紧握的剑刃泛着寒光。那透入骨髓的剑气直逼人的心窝,揉揉眼睛扭头一看,背后什么也没有。但一股寒气,确切地说是一股夜气,早已不知不觉、悄无声息地渗透在你的周围了。房间里自然亮着灯,你看不见它,不知道它是怎么来的,但它已经袭伤了你。就那么一瞬间,它消逝了。可你心灵里的颤抖还未停止。

没有人会无端地坐到深夜的。我经历过两次:一次是在春天里回老家,县城里的几个朋友拖我去打麻将,一打就是一夜,仿佛在凌晨一点左右,我摸到了一张好牌,手突然哆嗦了一下。这不是庸俗的激动,是我突然感觉到一股莫名其妙的阴凉袭上心来。我和牌了,但我很快就将桌上赢的一些钱远远推开了。夜气上升,眼皮下坠,我突然感觉我玩的兴趣全无。朋友们悻悻地拾起桌上的钱走了,他们永远不知道我为什么突然停止了活动。他们还沉浸在麻将的患得患失的刺激中。即便取走了属于他们自己的钱，看他们的神情却像是扶着栏杆走了一回索桥，索然无味。

体会到夜气的漫长、无奈和阴森森，是在那年的冬天，我与兄妹们为垂死的老父守夜。父亲已经走到他生命的尽头，所有的努力都无济于事。乡亲们都说父亲要在这个冬夜里离去。仿佛一种印证，父亲躺在床上，颜面变灰，呼吸急促，没有进气，只有出气。这种情形在那天晚上已经出现了几次。几天几夜，我与兄妹们都轮番看守着敬爱的父亲，沉沉的夜，伴随着我们心灵上的不安、焦虑、忧愁和回天无力的哀叹。乡亲们担心我们在冬夜里受寒，特地为我们准备了一盆栗炭火，但我们感觉不到炭火的温暖，我们的眼睛不停地望着父亲。失去知觉、全身僵直的父亲无法感觉到的痛苦正像磨盘一样，在我们心里磨着，淌下的是淋漓的鲜血。到了子夜时分，我们兄妹几人都不由自主地打了个寒战。夜气像魑魅魍魉一样游荡在父亲的身边，我们看到它爬上气若游丝的父亲身上，父亲随之慢慢停止了呼吸。

巨大的夜气铺天盖地，父亲在夜气中走了。可我们只能眼睁睁地看着，这是一种撕心裂肺的守望。就像是在黑夜里行走而陡然迷路的浪子，无边无际的黑和无漾无涯的寒冷，如一匹冗长的裹尸布紧紧地缠绕着你，让你喘不过气来。记得小时候，我曾经掉进过一次水里，巨大的水淹没了我的头顶，身边泛涌着巨大的波浪。但那时，我的心还是灵动的，我不要命地在水里挣啊挣，终于能抓住岸边的一棵水草，慌不择路地爬上了岸。但这回，我突然感觉到没有彼岸了。直至见到拥来许多吊丧的乡亲，我这才觉得自己正缓缓地从夜气里浮起。

现在，我比较能理解一位先生在深夜独坐的滋味了。四周黑咕隆咚，他斜坐在夜里，黑黑的胡须和黑黑的浓眉正好暗合了夜的颜色。他手指间夹着一支烟，红火闪烁着，犹如湖水的夜静静地涌向他，拍击着他的心灵。他走到院子里，"哇"的一声，夜游的恶鸟飞过了。我忽而听到夜半的笑声，吃吃的，似乎不愿意惊动睡着的人，然而四周的空气都应和着笑。夜半，没有别的人，我即刻听出这声音就在我嘴里，我也即刻被这笑声所驱逐，回进自己的房"。"我打了个呵欠，点起一支纸烟，喷出烟来，对着灯默默地敬奠这些苍翠精致的英雄。"此时，先生被沉沉夜气的侵扰，比一般人要凄切和悲壮得多。有一次他还说过，四周都黑漆漆的，我的鼻子难道不会碰扁吗？就是在那精神被屠戮、思想被禁锢的夜里，先生竭力摆脱着纠缠自己的夜气，将思想和躯体融在夜的旷野，并奔突着。即便现在，我还能看见先生在夜气弥漫的深夜里呐喊和搏斗的神情。

大多数时间，窗外的月色和星辰隐去。熄灭房间的灯火，我也会在深夜里静坐，想着一些黑夜里可能发生的事情，老鼠、通奸以及小偷……独自躺在床上，深夜静听也渐渐成了我的一门功课。有时，我心里甚至还会掠过些微渎神的念头。但到了第二天早晨，看到由窗棂而射进来的阳光，听到一些不请自来的鸟声和风声，我却又对事物发生了怀疑：昨夜那个黑暗中的人，竟然是我？

2001 年 8 月 24 日，北京东城区和平里

写作源于阅读

阅读是一种心灵的滋养，是视角最为美妙而充满灵性的活动。当那些洋溢着生命的文字，伴随着流逝的陈年旧事鲜活地浮现在眼前，纠缠着你的某根神经，或者就如阳光一般陡然照亮了你的生活时，你日子里的那些点点滴滴的事物，便会像附在潮湿的枯木上的菌陈，带着生命的灵动、诗意。当然有的时候，你还得调动你想象的翅膀去接受和承载它，然后一起飞翔。其中你就会感受到一种生命的密度和高度，共同的创造力的展现，使你的日子从此每天丰富且快乐如水，流淌着忧伤和欢乐、昂扬与沉痛……

因为，大多数日子可能是一无是处。比如：

种庄稼，你不能干一件漂亮的庄稼活。

编纂历史，你不能拿到你名下的奖金，因为奖金全让别人领走了。

搞学术研究，你没有写出一部像样的学术著作……

倒是写过不少的“材料”。甚至，你就是从写村、乡、县、市、省、中央部委的材料一路走过来的。你写的那些材料文字利索干净;主题鲜明突出。谁看了都乐呵呵地说不错,不错。可那些玩意儿署的全是别人的名字,全是通过别人的嘴念出来的——念的人唾沫横飞,听的人昏昏欲睡,与你有什么关系?那些话,同志们听得耳朵起茧,浑身起鸡皮疙瘩,与你有什么关系?别人因为那份材料飞黄腾达,封官加爵,与你又有什么关系?当然,别人称赞你是“笔杆子”“才子”,大都指的便是这个。前时,看到网上编排“四大恶心”:挖地窖的、蹲小号的、写材料的、戴绿帽子的。你可能觉得真的是恶心极了。但转念一想:生活中确实有许多东西已经被我们感觉到一无是处了,让人能不恶心?

一无是处,是的。有时候你的感觉就是这样。你选择阅读,但一无是处,同样会充斥在你阅读的空间里。你阅读到一些所谓的经典著作,但那厚厚的砖头般的书,本身就像是一块块砖头,它粗糙、死沉、冰冷……毫无益处。倏地,你就会感觉到你要从生活中取来泥土,打造“砖坯”,不一定就比它们差,于是你就勇敢地垒起了你自己的“窑”,烧起了你自己的“砖”——还有,你看到一些炒得很红的“豆子”,你以为吃起来嘎嘣干脆、黄澄清香,结果你咬在嘴里,不是生硬得崩坏了你的牙床,就是焦黑得一塌糊涂,你当然会吐了它,然后毫不犹豫地采摘你自己的豆子,并亲自下厨炒上一番。也许,你“炒”出来的“豆子”刚到火候,你津津有味地吃着,笑着,然后你就想端出来,让别人也亲口尝一尝……

写作就是这样。或许,最初就是对阅读的一种反叛。

接下来,事情自然也就在本质上发生了一些变化。你会感觉写作就是一种阅读,是别一样心灵的阅读。其实在写作之前,你就已经感觉到这本书的存在了。你甚至将它做了枕头,夜夜枕着它,你甚或闻到了它由于变成铅字而散发出来的油墨的馨香,你清晰地看到了那幢深院豪宅或者平凡的四合院。总之,那是一间你自己的房子。那里面走进走出许许多多的人,他们的身世、习性、脾气你都了解;他们一举手一投足,都瞒不过你的眼睛……院子里,一棵树的枝枝丫丫上蹲伏了几只小鸟,月光洒在那些鸟身上,羽毛晶亮亮的,圣洁可爱……因此,你会夜以继日小心翼翼地抚摸着你心中的每一个文字。一种创造力终于在某个夜晚莅临了你的内心,像一轮红月亮在你心灵的天空升腾了起来,它促使你起床,披着衣服,沐浴在它的清辉里。由于光明,你的心还随着明净的光芒四散开来,或轻盈,或沉重地飘逸在宁静的旷野上。你开始触摸到由于想象和创造所凝结的果子——你的呼吸加重、脚步加快,你将它们不由自主地攀摘在自己的手中了。

这时,你听到一个婴儿降生时的啼哭声,但你的手还汗涔涔的……

2001 年 9 月 2 日,北京东城区和平里

为了看看阳光，我来到世上

俄罗斯著名诗人巴尔蒙特写的一首关于阳光的诗，有人翻译为：“我来到这个世上是为了看看阳光。”但同时，我读到了另一种译法：“为了看看阳光，我来到世上。”就像阳光粒粒种进了我的心田，我突然喜欢上了这话。尽管，诗人还想看高高的蓝天、巍巍的群山、大海和谷地。但他说为了看看阳光，这就够了！

人，仿佛就是为了看阳光来到世上的。我们看到刚刚诞生的婴儿一睁眼，首先看到的正是那缕缕跳跃的、新鲜、活泼的阳光。婴儿睁开双眼就寻找阳光的努力令人惊讶。此时，阳光的温暖镀在他稚嫩的脸上，触摸着那幼小而洁净的、铺着金黄色绒毛的躯体，立时使这个生命美丽和神圣起来。从此，他就与阳光一同成长，阳光照耀人的一生，如同照耀了一朵鲜花生长、开放与枯萎的全过程。一切都充满了神谕。

记忆里我被阳光深深地打动，是在一座寂静的大山里。那时，我正二十郎当，孤身一人赶赴一个深山小镇去测绘规划图。穿过一条条河流，翻过一座座高山，突然，天空阴霾密布，乌云像一株倾倒的、高大粗壮而枝叶繁茂的参天大树，朝我头顶扑来。群山阴森森的，怪石嶙峋，狂风在耳边呼啸，眼前的一切都狰狞可怖。我被恐怖击中，不敢动弹，绝望地倚靠在一处崖壁下。就在这时，乌云咔嚓嚓地发出一声崩裂的响声，接着，一道阳光从乌云的裂缝里直射而下。我心里一激灵，仿佛看到天启式的光芒。人一旦被阳光照亮，恐惧感随之消失。倏地，如豆的雨珠哗哗落下，"东边日出西边雨，道是无晴却有晴"。走在阳光雨里，我宁愿相信雨水也是为了看看阳光，才自天而降。

不仅仅是人、雨水，花花草草其实也是为了看到阳光来到世上的。花草的语言人不懂，但阳光懂得。因此人们可以看见花草在阳光里，颤动娇柔的身姿，低头沉思或挺胸昂头。忧郁的花朵明媚地绽放，蜷缩的草叶激动地舒展，它们在阳光里尽情歌唱或舞蹈……直到阳光消失，才悄然藏起自己的心思——在草本植物中，为看看阳光来到世上的莫过于向日葵了！这个开着黄花、圆盘状旋转的植物，有一个好听的名字竟叫"转日莲"。它遍布在我们的村庄和田野，一年到头，都朝太阳抬着自己高贵的头颅。仿佛一生的渴望就是为了太阳的喷薄一出，接着，它原始的生命就呼啦啦地燃起一股熊熊的火焰。这股灼热的火苗，后来竟然让一位名叫凡·高的荷兰画家心头一热，眼睛一亮，成就了他终生热爱的色彩。凡高的《向日葵》，未尝不是他看看阳光，留给人世的千古绝响。

阳光的本质是诚挚、刚健、温暖和给予。在哲人们那里，阳光简直就是美的化身。古罗马的柏罗丁就说过："眼睛如果还没有变得像太阳，它就看不见太阳。心灵也是如此，本身如果不美，也就看不到美。"……灿烂的笑容是阳光。禾苗生长需要阳光，美丽的生命源自阳光，我们来到世上即是寻找美、追求美的。因此，我们没有理由不小心呵护深深沐浴着我们的阳光。

2001 年 12 月 1 日，北京东城区和平里

《徐迅散文年编》有关篇目附注

《石牛古洞》入选《天柱山散文选》(黄山书社,1996年4月第1版)。

《寻找程长庚》入选《可爱的安徽》(中国文联出版社,2004年3月第1版)。

《故乡的屋檐》入选《十八岁的风采》(安徽文艺出版社,1989年6月第1版),获1989年全国青少年散文大奖赛征文“佳作奖”。

《天柱石》入选《天柱山散文选》(黄山书社,1996年4月第1版)。

《临窗梧桐》入选:1.《百年中国性灵散文》(花城出版社,2004年8月第1版);2.《新课堂语文·课外阅读(七年级下册)》(山东教育出版社,2006年2月第1版);3.《2009年值得小学生珍藏的100篇散文》(华东师范大学出版社,2009年12月第1

版）;4.《最受小学生喜爱的散文全集》（天津教育出版社,2011 年 1 月第 1 版）;5.《值得小学生珍藏的 100 篇散文》（北方妇女儿童出版社,2010 年 8 月第 1 版）。

《鸟声》 由《散文选刊》月刊 2000 年第 6 期选载。

《落叶》 由《小品文选刊》双月刊 2004 年第 1 期选载。

《染绿的声音》 入选:1.《散文选刊》月刊 1999 年第 7 期;2.《'99 中国最佳年度散文选》（漓江出版社,2000 年 1 月第 1 版）;3.《散文选刊·精短美文·在大漠的呼吸里醒着》（广西人民出版社,2000 年 9 月第 1 版）;4.《青年博览》2001 年第 8 期;5.《语文学习》月刊 2002 年第 9 期;6.《学生课外阅读经典·精短散文》（人民日报出版社,2003 年 2 月第 1 版）;7.《语文新天地·初中卷》（浙江人民出版社,2003 年 7 月第 1 版,2008 年 8 月重印）;8.《精美散文珍藏·美文小品》（新疆人民出版社,2003 年 12 月第 1 版）;9.《试题研究》2003 年第 20 期;10.《中国现当代文学名家经典·精美散文珍藏》（新疆人民出版社,2004 年 1 月第 1 版）;11.《幸福是禅·卷首语精品》（中国电影出版社,2004 年 1 月第 1 版）;12.《中国新时期经典散文（1976—2003）》（长江文艺出版社,2004 年 4 月第 1 版）;13.《语文阅读能力强化训练·阅读新概念》（南京大学出版社,2004 年 7 月第 1 版）;14.《体验新阅读·语文·高一 A 卷》（延边教育出版社,2004 年 8 月第 1 版）;15.《精短散文》（延边人民出版社,2004 年 8 月第 1 版,2008 年 10

月第2次印刷);16.《心湖的涟漪·校园文学》(学苑音像出版社,2004年8月第1版);17.《对着一朵花微笑》(花山文艺出版社,2004年12月第1版);18.《文苑·经典美文》月刊2005年第1期;19.《高中语文·现代文阅读》(河北教育出版社,2005年3月第1版);20.《染绿的声音·中学生以读促写》(海天出版社,2005年4月第1版);21.《阅读与鉴赏》月刊2006年第1~2期;22.《中学语文》月刊2006年第6期;23.《语文阅读能力强化训练·阅读新概念》(南京大学出版社,2006年7月第1版);24.《文化心灵·新课标语文阅读》(外语教学与研究出版社,2006年8月第1版);25.《高中现代文阅读训练300篇·基础卷》(上海交通大学出版社,2006年7月第1版,2009年7月第4次印刷);26.《高中现代文阅读训练300篇·提高卷》(上海交通大学出版社,2006年9月第1版);27.《视野》半月刊2006年第23期;28.《都市文萃》月刊2006年第12期;29.《新读写》月刊2007年第1期;30.《语文教学与研究》月刊2007年第2期;31.《新课标·东方新阅读》(中国言实出版社,2007年2月第1版);32.《新人文读本·珍藏版》(北京大学出版社,2007年2月第1版);33.《今日文摘》半月刊2007年第4期;34.《读者》月刊彩版2007年第5期;35.《中学语文》月刊2007年第6期;36.《麻辣阅读·和谐》(广西教育出版社,2007年6月第1版);37.《精短散文·珍藏版》(人民日报出版社,2007年7月第1版);38.《学生推荐100篇》(上海远东出版社,2007年8月第1版);39.《意林故事》(未来出版社,2007年11月第1版);40.《中学语文园地》月刊2008年第1~2期;41.《我有一把青春的剑》(安徽少年儿童出版社,2008年5月第1版);42.《励志中国·最美的散文》(万卷出版公司,2008年6月第1版);43.《语言天使·修辞篇》(首都师范大学出版社,2008年6月第1版);44.《语文月刊》(有评)2008年第6期;45.《中学语文园地(高中版)》月刊2008年第6期;46.《青苹果》(有评)月刊2008年第8期;47.《读与写》(有评)月刊2008年第7、8期合刊;48.《考试阅读虫·精神世界卷》(辽宁教育出版社,2008年8月第1版);49.《中国孩子最喜爱的情感读本·假如没有战争》(北京大学出版社,2009年1月第1版);50.《初中语文·阅读与作文》(华语教学出版社,2009年3月第1版);51.《高效学习法·九年级语文》(北京教育出版社,2006年第1版,2009年4月第5版);52.《初中生标准新阅读·优化训练》(陕西师范大学出版社,2009年6月第2版);53.《青少年文摘》2009年第6期;54.《初中语文专项·现代文阅读题型大突破》(华语教学出版社,2009年8月第1版);55.《新课标·东方新阅读》(首都师范大学出版社,2009年8月第1版);56.《时文"热"读·第五辑》(广州出版社,2009年8月第1版);57.《中国记忆·美文》(百花洲文艺出版社,2009年8月第1版);58.《智慧背囊·中学生阅读提高升课外读本》(吉林出版集团有限责任公司,2009 年 9 月第 1 版);59.《60 年中国青春美文经典》(中国青年出版社,2009 年 10 月第 1 版);60.《初中生之友》2009 年第 11 期;61.《2009 年值得小学生珍藏的 100 篇散文》(华东师范大学出版社,2009 年 12 月第 1 版);62.《语文报 · 30 年经典阅读集萃》(华夏出版社,2010 年 1 月第 1 版);63.《优秀作文选评》2010 年第 4 期;64.《中考必读经典美文精选》(中国华侨出版社,2010 年 4 月第 1 版);65.《最飘逸的抒情散文》(吉林大学出版社,2010 年 6 月第 1 版);66.《值得中学生珍藏的 100 篇散文》(北方妇女儿童出版社,2010 年 8 月第 1 版);67.《最受小学生喜爱的散文全集》(天津教育出版社,2011 年 1 月第 1 版);68.《阅读与作文(高中版)》2011 年第 4 期;69.《初中生阅读世界》2011 年第 9 期;70.《小品文选刊》月刊 2012 年第 1 期;71.《意林》半月刊 2012 年 3 月下;72.《读者(乡土人文版)· 十年精华文丛 B 卷》(甘肃人民出版社,2012 年 6 月第 1 版);73.《晚报文萃》上半月刊 2012 年第 6 期;74.《中华活页文选(高一年级)》月刊 2013 年第 6 期;75.《小学生之友 · 阅读写作版》2014 年第 6 期;76.《初中生之友》2014 年第 13 期;77.《核子知与行》2016 年第 1 期;78.《经典美文》月刊 2017 年第 5 期;79.《时代青年》2017 年第 8 期;80.《语数外学习(初中版)》2018 年第 1 期。

《山心水目》入选《天柱山散文选》(黄山书社,1996 年 4 月第 1 版)。

《风檐展读》中《英雄》入选《抵抗投降书系——无援的思想》(华艺出版社,1995年6月第1版)。

《雪原无边》由《散文·海外版》双月刊2004年第1期选载。

《好女人是一种好心境》入选:1.《当代散文精品2000》(广州出版社,2000年11月第1版);2.《精美散文·人生哲理卷》(延边大学出版社,2001年2月第1版);3.《学生课外阅读经典·精短散文》(人民日报出版社,2003年2月第1版);4.《精美散文珍藏·风雨人生》(新疆人民出版社,2003年12月第1版);5.《智慧林》月刊2004年第6期;6.《飘雪的冬季》(大众玩家出版社,2004年8月第1版);7.《名家散文·经典品读》(南方出版社,2006年12月第1版);8.《名家散文·精品集》(作家出版社,2007年10月第1版)。

《秧歌舞》入选《打不开的窗口》(德宏民族出版社,1996年12月第1版)。

《我刚读过的几本书》中《苇岸,大地的理念》入选《上帝之子》(湖北美术出版社,2001年4月第1版)。

《大地芬芳》(十三章)入选:1.《散文选刊》月刊1997年第6期;2.《安徽青年作家丛书·散文卷》(作家出版社,2002年7月第1版)。

《大足无声》入选:1.《今日重庆》双月刊2002年第1期;

2.《新游记》(作家出版社,2002 年 12 月第 1 版)。

《庐山雾》入选《我思故我悟》(光明日报出版社,2012 年 5 月第 1 版)。

《我与地坛》由《经典美文》2011 年第 9 期选载。

《我说散文》载《散文选刊》月刊 1998 年第 9 期。

《作家与足球》入选《当代散文精品 2000》(广州出版社,2000 年 11 月第 1 版)。

《读书与读人》入选《自爱的真意》(中国致公出版社,2001 年 9 月第 1 版)。

《看张》入选《张恨水研究论文集》(国际文化出版公司,1997 年 11 月第 1 版)。

《人像一根麦秸》入选:1.《中国现当代散文三百篇》(中国社会科学出版社,2003 年 8 月第 1 版);2.《当代永恒主题散文精品选》(济南出版社,2005 年 5 月第 1 版);3.《感动中学生的精品美文·遗憾也美丽》(青岛出版社,2006 年 5 月第 1 版);4.《感动中学生的精品美文·遗憾也美丽》(青岛出版社,2008 年 5 月第 1 版);5.《文苑·经典美文》2009 年第 6 期;6.《新中国散文典藏》(山东友谊出版社,2015 年 4 月第 1 版)。

《皖河散记》中《一个人的河流》原载《人民文学》2001 年第 10 期“新散文”专辑,2002 年获首届老舍散文奖,2004 年第二届冰心散文奖。有关篇章被中央电视台《子午书简》2004 年 3 月 9 日至12日连续播出。入选:1.《散文·海外版》双月刊2002年第1期;2.《首届老舍散文奖作品》(台海出版社出版,2002年5月第1版);3.《散文选刊》月刊2002年第6期;4.《散文·海外版》双月刊2002年第5期;5.《语文天地》(有评)半月刊2002年第18期;6.《语文新圃》(有评)月刊2002年第11期;7.《当代散文精品2002》(广州出版社,2002年12月第1版);8.《2002年中国散文年选》(花城出版社,2003年1月第1版);9.《大地的眼睛》(百花文艺出版社,2003年1月第1版);10.《2002年文学精品·散文卷》(敦煌出版社,2003年4月第1版);11.《老舍文学奖·获奖散文》(华文出版社,2003年9月第1版);12.《散文选刊》月刊2003年第12期;13.《读者·乡村版》月刊2004年第5期;14.《语文新天地·七年级下》(浙江人民出版社,2004年2月第1版);15.《禅趣小品》(北京图书馆出版社,2005年12月第1版);16.《冰心散文奖获奖作品(单篇)选》(西藏人民出版社,2006年10月第1版);17.《小品文选刊》月刊2008年第6期;18.《安庆六十年文学精品集》(合肥工业大学出版社,2009年9月第1版);19.《安庆六十年文学艺术作品选》(安庆市文联编,2009年9月第1版);20.《新中国文学精品文库·散文卷》(海天出版社,2010年1月第1版);21.《新中国文学精品文库·散文卷》(海天出版社,2010年1月第1版);22.《小作家选刊》2010年第8期;23.《读者(乡土人文版)·十年精华文丛A卷》(甘肃人民出版社,2011 年 1 月第 1 版);24.《中华活页文选(初一年级)》月刊 2011 年第 5 期;25.《21 世纪中国最佳散文(2000—2011)》(贵州人民出版社,2012 年 3 月第 1 版);26.《叫一声老乡好沉重·经典中国书系散文随笔精品文库·乡土卷》(中国言实出版社,2013 年 1 月第 1 版);27.《中国企业职工文化大系创作文丛·荣光绽放(散文卷)》(中国工人出版社,2013 年 7 月第 1 版);28.《老舍散文奖获奖作品集》(地震出版社,2014 年 4 月第 1 版);29.《大家写安徽》(合肥工业大学出版社,2014 年 12 月第 1 版);30.《树知道》(江苏凤凰出版社,2015 年 3 月第 1 版)。

《大地的心》2001 年获第四届全国煤矿文学作品"乌金奖"一等奖。

《散文散话》被香港教育专业人员协会列为香港《中国语文课程六百篇》,入选《当代散文精品 2003》(广州出版社,2003 年 9 月第 1 版)。

《塞罕坝之旅》(二题)入选《呼唤蓝天·碧水·绿地》(中国文联出版社,2000 年 12 月第 1 版)。

《写给二〇〇〇年》(又名《世纪末随想》)入选《长城文萃》(群众出版社,2002 年 8 月第 1 版)。

《这趟车上》载《散文选刊》月刊 2000 年第 8 期。

《余杰的疲惫》载《中华文学选刊》月刊 2000 年第 7 期。

《散文的事》载《散文选刊》半月刊 2010 年第 1 期。

《**读碟记**》入选《中国实力作家作品概览》(中国文联出版社,2002 年 6 月第 1 版)。

《**坛城根随笔**》中《热爱茶》入选 1.《幸福禅》(光明日报出版社,2012 年第 4 版);2. 入选《长城文萃》(群众出版社,2002 年 8 月第 1 版)。

《**异类五题**》中《蝴蝶》入选:1.《文苑·经典美文》2009 年第 9 期;2.《当代文萃》2010 年第 5 期;3.《新世纪文学选刊》2010 年第 3 期。《苦哇鸟》入选《文苑·经典美文》2009 年第 3 期。

《**作家还是梦吗**》入选《散文 2010 年精选》(百花文艺出版社,2011 年 1 月第 1 版)。

《**在乡下怀想四季**》中《春天的速度》入选:1.《南风如水·散文精品卷》(新华出版社,2001 年 8 月第 1 版);2.《在乡村感受四季》入选《新世纪艺术散文选萃》(中国文联出版社,2003 年 1 月第 1 版);3.《散文选刊》月刊 2008 年第 3 期;4.《阅读与鉴赏》(有评)月刊 2008 年第 12 期;5.《阅读与作文》(有评)月刊 2008 年第 12 期;6.《少年小说》月刊 2009 年第 2 期;7.《湖北招生考试·快速阅读》(有评)2009 年第 4 期;8.《文苑·经典美文》2009 年第 4 期;9.《新高考》(有评)2009 年第 4 期;10.《中学语文园地》(有评)月刊 2009 年第 5 期;11.《2009 年值得中学生珍藏的 100 篇散文》(华东师范大学出版社,2009 年 12 月第 1 版);12.《中华文摘》月刊 2010 年第 1 期;13.《新读写》月刊 2010 年第

4期;14.《最受中学生喜爱的100篇散文》(华东师范大学出版社,2010年4月第1版);15.《优秀作文选评》2010年第5期;16.《高考中学课程辅导》(有评)月刊2011年第5、6期;17.《最受中学生喜爱的散文全集》(天津教育出版社,2011年1月第1版);18.《中文自修》月刊2011年第7、8期合刊;19.《小学生学习指导》2012年第3期;20.《小星星:作文100分》2013年第1期;21.《爱在爱中》(社会主义核心价值观优秀文学读本·散文卷,北京联合出版公司,2015年10月第1版);22.《中华活页文选(小学版)》月刊2016年第3期。

《在乡下怀想四季》中《秋水》入选:1.《2001年中国精短美文100篇》(长江文艺出版社,2002年2月第1版);2.《当代散文精品》(延边大学出版社,2003年5月第1版);3.《在风吹麦浪里轻舞飞扬》(花山文艺出版社,2004年12月第1版,2009年第3次印刷);4.《散文选刊》月刊2008年第3期;5.《中华活页文选(高一年级)》月刊2008年第11期;6.《少年小说》月刊(有评)2009年第3期;7.《2009年值得小学生珍藏的100篇散文》(华东师范大学出版社,2009年12月第1版);8.《爱在爱中》(社会主义核心价值观优秀文学读本·散文卷,北京联合出版公司,2015年10月第1版)。

《父亲不说话》2006年获第五届全国煤矿文学作品"乌金奖"一等奖。入选:1.《散文选刊》月刊2001年第12期;2.《2001

年中国散文年选》(花城出版社,2002 年 4 月第 1 版);3.《新时期中国散文精选(1978—2003)》(花城出版社,2003 年 12 月第 1 版);4.《沐浴情感》(时代文艺出版社,2004 年 3 月第 1 版);5.《当代百家人生读库·真爱无语》(金城出版社,2008 年 1 月第 1 版);6.《新世纪优秀散文选》(花城出版社,2008 年 1 月第 1 版);7.《朝圣者的姿态》(中国文联出版社,2010 年 9 月第 1 版);8.《中国实力派美文金典·感恩卷》(北方儿童妇女出版社,2013 年 1 月第 1 版);9.《浮世悲欢·散文选刊创刊 30 年散文精选集》(同心出版社,2013 年 7 月第 1 版);10.《新中国散文典藏》(山东友谊出版社,2015 年 4 月第 1 版)。

《天柱山冬云》(又名《冬云》)入选:1.《少林寺禅文精选》(少林书局出版社,2006 年 8 月第 1 版);2.《2009 年值得中学生珍藏的 100 篇散文》(华东师范大学出版社,2009 年 12 月第 1 版);3.《最受中学生喜爱的散文全集》(天津教育出版社,2011 年 1 月第 1 版)。

《又见桃花源》入选《长城文萃》(群众出版社,2002 年 8 月第 1 版)。

《两三松树老疑仙》入选:1.《新华文摘》月刊 2001 年第 11 期;2.《2001 年中国最佳传记文学选》(漓江出版社,2002 年 1 月第 1 版)。

《五四两乡音》获《野草》首届“鲁迅风”征文一等奖。

《**写在虫子的边上**》入选:1.《青年文摘》2001 年第 10 期;2.《小作家选刊》2005 年第 1 期;3.《时文鲜读 · 小桃花源的咒语》(重庆出版社,2005 年 8 月第 1 版);4.《阅读版语文 · 我们和心愿再一次约会》(朝华出版社,2006 年 1 月第 1 版);5.《小作家选刊 · 作文考王》2011 年第 5 期;6.《新时文 · 大地上的欢歌》(延边教育出版社,2011 年 12 月第 1 版)。

《**散文的碑石**》入选《岁月如歌 · 副刊精品卷》(新华出版社,2001 年 8 月第 1 版)。

《**半堵墙**》2011 年以其为名的散文集获第六届全国煤矿文学作品“乌金奖”一等奖。入选:1.《当代散文精品 2001》(广州出版社,2002 年 1 月第 1 版);2.《散文选刊》月刊 2011 年第 1 期;3.《读者 · 乡土人文版》月刊 2011 年第 4 期;4.《中外文摘》半月刊 2011 年第 22 期;5.《中国实力派美文金典 · 感恩卷》(北方儿童妇女出版社,2013 年 1 月第 1 版);6.《大爱无价——名人的父母亲情》(中国少年儿童出版社,2013 第 7 月第 1 版);7.《一辈子有多少来不及》(读者乡土人文版 · 敦煌文艺出版社,2015 年 10 月第 1 版)。

《**飘忽的青布衫**》入选:1.《张恨水研究论文集》(香港新闻出版社,2001 年 7 月第 1 版);2.《当代散文精品 2001》(广州出版社,2002 年 1 月第 1 版);3.《山西文学作品精品 · 和钱锺书同学的日子》(陕西人民出版社,2007 年 7 月第 1 版);4.《成功》月刊

2008年第11期;5.《读者》半月刊2009年第4期;6.《影响孩子一生的经典阅读(中学版)》2009年第5期,《高中生·青春励志》2013年第5期。

《**一座山和一个人**》入选《2002中国年度传记文学》(漓江出版社,2003年1月第1版)。

《**阳光照得最多的地方**》为"2003年当代中国文学最新作品排行榜"上榜作品,入选:1.《散文·海外版》双月刊2003年第4期;2.《散文选刊》月刊2003年第9期;3.《精品散文》(西安出版社,2003年10月第1版);4.《中国文学2003最新作品排行榜》(文化艺术出版社,2003年11月第1版);5.《当代文萃》月刊2004年第1期;6.《21世纪年度散文选2003散文》(人民文学出版社,2004年1月第1版);7.《2003年中国散文年选》(花城出版社,2004年1月第1版);8.《教育参考》月刊2004年第2期;9.《青年文摘》十年珍藏版(内蒙古文化出版社,2004年2月第1版);10.《2003年我最喜爱的中国散文100篇》(中国文联出版社,2004年7月第1版);11.《作文通讯》2005年第1期;12.《魔法阅读·时文精选》第七辑(长征出版社,2005年1月第1版);13.《时文精选100篇》(上海远东出版社,2005年8月第1版);14.《阅读版语文·烛影篱落月光明》(朝华出版社,2006年1月第1版);15.《震撼中学生的101篇散文》(内蒙古文化出版社,2006年1月第1版);16.《震撼中学生的101篇随笔》(内蒙古文化出版社,2006年1月第1版);17.《超越阅读·高考现代文分册》(上海教育出版社,2006年1月第1版);18.《文苑·经典美文》月刊2006年第10期;19.《新课标语文精品读物·语文阅读》(世界图书出版公司,2006年12月第1版);20.《当代精短散文选萃·露珠里的芬芳》(中国文联出版社,2007年1月第1版);21.《时文选粹》(南方出版社,2007年5月第1版,2009年6月第7版);22.入选《思维源自聪明屋·体悟创新》(南方出版社,2007年7月重印);23.《阳光照得最多的地方(二章)》入选《21世纪中国经典散文·情思掠影》(内蒙古文化出版社,2007年10月第1版);24.《感恩天下父母》(内蒙古文化出版社,2008年2月第1版);25.《中学语文园地》(有评)月刊2008年第3期;26.《感动心灵美文·快乐男孩卷》(安徽少年儿童出版社,2008年4月第1版);27.《中华活页文选(高一年级)》月刊2008年第6期;28.《中学语文》月刊2008年第11期;29.《阅读与鉴赏》(有评)2009年第2期;30.《当代文萃》月刊2009年第5期;31.《中外文摘》半月刊2009年第14期;32.《中华活页文选(初一年级)》月刊2009年第10期;33.《优秀作文选评》月刊2009年第11期;34.《最受欢迎的名家亲情美文排行榜》(石油工业出版社,2010年1月第1版);35.《初中生学习》月刊2010年第3期;36.《最受中学生喜爱的100篇散文》(华东师范大学出版社,2010年4月第1版);37.《初中语文早读晚练》(陕西师范大学出版社,2010年6月第1版);38.《感悟睿版》

月刊2010年第6期;39.《值得小学生珍藏的100篇散文》(北方妇女儿童出版社,2010年8月第1版);40.《格言·禅思馆》(凤凰出版社,2010年12月第1版);41.入选《中国儿童文学分级读本·初中卷·身体渴望歌唱》(浙江少年儿童出版社,2011年1月第1版);42.《高等语文》(合肥工业大学出版,2011年9月第1版);43.《最美儿童文学读本·夏天里的苹果梦》(万卷出版公司,2014年11月第1版);44.《中文自修》2014年第2期;45.《大学:上旬〈高中生阅读〉》2016年第7期。

《春天乘着马车来了》(外二章)中《春天乘着马车来了》以《徐迅散文三题》为名入选《2003年中国精短美文100篇》(长江文艺出版社,2004年3月第1版)。又名《扒乘“蚱蜢子”》入选《心香·中国安全生产报创刊10周年文萃》(人民日报出版社,2011年9月第1版)。

《大美无言——与作家刘庆邦一次关于美的访谈》入选:1.《短篇小说》2002年第2期;2.《中国作家档案书系——遍地白花》(新世界出版社,2002年5月第1版)。

《夜气》《散文·海外版》双月刊2004年第3期选载,以《徐迅散文三题》为题入选《2003年中国精短美文100篇》(长江文艺出版社,2004年3月第1版)。

《写作源于阅读》以《徐迅散文三题》为题入选《2003年中国精短美文100篇》(长江文艺出版社,2004年3月第1版)。

《当旅游被“文化”了以后》入选：1.《高考第二轮复习用书·语文》（吉林文史出版社，2010年10月第1版）；2.《活着，走着想着》（春风文艺出版社，2015年2月第1版）。

《大地上我们只过一生》中《被拯救的人》入选《心香·中国安全生产报创刊10周年文萃》（人民日报出版社，2011年9月第1版）。

《回家过年》中《火车上艳遇的遐想》入选：1.《散文百家》选刊版2004年第3期；2.《散文选刊》月刊2004年第6期；3.《2004年中国精短美文100篇》（长江文艺出版社，2005年1月第1版）；4.《2004年中国散文年选》（花城出版社，2005年1月第1版）；5.《2004年中国散文排行榜》（北京工业大学出版社，2005年1月第1版）。

《我们都是木头人》（外二章）中《我们都是木头人》入选：1.《散文选刊》月刊2005年第6期；2.《杂文选刊》月刊2005年第7期；3.《文学教育》2005年第7期；4.《2005年中国散文年选》（花城出版社，2006年1月第1版）；5.《2005年中国精短美文100篇》（长江文艺出版社，2006年1月第1版）；6.《经典散文书系·中国最美的哲理散文》（湖南人民出版社，2013年7月第1版）；7.《树知道》（江苏凤凰出版社，2015年3月）。

《我们都是木头人》（外二章）中《什么样的鸟儿最爱惜羽毛》入选：1.《文苑·经典美文》月刊2007年第11期；2.《精品悦

读》月刊 2010 年第 5 期。

《**湮没**》《散文选刊》月刊 2004 年第 12 期选载。

《**流逝的岁月或者词语**》（之二）入选：1.《视野》半月刊 2010 年第 23 期；2.《2010 年中国散文精选》（长江文艺出版社，2011 年 1 月第 1 版）。

《**鲜亮的雨**》入选《2004 年我最喜爱的中国散文 100 篇》（中国文联出版社，2005 年 6 月第 1 版）。

《**在传说中生活和写作**》入选：1.《中华文学选刊》月刊 2004 年第 6 期；2.《时代文学》双月刊 2004 年第 5 期；3.《中国文坛最佳人气榜》（文化艺术出版社，2005 年 6 月第 1 版）。

《**散文年华**》入选《山云散文百家谭》（中国文联出版社，2004 年 10 月第 1 版）。

《**蒙古长调**》（又名《在元上都怀古》）入选：1.《长调：胸腔里的苍穹》（新疆美术摄影出版社，2006 年 6 月第 1 版）；2.《中国散文大系 · 旅游卷》（中国文联出版社，2012 年 11 月第 1 版）。

《**还我一个春天**》入选《恰同学芳华》（敦煌文艺出版社，2014 年 8 月第 1 版）。

《**蚕豆开花是紫色**》入选：1.《散文选刊》月刊 2005 年第 12 期；2.《2005 年我最喜爱的中国散文 100 篇》（中国文联出版社，2006 年 9 月第 1 版）；3.《语文教学与研究》（有评）月刊 2006 年第 10 期；4.《语言天使 · 风格篇》（首都师范大学出版社，2008 年

6月第1版);5.《同步美文阅读·九年级》(华语教学出版社,2009年1月第1版);6.《2009年值得中学生珍藏的100篇散文》(华东师范大学出版社,2009年12月第1版);7.《值得中学生珍藏的100篇散文》(北方妇女儿童出版社,2010年8月第1版);8.《最受中学生喜爱的散文全集》(天津教育出版社,2011年1月第1版);9.《读写月报(初中版)》2011年第6期。

《**泥土里的果实**》《散文选刊》月刊2007年第6期选载,其中《谁家儿女落花生》入选《2007年中国散文年选》(花城出版社,2008年1月第1版)。

《**家住翠堤**》《散文选刊》月刊2006年第6期选载。

《**一九九九年的"双抢"**》中《母亲像一扇磨盘》入选:1.《书摘》月刊2008年第1期;2.《青年文摘》月刊2008年第3期;3.《阅读在线·现代文阅读》(吉林大学出版社,2009年6月第1版);4.《新语文学习》2010年第7、8期合刊;5.《中国当代名家情感散文集萃》(内蒙古文化出版社,2011年2月第1版);6.《美文精选》2013年108、109合刊;

《**一九九九年的双抢**》(**选二**)入选《乡村书系列·自家食粮》(新疆美术摄影出版社,2011年5月第1版)。

《**夜车安静**》入选:1.《小品文选刊》半月刊2007年第5期;2.《2007年中国散文精选》(长江文艺出版社,2008年1月第1版)。

《**七月之歌**》入选《2007年中国最佳散文》(辽宁人民出版

社,2008 年 1 月第 1 版)。

《**北京散章**》入选《创新发展话东城》(中国文联出版社,2017 年 3 月第 1 版)。

《**奥运村,消失或正在生长的**》入选:1.《文学教育》月刊 2008 年第 2 期;2.《2008 北京奥运作家大型采风活动·奥林匹克的中国盛宴》(中国青年出版社,2008 年 11 月第 1 版)。

《**地球,一个蔚蓝色的梦**》入选《地球与人类》(湖南地图出版社,2010 年 3 月第 1 版)。

《**从和平里出发**》入选《名家笔下的东城》(北京市东城区文联编,2009 年 6 月第 1 版)。

《**碎屑,与捡拾碎屑**》《文学人生》月刊 2009 年第 10 期选载。

《**村庄所剩下的**》"2010 年中国散文排行榜"上榜作品,入选《2010 我最喜爱的散文》(大众文艺出版社,2011 年 3 月第 1 版)。

《**平庄男人**》入选《2010 中国年度散文》(漓江出版社,2011 年 1 月第 1 版)。

《**走森林**》入选:1.《经典美文》月刊 2011 年第 6 期;2.《2011 年中国精短美文精选》(长江文艺出版社,2012 年 1 月第 1 版)。

《**在雨天怀想袁崇焕**》《作家文摘》2013 年 4 月 23 日选载。

《**未完成的旅行**》入选:1.《北京日报创刊 60 周年·文学作

品精选集》(同心出版社,2012 年 10 月第 1 版);2.《中国报纸副刊选萃·我们便身在天堂》(上海文汇出版社,2013 年 7 月第 1 版)。

《我的故乡雨雪初霁》2017 年以其为名的散文集获第七届全国煤矿文学作品“乌金奖”一等奖。入选:1.《文学东城(2010—2012)》(北京东城区文联编,2012 年);2.《中国实力派美文金典·情怀卷》(北方儿童妇女出版社,2013 年 1 月第 1 版);3.《2015 年中国好散文》(山东人民出版社,2016 年 3 月第 1 版)。

《在古井镇喝贡酒》《传记·传奇》月刊 2013 年第 12 期转载。

《说说徐坤》(又名《说说作家徐坤》)入选:1.《文学生长力量》(文艺报社主编)(安徽文艺出版社,2013 年 9 月第 1 版);2.《后窗四人谈——北京文学评论集》(新华出版社,2016 年 10 月第 1 版)。

《抱一壶长江水,我溯源北上》《海内与海外》月刊 2012 年第 9、10 期转载,入选《奇迹就这样诞生》(作家出版社,2013 年 4 月第 1 版)。

《文成小品》入选《文成之文》(中国文联出版社,2015 年 5 月第 1 版)。

《北京的地铁》入选:1.《皇城脚下的记忆》(北京东城区文联编,2013 年 10 月第 1 版);2.《中学生阅读(高中版)》2013 年第 12 期选载。

《冰封的烈焰》入选《嵌金印象——中国当代名家看阿城》(长江文艺出版社,2015 年 4 月第 1 版)。

《把吴钩看了》入选《2016 年中国散文精选》(长江文艺出版社,2017 年 1 月第 1 版)。

《秋山响水》入选《人民日报 2015 年散文精选》(人民日报出版社,2016 年 5 月第 1 版)。

《砖塔胡同九十五号》入选《创新发展话东城》(中国文联出版社,2017 年 3 月第 1 版)。

《躲进一座山里》入选《情感读本》2016 年第 3 期下。

《响水在溪》入选:1.《中学生学习报初中版》2016 年第 9 期;2.《2016 年中国精短美文精选》(长江文艺出版社,2017 年 1 月第 1 版)。

《想起雪湖藕》入选:1.《散文·海外版》月刊 2017 年第 2 期;2.《人民日报 2016 年散文精选》(人民日报出版社,2017 年 7 月第 1 版);3.《2017 年中国精短美文精选》(长江文艺出版社,2018 年 1 月第 1 版);4.《读写月报·初中版》中旬刊 2017 年第 6 期。

《镜泊湖之冬》入选:1.《中华活页文选(初一年级)》月刊 2017 年第 12 期;2.《小学生之友·阅读写作版》2018 年第 1 期。

《炒板栗、烤红薯》(又名《街头乡思》)入选《人民周刊》2017 年第 24 期。

《**秋上枫林谷**》入选《小学生之友·阅读写作版(下旬)》2018年第5期。

《染绿的声音》《阳光照得最多的地方》《秋水》《蚕豆开花是紫色》《谁家女儿落花生》《春天的速度》《温暖的花朵》《临窗梧桐》《天柱山冬云》《有一种树叶叫茶》《杭州的绿》《作家还是梦吗》《北京的地铁》《想起雪湖藕》等30多篇被多次列为中专及高考试卷和模拟试卷。

(据不完全统计,以创作时间为序)